Heinrich Weishaupt

Bayerns erste technische Schule

Heinrich Weishaupt

Bayerns erste technische Schule

ISBN/EAN: 9783743327634

Hergestellt in Europa, USA, Kanada, Australien, Japan

Cover: Foto ©ninafisch / pixelio.de

Manufactured and distributed by brebook publishing software
(www.brebook.com)

Heinrich Weishaupt

Bayerns erste technische Schule

Franz Xaver
KEFER

Hermann Ios.
MITTERER

geb.1765, gest.1802.   geb.1762, gest.1829.

Gründer und erste Lehrer der Feiertagsschule
für Künstler und Handwerker in München.

Bayern's

erste technische Schule

oder

ausführliche Geschichte

der

Entstehung und organischen Entwicklung der Feiertagsschule zu München, so wie der dazu gehörigen lithographischen Kunstanstalt bis auf die gegenwärtige Zeit.

Bearbeitet

von

Heinrich Weishaupt,

technischem Vorstande der lithographischen Kunstanstalt an der Handwerks-Feiertagsschule, und Zeichnungs-Lehrer daselbst, sowie am k. Maximilians-Gymnasium in München.

München, 1865.

Verlag von E. A. Fleischmann's Buchhandlung.

(A. Rohfeld).

Dem

hohen Magistrate

der k. Haupt- und Residenzstadt

München

hochachtungsvollst und dankbarst

gewidmet

vom

Verfasser.

Vorwort.

***

Wenn schon überhaupt jeder durch Jahre be-
grenzter Lebensabschnitt selbst für den gewöhnlichen Menschen von Interesse ist, so wird dieses Interesse gewiß
um so reger und allgemeiner bei einer Anstalt sein,
welche durch Zeitbedürfnisse ins Leben gerufen, seit ihres
70jährigen Bestandes zur Volksbildung, Entwicklung
und Fortschritten der Industrie und Gewerbe Bayerns
gleichsam den ersten Grund gelegt, und hiebei nicht stille
stehend ihren Unterricht immer den zeitgemäßen Anforderungen entsprechend, zu gestalten bemüht war.

Wobei dieselbe selbst bei den ungünstigsten Verhältnissen, welche dem Gedeihen ihres Bestrebens im
Wege lagen, diese bekämpfend, und selbst Mißkennungen
unbeachtend, in ihrem segensvollen Wirkungskreise mit
der aufopferndsten Weise zur allgemeinen Förderung der
gewerblichen Volksbildung nach Kräften beigetragen.

Inwieferne nun diese Bestrebungen der Anstalt
Früchte trugen, gewürdiget wurden und Anerkennung

fanden, zeigen die große Anzahl wackerer Bürger, Tech=
niker und Künstler, welche hier den Grund zu ihrer
ersten Schulbildung gelegt, und sich auch dessen in dank=
barster Weise erinnern.

Ebenso gibt aber auch die Organisirung einer gro=
ßen Anzahl ähnlicher Feiertagsschulen des In= und Aus=
landes, welche sich dieselbe als Vorbild wählten, das
trefflichste Zeugniß für die praktische und zweckmässige
Einrichtung und Gestaltung der hiesigen Feiertagsschule.

Nicht uninteressant dürfte daher die Geschichte eines
70jährigen Lebensabschnittes dieser Anstalt sein, welcher
in seinen verschiedenen Lebensphasen die Entwicklung und
Verbesserung des Volks=Schulunterrichts in Bayern so=
wohl im Allgemeinen als auch im Einzelnen vielseitig
berührt. Indem ferners auch in eigenthümlicher
Weise die Ausbildung der weltbekannten Erfindung
der Lithographie sich an diese Anstalt knüpft, welche
da zuerst gepflegt, vervollkommnet und für das Kunstfach
und den Schulzweck angewendet wurde, wodurch diese
erste lithographische Kunstanstalt in München schon in dem
ersten Decenium ihres Bestehens im In= und Auslande
rühmlichst bekannt ward, so möchte dieser Beitrag zur
Schulgeschichte Bayerns sowohl dem Schulmanne, Volks=,
Industrie= und Kunstfreunde, sowie auch den ehemaligen
Schülern dieser Anstalt eine nicht unwillkommene Er=
scheinung sein.

————

Inhalt.

Geschichtliche Entwickelung der männlichen Feiertagsschule in München, vom Jahre 1793 ihres Entstehens bis 1863 ihres 70jährigen Bestandes.

Prof. Kefer eröffnet im Jahre 1793 die erste Feiertagsschule in München. — Deren erste öffentliche Prüfung am hiesigen Rathhause 1795. Dieselbe erhält ein landschaftliches Gebäude am Anger als Schullokal. — Wird unter amtlichen Schutz einer Feiertagsschulkommission gestellt 1798. — Deren Unterrichtsgegenstände und Versetzung in ein geräumigeres Gebäude. — Errichtung einer weiblichen Feiertagsschule. — Kefers Tod 1802. — Mathias Weichselbaumer, dessen Nachfolger. — Errichtung einer fünften Klasse für höhere Lehrgegenstände und Anfang der praktischen Mechanikschule 1802/03. — Schulbesuch während des ersten Decenniums.

Die Feiertagsschule, das neuerrichtete Schullehrerseminarium und eine Knabenelementarschule beziehen im Okt. 1803 das neue Schulgebäude am Kreuz. — Lehrgegenstände, Eintheilung des Unterrichts und der Lehrstunden. — Lehrpersonal und Schulbe-

such während dieses Deceniums. - Ausdehnung des Zeichnungs=
unterrichtes und der praktischen Mechanikschule. — Errichtung
einer lithographischen Kunstanstalt. Vervollkommnung der Litho=
graphie durch dieselbe, sowie Verbreitung nützlicher Unterrichts=
werke und Zeichnungsvorlagen.

Geschichte der Errichtung der ersten lithographischen Kunst-
Anstalt bei der Feiertagsschule für Künstler und Techniker
in München, und deren Bestand seit dem Jahre 1804 bis 1863

Die Erfindung der Lithographie und Errichtung der ersten
lithographischen Kunstanstalt bei der Feiertagsschule für Künstler und Techniker in München und deren Entwickelung bis zum
Jahre 1814. — Bestand dieser lithographischen Kunstanstalt seit
dem Jahre 1815 bis 1858. — Gestaltung derselben seit deren
Uebernahme durch den Magistrat 1. Okt. 1858 bis zum Jahre
1863.

Geschichtliche Darstellung

der

Gründung und Entwickelung der männlichen Feiertagsschule in München,

vom Jahre 1793 bis 1863 ihres 70jährigen Bestandes.

Allgemeiner Ueberblick.

Die Handwerks-Feiertagsschule in München wurde unter dem Churfürsten Karl Theodor von Franz Xaver Kefer, Prof. der churfürstl. Militär-Akademie und öffentlichen Lehrer dieser Bildungs-Anstalt im Jahre 1793 gegründet.

Nach dem Plane des Gründers sollten an dieser bürgerlichen Feiertagsschule Handwerksgesellen und Lehrjungen nicht allein in den allgemeinen Schul-Gegenständen, sondern auch in den für das bürgerliche Leben noch erforderlichen Kenntnissen aus der Physik, Chemie, praktischen Geometrie, Mechanik u. s. w. so wie auch im Zeichnen in geeigneter Weise unterrichtet werden.

Obgleich anfangs nur die erste Aufgabe dieser Schule sein konnte den mangelnden Elementar-Unterricht nachzuholen, wobei nebst dem Religions-Unterrichte Lesen, Schreiben und Rechnen die Hauptlehrzweige blieben, indem wenige Schüler zur Fertigung schriftlicher Aufsätze und zu den sogenannten nützlichen Kenntnissen vorrückten; so gewann dennoch der Unterricht bei der wachsenden Theilnahme reifer mit Vorkenntnissen versehener Gesellen sehr bald eine weitere Ausdehnung, und es wurde nun auch Moral, bürger-

1*

liche Rechtslehre, Geographie, Geschichte, Naturkenntnisse u. s. w. gelehrt.

Schnell und kräftig wuchs diese Schule empor, die gute
Sache fand Freunde und Gönner, die damalige hohe Landschaft, der churfürstl. geistliche Rath, mehrere Mitglieder des
Magistrates wirkten mit vereinten Kräften, fromme Bruderschaften verschafften der jungen Anstalt Schulbücher, und bald
zeigten sich Wohlthäter und Freunde von allen Seiten, obgleich aber auch unzählige Hindernisse, wie auch Feinde und
Widersacher dieser Schule zu bekämpfen waren.

Diese kaum zwei Jahre bestehende Schule zählte schon
400 Schüler, im sechsten Jahre gegen 1000, — im zehnten
1384 Schüler; und es strömten nicht allein aus München
und den umliegenden Ortschaften, sondern aus unserm Vaterlande, ja, aus allen Gegenden Deutschlands und den angrenzenden Ländern, wohin sich der Ruhm dieser Schule verbreitete, besuchende Schüler zusammen.

Auch ließ der hiesige Magistrat laut churfürstl. Befehls
an alle Handwerke und Innungen eine Verordnung ergehen,
nach welcher diese ihre Lehrjungen zum Besuche dieser Schule
anzuhalten hatten, wodurch die ohnehin anwachsende Schülerzahl sich noch mehr vergrößerte.

Die Vereinigung derselben mit der kräftig aufblühenden
Zeichnungs-Schule, zu deren Eröffnung Mitterer schon im
Jahre 1792 die Erlaubniß erhalten hatte, machte bald eine
spezielle Rücksichtnahme auf das Gewerbswesen möglich.

Es erhob sich allmählig mit mächtiger Rückwirkung auf
das gesammte Rechnungsgebiet, der Unterricht in der Mathematik und Mechanik.

Nicht ohne Einwirkung blieb auch die Einführung der
Werktagsschulpflicht im Jahre 1795, und die der
Feiertags-Schulpflichtigkeit im Jahre 1803.

Die Aufgabe der Feiertagsschule wurde nun Ergänzung,
Befestigung und Steigerung der in den Werktagsschulen erworbenen Kenntnisse, und nur ausnahmsweise wurde noch
die gänzliche Ersetzung des Fehlenden nöthig.

Die stundenweisen Vorträge, die freiwillige Theilnahme und die Wahl der Gegenstände blieb von nun an nur noch für die Gesellen und reifere Jugend.

Die Lehrjungen und die übrige feiertagsschulpflichtige Jugend mußte die Feiertagsschule nach den gesetzlichen Bestimmungen besuchen, genoß zweistündigen Elementar = Unterricht, konnte aber an den technischen Fächern Theil nehmen.

Der Religionsunterricht wurde beim Gottesdienste in der Kirche ertheilt, während für die Gesellen Moral in einem eigenen Saale vorgetragen ward.

In Ermanglung anderer Lehranstalten, welche dem Bürgerstande höheren Unterricht zugänglich machten und die neueren Erfindungen auf die Gewerbe übertrugen, suchte diese Schule die verschiedenen Bedürfnisse zu berücksichtigen und allseitig zu nützen.

Gleichzeitig mit derselben wurde die zur Musterschule erhobene Knabenschule in der Sendlingerstraße, und das Schullehrer=Institut, vom Anger in das Feiertags=Schulgebäude am Kreuze verlegt, im Jahre 1813 letzteres aber getrennt und nach Freising versetzt.

Die Unterrichts=Gegenstände wurden immer mehr vermehrt, erweitert und zweckmäßig geregelt.

Für die gereifteren Schüler wurden Geometrie, Natur= und Waarenkunde gelehrt, und bald schlossen sich Vorträge über Technologie, Chemie und Physik an.

Insbesondere wurden aber die technischen Zwecke erfaßt. Die auf die meisten Handwerke so wohlthätig einwirkenden Zeichnungsschulen blühten auf, und wurden an Werktagen auch den Studirenden geöffnet.

Die Lithographie seit ihrer Erfindung im Locale der Feiertagsschule genährt und groß gezogen, wirkte nebst ihren künstlerischen Leistungen mächtig auf alle technischen Fächer ein, namentlich durch Vorlagen, die aus derselben für alle Zeichnungsschulen hervorgingen.

Eine Bossirschule blühte auf, es gab keinen Zweig der Mechanik, der nicht geübt worden wäre.

Zahlreiche Gypsabgüsse und Modelle, theils im Feiertagsschulgebäude aufgestellt, theils an die polytechnische Modellensammlung abgegeben und mit den Buchstaben F. S. (Feiertagsschule) bezeichnet, geben Kunde von den Leistungen dieser Schule.

Da in den Wintermonaten sich immer mehrere Baumeistersöhne und Gesellen vom Lande einfanden, so wurde ihnen das Lokal der praktischen Mechanik eingeräumt, wo ihnen Mitterer unentgeltlich Unterricht ertheilte.

So entstand die Baugewerks-Schule im Jahre 1820, welche sich dann später zu einer gesonderten Anstalt erhob.

Auf diese Weise reichte die Feiertagsschule nicht bloß dem unbehilflichen Lehrjungen und unterrichtsdürftigen Gesellen die Hand, und förderte so das Gedeihen der Gewerbe, sondern es wurden auch zugleich Lehrer gebildet, viele Individuen zum Künstlerleben vorbereitet, und noch auf mannigfaltige Verhältnisse mittel= und unmittelbar eingewirkt.

Da in Ermanglung ähnlicher Anstalten die segensreichen Wirkungen um so mehr gefühlt werden mußten; so erwarb sich diese Schule bald gerechte Anerkennung im In= und Auslande.

Gleichwie aber das Aufblühen des Schulwesens überhaupt in alle Unterrichts= und Erziehungsanstalten eingriff, und die Errichtung mehrerer Anstalten zu speziellen Zwecken in allen Gauen des Vaterlandes veranlaßte, wodurch der Jugend Mittel und Wege geboten werden, auch an Werktagen nebst Anderm für gewerbliche Vor= und Ausbildung thätig zu sein, so warb auch die Feiertagsschule bemüht ihre Lehrfächer nach zeitgemäßen Bedürfnissen zu regeln, und bei zunehmender Schülerzahl auf umfangreichen Unterricht, und eine neue Klassen=Eintheilung Bedacht zu nehmen.

Zu diesem Zwecke wurde dieselbe im Jahre 1826 in

eine niedere und höhere männliche Feiertagsschule geschieden. Erstere nahmen in Bezirksschulen die schwächeren, letztere aber — ein integrirender Theil der Handwerks-Feiertagsschule — die befähigteren Schüler auf.

Im Jahre 1845 wurde diese höhere und niedere Feiertagsschule in die Central- und Pfarrfeiertags-Schulen umgewandelt, deren Eintheilung als die zweckentsprechendste bis gegenwärtig fortbesteht.

Entstehung der Feiertagsschule im Jahre 1793 und deren Entwickelung bis zum Jahre 1803.

Zu einer Zeit, wo in Bayern in dem Schulwesen sehr viel regiert, und nicht selten das heute Geschaffene morgen schon wieder umgestoßen wurde, wo selbst in München noch die Zünftigkeit der Schulmeister polizeilichen Schutz hatte, und die Erinnerung an das Jahr 1779, in welchem unter 1400 Schulkindern in München nicht vier gefunden werden konnten, welche einen gemeinen Druck fertig zu lesen im Stande waren, noch im frischen Andenken war, lebte Franz Xaver Kefer,*) der Sohn eines mittellosen Bauers von Aröb, ein Mann des uneigennützigsten Charakters und voll des lebendigsten Eifers für Verbesserung des Unterrichts in den Schulen, anfänglich Privatlehrer, dann (1790) Repetitor und endlich im Jahre 1792 wirklicher Professor in der Militär-Akademie.

Dieser Mann, die Unzulänglichkeit der damals noch selbst in den städtischen Werktagsschulen sparsam gesammelten Kenntnisse für den künftigen Beruf eines Gewerbsmannes wohl erkennend, abgesehen davon, daß manche Kinder nicht bloß vom Lande, selbst auch von Städten, ohne allen Unterricht in die Werkstätten als Lehrjungen traten, von den Meistern auch aus den Schulen ohne Vorkenntnisse genommen

---

*) Franz Xaver Kefer wurde 1763 zu Aröb, einem einsamen Bauernhofe, kgl. Bezirksamt Eggenfelden, geboren.

wurden, faßte den Entschluß, für Lehrjungen und Gesellen an Sonn- und gebotenen Feiertagen unentgeltlichen Unterricht zu ertheilen, und denen, die hieran theilnehmen wollten, wenigstens den Weg zu einer besseren Bildung für das Leben und für ihr Fach zu öffnen.

Kefer, dem Beispiele des Prof. Forster nachahmend, der damals in Landshut eine Feiertagsschule organisirt hatte,[*] begann ohne alle Unterstützung, ohne Mittel zur Ausführung, blos mit der churfürstlichen Genehmigung seines Planes in der Hand, den 18. August 1793 die erste Feiertags-schule in der Residenzstadt zu eröffnen.

Er ertheilte anfangs allein den Unterricht, und zwar in seiner eigenen Wohnung, die sich in der Sendlingergasse befand, und wozu er ein geräumiges Zimmer derselben verwendete.

Der Unterricht wurde an jedem Feiertage von früh Morgens bis zum späten Abende fast ununterbrochen einer Anzahl von Schülern ertheilt, wie sein Zimmer diese fassen konnte.

Da aber die gegen 400 Gesellen und Lehrjungen, welche diesen Unterricht besuchten, nicht mehr in dieser Wohnung untergebracht werden konnten, so bezog Kefer nach einem halben Jahre, unterstützt durch einen thätigen Schulfreund und Wohlthäter,[**] eine geräumigere Wohnung, wo zwei Zimmer für die Schule verwendet werden konnten, nahm auf eigene Kosten einen Gehilfen[***] und theilte nun die Gesellen

---

[*] Schon im Jahre 1786 wurde im Markte Wartenberg, Landgerichts Erding, von den dahin abgeordneten geistlichen Räthen Denzer und Westenrieder, wie das Kommissionsprotokoll beweiset, eine ordentliche Feiertagsschule für die Lehrjungen und die übrige der Schule entwachsene Jugend errichtet und von dem dortigen Kaplan und dem Schullehrer, die sich beide selbst hiezu anboten, fleißig gehalten, und so haben sich zu gleicher Zeit oder auch noch früher an mehreren Orten Bayerns dergleichen Feiertagsschulen gebildet.

[**] Von Mathias Scheuchenpflueg, damaligem Magistratsrathe.

[***] Erhard Ainmiller, Instruktor in einer Elementarschule.

und Lehrjungen in zwei Klassen und den Unterricht in Stunden ein.

Diese Abänderung und Einrichtung hatte auf den Unterricht so heilsamen Einfluß, daß er am 5. Juli 1795 auf dem hiesigen Rathhause mit mehr als 400 wirklich vorhandenen Schülern im Beisein der churfürstlichen und städtischen Kommissäre die erste öffentliche Prüfung mit allgemeinem Beifalle vornehmen konnte, wo auch die Bestverdienten von Seite des churfürstlichen geistlichen Raths und des Magistrates zu fernerer Aufmunterung ansehnliche Preise erhielten.

Kefer fühlte sich hiedurch, sowie auch durch den ungeheuchelten Dank seiner Schüler rührend belohnt; auch wurde derselbe und sein Gehilfe vom Churfürsten selbst mit einer Denkmünze beehrt, und vom Magistrate in einem erlassenen Zufriedenheitsschreiben belobet.

Zugleich fand die Landschaft sich veranlaßt, da die bisherige Lokalität der Schule für die immer höher steigende Schülerzahl*) nicht mehr ausreichte, dem Prof. Kefer zu seinem lobenswerthen Unternehmen 4 geräumige Zimmer in dem ihr zugehörigen Gebäude (der ehemaligen Seidenfabrik) auf dem Anger**) zur Benützung einzuräumen, wozu der Magistrat mit einem Kostenaufwande von mehr als 300 fl. die nöthigen Schul-Einrichtungen an Bänken, Tischen, Tafeln u. s. w. beischaffte.

So daß diese Schule in dem erwähnten Gebäude am Anger den 25. Oktober 1795 eröffnet, und nun die Schüler in 3 Klassen abgetheilt, ein zweiter Gehilfe***) genommen und auch Zeichnungs-Unterricht ertheilt werden konnte.

---

*) Diese Schule wurde seit August 1793 bis Juli 1795 von 800 Schülern, theils Gesellen theils Lehrjungen, besucht.

**) Wo im Jahre 1813 das königliche Siegelamt seinen Sitz hatte und gegenwärtig die städtische Sparkasse sich befindet.

***) Joh. Nep. Schmid, Instruktor bei der lateinischen und deutschen Stadtschule, der schon vorher bei dreiviertel Jahre lang unentgeltlich ausgeholfen.

Diesen letzteren hatte Professor und Zeichnungslehrer Mitterer am hiesigen Gymnasium bereitwilligst übernommen, und hiezu theils selbst gezeichnete, theils auf eigene Kosten angekaufte Zeichnungs=Vorlagen geliefert. *)

Hiebei war die Anordnung so getroffen, daß nicht jeder Schüler diese Zeichnungsschule nach Willkür besuchen durfte, dieß blieb den Lehrjungen nur zur Belohnung vorbehalten, wenn sie in der übrigen Lehrschule sich fleißig eingefunden und wahren Eifer und guten Fortgang darin bewiesen hatten.

Auch die Gesellen durften ein für allemal in die Zeich= nungsschule nie allein eintreten, sondern sie mußten zugleich mit in die Lehr=, Schreib= und Rechnenschule gehen, oder vorher wenigstens Proben ablegen, daß sie hierin hinlängliche Kenntnisse besitzen.

Seit dem Jahre 1797 ist auch, um den Schulbesuch der Lehrjungen gehörig kontroliren zu können, denselben beim Eintritt in die Schule eine gedruckte Tabelle zugestellt worden, in welcher jedem Lehrjungen alle Sonn= und Feiertage beim Weggehen aus derselben der Monatstag und die Stunde seiner Gegenwart daselbst eingetragen wurde, so daß jeder Lehrherr sich vom Schulbesuche seines Lehrjungens überzeugen konnte.

Und da keine Schule ganz ohne aufmunternde Beloh= nungs= und so auch ohne abschreckende Strafmittel be= stehen kann, und um so weniger eine solche, worin an Er= ziehung, Alter, Kenntnissen, eblen und uneblen Charakter= Aeußerungen und Talenten, so verschiedene und eine solche Menge junger Leute zusammentreffen, so war Keser darauf bedacht, solche Belohnungen und Strafen zu wählen, welche, auf Menschlichkeit und auf das System der Ehre gegründet, bei Leuten dieser Art ihren Zweck nicht verfehlen.

---

*) Im Jahre 1797 erhielt die Zeichnungsschule von dem Schulrath Michael Steiner das in Kupfer gestochene Zeichnungswerk des Albertolli, Prof. der k. Akademie der schönen Künste in Mailand, zum Geschenk, zu welchem Tischlermeister Ritter und Glasermeister Kirchner unentgeltlich Glas und Rahmen lieferte.

Als Belohnung diente für gesittete und fleißige Jungen:

a) öffentliches Lob vor Andern in der Schule;

b) die Erlaubniß, daß der Schüler seines wissenschaft=
lichen guten Fortganges wegen auch die Zeichnungs=
schule besuchen dürfe;

c) Preise bei öffentlichen Prüfungen, und

d) empfehlende Attestate beim Freisprechen, deren zu
Folge sie bei Armenkassen und milden Stiftungen
einen angemessenen Beitrag erhielten.

Die Strafen waren gerade den Belohnungen entgegen=
gesetzt, und bestanden:

a) im öffentlichen Tadel;

b) in Ausschließung von der Zeichnungsschule;

c) in Verweigerung guter Zeugnisse und selbst auch, wenn
ein Junge gar nichts lernen wollte, und noch obendrein
die Ruhe und Ordnung störte,

d) in gänzlicher Ausschließung von beiden Schulen.

In jedem Jahre wurde auch eine Prüfung abgehalten,
und da eine jedesmalige jährliche Preisevertheilung theils zu
kostspielig und auch zwecklos gewesen wäre, indem zwei Schul=
jahre zusammen immer einen Lehrkursus bildeten, so erhielten
die preiswürdigen Schüler in dem ersten Jahre statt der Preise
Zeugnisse,*) welche ihnen eine Belohnung auf das kommende
Jahr zusicherten, wenn sie in gleicher Weise voranschreiten
würden.

Diese Zeugnisse wurden einige Zeit vor der Prüfung
des zweiten Jahres eingesammelt, und Denjenigen, welche in
ihrem guten Wandel sich weiters fort auszeichneten, die Preise
zugetheilt.

Im Jahre 1796 konnte wegen Vordringen der feindlichen

---

*) Dasselbe lautete: „Dein bisher fortwährender Fleiß verspricht
Dir bald und sicher eine öffentliche Belohnung. Von Seite der bürger=
lichen Feiertagsschule zum Zeichen der Zufriedenheit zugetheilt dem . . .
München, den . . . . 1798.

Heere keine öffentliche Prüfung abgehalten werden, dieselbe wurde jedoch in der Schule selbst in Gegenwart der churfürstlichen und städtischen Kommissäre vorgenommen.

Im Jahre 1797 fand hingegen die zweite öffentliche Prüfung und Preisevertheilung am hiesigen Rathhause in Gegenwart des Churfürsten Karl Theodor statt; bei der britten 1799 wurden zum erstenmal auch Preise aus dem Zeichnen ertheilt, und so jeder Zeitraum von zwei Jahren mit einer Rechenschaftsrede und einer Preisevertheilung beschlossen.

Auch wurde auf Veranlassung des Prof. Kefer am 24. November 1798 von Seite des Magistrates eine eigene Feiertagsschul-Kommission genehmigt, welche bevollmächtigt wurde, Alles zu verfügen, zu ordnen und in Gang zu bringen, was zum Emporkommen und zum Wohle dieses Institutes förderlich sein könnte, und wobei dasselbe so zu sagen unter amtlichen Schutz gestellt war.

Diese Kommission bestand aus dem churfürstlichen Rektor der deutschen Schulen, aus zwei Stadträthen, zwei Gemeinde-Vertretern, aus dem Religionslehrer und dem Lehrer der bürgerlichen Feiertagsschule.

Dieselbe hielt wöchentlich einmal ordentliche Sitzung in dem Feiertagsschulgebäude, führte zu ihrer Legitimation ihr eigenes Sitzungsprotokoll, besorgte alle Schulangelegenheiten, und führte die Verrechnung der ihr anvertrauten Geldbeiträge.

Kefer veranlaßte ferners einen Entwurf für Aufding- und Freisprechzeugnisse, welche derselbe 1798 selbst in Kupfer gestochen,*) und wozu der Magistrat jährlich zwei Rieß Papier verabfolgen ließ, wodurch er einem großen Uebel-

---

*) 1798 schaffte derselbe um 12 fl. eine eigene Kupferdruckpresse an, um alle von ihm und dem Zeichnungslehrer zum Vortheile der Schule entworfenen und zu entwerfenden Zeichnungen, gestochene Schreibmuster, Zeugnisse u. s. w. des sonst zu großen Aufwandes wegen selbst drucken zu können.

stande in Ausstellung solcher Zeugnisse abhalf und der Ge=
werbepolizei in die Hände arbeitete, sich aber auch den Dienst
noch mehr erschwerte, weil der Besuch dieser Schule dadurch
mehr überwacht werden konnte.

Am 18. Juli 1799 erschien ein churfürstliches Rescript,
vermöge welchem künftighin diejenigen Geldbeiträge, welche die
hiesigen Lehrjungen zum Aufdingen und Freisprechen aus der
geheimen Kabinetskasse erhalten, an die bürgerliche Feiertags=
schul=Kommission abgegeben werden sollen, welche sie gegen
Verrechnung nur unter die bestverdienten, fleißigen, ordentlichen
und wahrhaft dürftigen Jungen zu vertheilen hat. *)

Sogleich ließ der damalige geistliche Rath diese für die
Schule äußerst wichtige Verfügung allen übrigen mildthätigen
Armenkassen bekannt machen und sie zur gleichen zweckmäßigen
Nachahmung einladen. **)

Um der **Moralität** und dem **Religions=Unter=
richte** der Lehrjungen eine zweckmäßigere Leitung zu geben,
wurde auch im Jahre 1799 von der Feiertagsschul-Kommission
eine Abänderung und Abtheilung der Congregation ***) ge=
troffen, nämlich die große Anzahl Lehrjungen in zwei Christen=
lehr=Versammlungen abgetheilt, und statt der engfügigen Ka=
pelle am St. Peterskirchhofe, worin ehehin sämmtliche Lehr=
jungen ihre Congregationsversammlungen hatten, für die größere
Klasse der Lehrjungen die Kreuzkirche und für die andere klei=

---

*) Diese Vertheilung übernahm der für die Schule unermüdete
Kommissär und Rechnungsführer der bürgerlichen Feiertagsschule, Magi=
stratsrath und Handelsmann Mathias S c h e u c h e n p f l u e g, der Oberlehrer
führte die Kontrole und nur der Lehrherr empfing vom Ersteren den Geld=
beitrag auf die Hand. Diese Art der Vertheilung hatte den vortheilhaf=
testen Einfluß für die Schule, sie machte nicht nur fleißige Schüler, son=
dern auch alle Zwangsmittel zum Schulbesuche entbehrlich.

**) Seit August 1799 bis August 1801 betrugen obige Beiträge,
welche von Seite der geheimen Kabinetskasse, dann dem Armeninstitute,
mildthätigen Stiftungen und Gesellschaften gespendet wurden, 1315 fl.

***) Diese Congregation für Handwerksjungen wurde schon unter
K a r l T h e o d o r seit 1793 errichtet, in welcher sie alle Sonntage einen
vollständigen Religionsunterricht erhielten.

nere Klaſſe die Sebaſtianskirche auf dem Anger gewählt, und einem ſtädtiſchen Titulanten dieſe Katechetenſtelle übertragen.*)

Die erſte oder kleine Chriſtenlehr=Verſammlung mußten alle jene Lehrjungen beſuchen, welche anfänglich bei irgend einem Meiſter in die Lehre traten, und erſt nach hierin ge=nugſam erhaltenem Unterricht konnten ſie als Sodalen in die Congregation am Kreuz aufgenommen werden.

Ebenſo wurde auch, um dem wiſſenſchaftlichen Unterricht eine gleiche zweckmäßige Einrichtung zu geben, in demſelben Jahre (1799) wegen immer mehr anwachſender Menge der Schüler zu den drei Unterrichtsklaſſen eine vierte, ſogenannte Anfangsklaſſe beigefügt, welche eigentlich bloß eine Unterabtheilung der erſten Klaſſe war, in welcher Die=jenigen eintraten, welche in den Elementarkenntniſſen noch gar keinen Unterricht genoſſen hatten.**)

Kefer, der ſeit 1798 vier ***) Mitarbeiter und 1799 bereits fünf†) hatte, legte 1800 nun ſeine Stelle als Pro=feſſor der Akademie nieder und übernahm ausſchließend das Direktorium über die deutſche und reſp. Handwerksſchule.

Die Unterrichtsgegenſtände, welche derſelbe bereits ein=geführt, waren: nebſt Leſen, Schreiben, Rechnen und

---

*) Die beiden Religionslehrer waren: Joſ. Sagſtätter, Kurat=prieſter bei St. Peter, und Bernhard Ernsdorfer, Weltprieſter und Lehrer der Taubſtummen.

**) Dieſelbe war immer am zahlreichſten beſucht und erhielt im Jahre 1802/3, wo ſie allein 497 Schüler von 12—40 Jahren zählte, den Namen der erſten Klaſſe. Es konnte daher die bloße Wiederholung des in den Werktagsſchulen Gelernten nicht der einzige Zweck der Feiertags=ſchule ſein.

***) Prof. Mitterer, der ſchon ſeit 1795 den Zeichnungsunterricht leitete; Kiſtenſeger, Privatlehrer, (1800) Profeſſor der churfürſtlichen Forſtſchule; Aeſtfällner, Inſtruktor in der Fiſcher'ſchen Schule bei St. Peter, und Kern, Inſtruktor in der Pfandler'ſchen Schule.

†) Nebſt Mitterer, Kiſtenſeger und Aeſtfällner, Holz=apfel, Lehrer im hl. Geiſt=Kinderhaus vor dem Sendlingerthor, und Schandri, Theologie Befliſſener am hieſigen Schulhauſe.

Uebung der im bürgerlichen Leben vorkommenden schrift=
lichen Aufsätze, Natur= und Vaterlandsgeschichte
und Erdbeschreibung (hievon besonders physische Be=
schaffenheit des vaterländischen Bodens, Kenntniß der in
Bayern wild wachsenden Giftpflanzen u. s. w.); dann prak=
tische Vernunftlehre, um die Ordnung im Denken bei
den Schülern von reiferem Verstande zu befördern, praktische
Geometrie und Mechanik. Ferner wurde alle Sonn=
und Feiertage eine für das bürgerliche Leben zweckmäßige
Moral gelehrt, und von Zeit zu Zeit erhielten die Schüler
auch Unterricht im Singen.

Kefer, der auch im Schriftstechen eine große Fer=
tigkeit besaß, gab einigen Schülern in diesem für so viele
Künstler nothwendigen Fache Unterricht.

Noch nicht genug, auch eine technische Chemie und
eine bürgerliche Rechtslehre suchte er in Gang zu
bringen.*)

Bei Auflösung des hiesigen Karmelitenklosters erhielt die
Feiertagsschule durch Kefer's Verwendung die vorhandene
Maschinen=, Instrumenten= und Modellensammlung rc. dieses
Klosters; auch eine gute Hausuhr brachte er zur Schule, die
er mitten im Schulgebäude aufstellte, welche durch ihren hellen
Viertel= und Stundenschlag die pünktlichste Zeiteintheilung
auf der Schule möglich machte.

So erwuchs auch aus den Beiträgen**) von nützlichen
Büchern, wodurch sich vorzugsweise Graf von Spretti und
die hiesigen Buchhandlungen auszeichneten, eine kleine Lese=

---

*) Bei vielen dieser Lehrgegenstände war meistens die tabellarische
Unterrichtsmethode angewendet, welche als die leichtfaßlichste für diese
Handwerksschule als die geeignetste betrachtet wurde.

**) Diese und alle der Feiertagsschule zugeflossenen Privat=Wohl=
thaten zeichnete Kefer in einem eigenen Einschreibbuche sorgfältig auf,
unter dem Titel: „Zum ewigen Andenken Derjenigen, welche
sich um die bürgerliche Feiertagsschule verdient gemacht
haben."

bibliothet,*) die alle Feiertage den fleißigen Schülern zu=
gänglich war, und dieselben auch die Erlaubniß erhielten, auf
bestimmte Zeit ein Buch mit nach Hause nehmen zu dürfen.

Das bisherige Schulhaus wurde bald zu enge und die
Thätigkeit Kefer's und der Schulkommission brachte
es bald dahin, daß diese Schule in das anstoßende größere
Gebäude einer ehemaligen Bandfabrik versetzt werden konnte.

Bei dieser vierten Wanderung der Schule (1801) gewann
dieselbe nicht nur mehr Raum, sondern auch mehr Allgemein=
heit und Ausdehnung in Hinsicht ihres Planes, nach welchem
man nach der Willensmeinung des Churfürsten mit dieser
Schule ein Bürger = Schullehrer = Institut in zweck=
mäßige Verbindung brachte. **)

Unerschüttert stand die Schule auch unter den Stürmen
des Alles zerstörenden Krieges da. Unzählige Lagerfeuer
brannten auf der West = und Ostseite unserer Hauptstadt;
fremde Truppen besetzten sie; mit bangem Herzen sah man
die Stockungen in einigen Zweigen dieses Wirkungskreises;
doch wurden die Stunden des Unterrichts nicht unterbrochen.

Aber der sonst so zahlreiche Besuch der Schule nahm ab,
und es ließ sich selbst unter Jenen, welche abwechselnd die
Schule besuchten, sowie überhaupt unter den Menschen keine
wahre Lebhaftigkeit und Thätigkeit mehr sehen, und dieser
traurige Zustand der Schule dauerte beinahe ein Jahr.

Im Monat Juli 1800, als Kefer seine Schüler zur
Augustprüfung vorbereiten wollte, überschwemmte der Feind
unsre Fluren und unsere Stadt, daher erst nach eingetretenem
Waffenstillstande, den 23. November, die öffentliche Prüfung
und Preisevertheilung vorgenommen werden konnte.

So wie alles Gute nur im Kampfe mit den Wider=
sprüchen der Zeit gedeiht, oft verkannt und gleichgiltig be=

---

*) Die schon 1801 auf 120 Bände angewachsen.
**) Dieses neu errichtete Schullehrer = Institut ward eröffnet den
7. März 1803.

Weishaupt, Feiertagsschule.   2

handelt wird, jedoch immer nur, um mit größerem Ruhme wieder auf die Bühne zu treten, so erging es auch der Feier= tagsschule; die französische Revolution hatte viele Gesellen in ihre Heimath und auch zum Militärdienste zurückgerufen, die Meister nahmen Kinder zwischen 8 und 9 Jahren in die Lehre, um beschäftigte Hände zu haben, ohne dieselben zum Besuche der Schule anzuhalten.*)

Vater Max, der inzwischen schon zur Regierung kam, ein Fürst, dessen edles Herz für alles Gute hoch erglühte, verordnete, daß kein Junge in die Lehre aufgenommen werden dürfe, wenn er sich nicht ausweisen konnte, daß er lesen, schreiben und rechnen könne, und später wurde weiter verfügt, daß kein Lehrjunge einen Lehrbrief erhalten solle, wenn er sich nicht vorher durch Zeugnisse über den in der Feiertags= schule zureichend erhaltenen Unterricht ausgewiesen habe; da= mit waren die wesentlichsten Hemmungen in den Fortschritten der Handwerks= oder Feiertagsschule beseitigt, und rasch stieg wieder die herabgesunkene Schülerzahl bedeutend empor.

Im Jahre 1801 befahl derselbe auch bei der erprobten Nützlichkeit der männlichen Feiertagsschule die Errichtung einer gleichen Schule für die Dienstmägde, und bestimmte in dem Kloster der Servitinnen zwei geräumige Zimmer hiefür, welche bald um zwei vermehrt werden mußten, und stellte für den Elementar=Unterricht drei Lehrerinnen und für die Handarbeiten zwei Arbeitsmeisterinnen auf.

Die männliche Feiertagsschule, als eine der wohl= thätigsten des Landes gesegnet und gepriesen, hatte sich schon in dem ersten Decennium ihres Bestehens des tiefgefühltesten Dankes ihrer Schüler zu erfreuen, der sich in verschiedener Weise kund gab, so brachten 1801 die hiesigen Meister und Gesellen der Schwertfeger und Messerschmiede der Feiertags= Schule ein unvergeßliches Opfer des Dankes durch das frei=

---

*) Wobei es im Jahre 1801 noch vorkam, daß eingeborne Münchner, wo doch beinahe in jeder Straße eine Schule vorhanden war, als Lehr= jungen oft ohne mindeste Elementarkenntnisse die Feiertagsschule betraten.

willige Geschenk ihres sogenannten Handwerks-Will-kommks.*)

Mehrere Lehrjungen fertigten mit großem Fleiße in die Wette kleine Modelle**) von ihren Handwerksarbeiten aus und hinterlegten sie mit der Aufschrift ihres Namens zum Andenken ihres Dankes bei der Schule.

Diese Anstalt war aber nicht nur von den Schülern ge-liebt und geachtet, sondern auch fast täglich von Schulfreunden des In- und Auslandes besucht, die sich genau um deren Ein-richtung erkundigten.***)

Auch vermehrte sich die Zahl der Feiertagsschulen, die sich nach dieser Musterschule zu bilden suchten, in unserm Vaterlande, ja selbst im Auslande wurde dieselbe vielfältig copirt.

Schon im Jahre 1801 zählte man in Bayern 20 solche Schulanstalten, wo thätige Volks- und Kinderfreunde wett-eiferten, die jungen Bürgerchöre an heiligen Tagen um sich her zu versammeln.

Unsere Hauptstadt hatte das erste reizende Vorbild der Nachahmung aufgestellt; ihr gebührt die große Ehre, den Ton dazu angegeben zu haben, der jetzt durch's ganze Land wiederhallte.

Kefer, den Wunsch hegend, daß diese Feiertagsschule zu einer wesentlichen Realschule emporwachsen möge, in der auch die Woche durch der angehende Handwerker und Künstler

---

*) Dieser 18 Zoll hohe Pokal, als Denkmal der Dankbarkeit auf-bewahrt, führt am Rande des zierlichen Deckels die Umschrift: „Ano 1725 ist dieser Wilkomb einer Ehrsamen Bruderschafft der Messerschmidtgesellen in der Churfurstlichen Haubt- und Residenz Statt München, ney gemacht worden, wegt 63 Loth."

**) Modelle von Wägen, Dachstühlen, Maschinen u. dgl.

***) Unter diesen war ein russischer General des Großfürsten Kon-stantin, der (1803) sich alle merkwürdigen Schulanstalten Deutschlands, Frankreichs und Englands besah, und eine umständliche Beschreibung des Zustandes dieser Schule mitnahm.

2 *

einen für seinen künftigen Beruf anpassenden Unterricht er=
halten könne, erlebte den Schluß der ersten Dekade dieser
Schule, welchem er mit sehnlichstem Wunsche und freudevollem
Herzen entgegensah, nicht mehr; sein Tod, der ihn den 11.
September 1802, Morgens 9 Uhr, mit der Feder in der
Hand, womit er alle wohlthätigen Schulfreunde eintrug, über=
raschte, war für Alle, die ihn kannten, achteten und liebten,
ein ganz unerwartet trauriger Fall. *)

Sein würdiger Nachfolger war Mathias Weichsel=
baumer, churfürstlicher Schul=Inspektor und dirigirender
Lehrer des Schullehrer=Seminariums und der Feiertagsschule.

Schon im Jahre 1802/3 wurde dieser Schule noch eine
fünfte Klasse beigefügt, und in derselben bürgerliche
Rechtslehre, Naturgeschichte, Chemie, praktische
Geometrie, Naturlehre, theoretische Mechanik und
praktische Maschinenlehre gelehrt.**)

Kefer hatte bereits, nachdem die Zeichnungsschule zwei

---

*) Churfürst Maximilian schmückte sein Grab durch ein ein=
faches Denkmal mit folgender ehrenvoller Aufschrift:

Max Joseph,

Churfürst,

ehrt das Andenken

an

Franz Xaver Kefer,

Stifter und ersten Lehrer der Feiertagsschule für Künstler und Handwerker
in München, durch dieses Denkmal.

Tausende seiner Schüler durch Europa ehren es in ihrem Herzen;

Freunde und Mitgenossen seines Amtes durch Thränen.

Er starb den 11. September 1802, alt 39 Jahre.

Kefer war verheirathet, jedoch kinderlos; seine Frau starb im Jahre
1851. Derselbe nahm eine Waise an Kindesstatt an, die dermalige Gattin
des penf. Zeichnungslehrers Lorenz Schöpf. Kefer wohnte in der Schleif=
mühle am obern Anger, welche Wohnung dann nach seinem Tode von
Prof. Mitterer bezogen wurde.

**) Im Jahre 1802 bewilligte Churfürst Max die Anstellung
der Lehrer für theoretische Mechanik (Prof. Albert Bauer), für Chemie
(Prof. Basilius Bottenhofer), und 1803 für praktische Maschinenlehre
(Alois Ramis).

Jahre nach der Entstehung der Feiertagsschule in zweckmäßige Verbindung mit dieser gebracht war, den erwachsenen Schülern und Gesellen eine leichtfaßliche Geometrie vorzugsweise in Hinsicht auf Architektur und Zimmerwerkskunst, und dann später die Anfangsgründe der Mechanik vorgetragen, und es zeigte sich die Anzahl der lernbegierigen Zuhörer immer größer, je praktischer diese Vorträge wurden.

Bisher hatte daher der Unterricht in der Mechanik eine mehr theoretische Form, aber jetzt nicht mehr mit dem bloßen Wissen und Verstehen der mechanischen Lehrsätze zufrieden, ging man zur praktischen Mechanik über.

Alois Ramis, ein Mann von ausgezeichnetem Künstlertalente, der sich alle Mühe gab, diesen praktischen Unterricht einer zweckmäßigen Vollständigkeit zu nähern, hatte wohl lernbegierige Schüler um sich her versammelt, und es fehlte nicht an Händen, die mit sichtbarer Lust nach der Arbeit griffen, allein es fehlte an den unentbehrlichsten Werkzeugen, ohne welche dieser praktische Unterricht keine ersprießliche Wirkung gewinnen konnte.

Durch theilnehmende Wohlthäter und mächtige Gönner erhielt die Schule auch dieses.

Churprinz Karl Ludwig an ihrer Spitze, der diese Schule 1803 vor seiner Abreise auf die Universität nach Landshut mit einem Besuche beehrte, schenkte derselben seine Drehbank sammt Werkzeug; die erste Werkbank sammt den dazu erforderlichen Werkzeugen verdankt dieselbe dem Geheimen Rath v. Utzschneider.*)

----

*) Im Februar 1803 begegnete zufällig bei einer Abendpromenade Weichselbaumer dem Geheimen Rath v. Utzschneider, schilderte demselben das Glück der an der Feiertagsschule aufblühenden praktischen Mechanikschule und zugleich den auffallenden Mangel an Werkzeugen, welches auf die Großmuth dieses edlen Bürgerfreundes und wahren Verehrers der Mathematik, Chemie und Mechanik einen so wohlthätigen Eindruck machte, daß derselbe beim Abschiedskompliment zu Weichselbaumer äußerte: „Schicken Sie in einer Morgenstunde zu mir, ich mache der Schule zu dieser vortrefflichen Verwendung einen Beitrag von 100 fl.

Ramis, der sich anfänglich mit einigen in der Maschinensammlung vorhandenen Modellen und selbst verfertigten Profil= und Grundrissen behalf, konnte nun mit der praktischen Arbeit beginnen, für welche er mehrere Grundrisse von sehr gemeinnützigen Maschinen in verjüngtem Maß verfertigte, nach welchen die Schüler selbe sogleich in Holz und Metall bearbeiteten und unter seiner Leitung herstellten.

Der unermüdete Fleiß, mit dem diese Arbeiten fortgesetzt wurden, brachte schon am Schlusse des Schuljahres eine nicht unbeträchtliche Anzahl von Modellen zu Stande, und zwar von verschiedenen, theils ökonomischen, theils neuen Heb= und Wassermaschinen. *)

Weichselbaumer, kaum einige Minuten zu Hause angekommen, wurde durch Ueberreichung dieser Summe nebst folgendem Briefe überrascht:

München, den 21. Februar 1803.

Sie machten mir heute durch die Nachricht, daß bei der hiesigen Feiertagsschule ein praktischer Mechanikus angestellt sei, großes Vergnügen. — Damit es dieser nützlichen Anstalt nicht an dem nöthigen Werkzeuge fehle, sende ich Ihnen hier 100 fl. - - Sie bedürfen zwar nur 75 fl. hiezu; — mit dem Ueberreste kaufen Sie Büsch's Mathematik, ein ganz vortreffliches Werk; besonders wird dessen Anleitung zur praktischen Mechanik den Unterricht sehr erleichtern.

Ich bitte diesen Theil des Unterrichts möglichst zu befördern; denn ich habe aus Erfahrung einsehen gelernt, daß nur ein Volk — ausgerüstet mit den nöthigen mathematischen und vorzüglich mechanischen Kenntnissen, — Fabriken und Manufakturen mit Vortheil betreiben könne.

Verzeihen Sie meine Eile — ich bin mit vorzüglicher Achtung

Ihr ergebenster Freund

U — —

Büsch's Mathematik und eine musterhafte Werkbank mit dem auserlesensten Werkzeuge wurde nun sogleich beigeschafft.

*) Der Eifer und Fleiß dieser Schüler war so groß, daß sie sich fast alle Feierabende in dem Arbeitszimmer einfanden, und als ihnen auch die langen Sommertage zu kurz wurden, beim Lampenscheine oft noch tief in die Nacht hinein mit ihren Modellen beschäftiget waren.

Schon einige Wochen vor dem Anfange des Schuljahres 1802/3 trugen eifrige Schüler zur Feuerung des Ofens in der Zeichnungsschule Holz auf ihrem Rücken bei, um nach den vorhandenen Originalien Tage lang zu zeichnen.

Eine zweite Werkbank, mit zwei großen Schraube=
stöcken und aller Zugehör ausgerüstet, erhielt die Schule
durch den Grafen v. Morawitzky. — Der enge Raum des
Lehrzimmers für die praktische Mechanik, das mit dem Anfange
des Jahres 1803 nur vier leere Wände aufzuweisen hatte,
vermochte nun kaum mehr die Werkzeuge, viel weniger die
arbeitenden Schüler alle zu fassen.

Am 7. März 1803 war die Eröffnung der in Verbin=
dung mit der Feiertagsschule neu organisirten Lehrer=Pflanz=
schule. Von diesem Zeitpunkte an gab es nun in dem Feier=
tagsschul=Gebäude keinen Ruhetag mehr; täglich versammelten
sich in demselben zahlreiche Schüler in den Lehrzimmern.
Die Zahl der eingeschriebenen Präparanden und Kandidaten
belief sich schon bei der ersten Quartalprüfung den 6. Juni
auf 75.

An demselben Tage wurde durch churfürstliches Rescript
den beiden verbundenen Instituten ein neues weit geräumigeres
Gebäude und zugleich ein stabiler Platz durch den bewilligten
Ankauf des churfürstlichen Hofwaisenhauses zugesichert.

Auch bestimmte die bayerische Salzhandlungs=Ge=
sellschaft für beide Feiertagsschulen einen jährlichen Haupt=
preis zu 130 fl. und vier Nebenpreise zu 13 fl., welche im
Schuljahre zum ersten Male an der männlichen Feiertags=
schule an Lehrjungen zur Vertheilung kamen.

Hiemit waren zwei längst gehegte Wünsche des dahin=
geschiedenen verdienstvollen Gründers dieser Schule erfüllt;
die Schule erhielt nun ein geeignetes Gebäude, ganz einer
Centralschule würdig, und zugleich einen Fond dazu, mit dem
die großmüthigen Spender desselben durch die Stiftung dieser
so ansehnlichen Preise für die bestverdienten Feiertagsschüler
sich ein fortwährendes Denkmal erbauten.

In den ersten fünf Jahren des Bestehens dieser Feier=
tagsschule besuchten durchschnittlich jährlich über 400 Schüler
diese Anstalt, woraus sich von 1793 bis 1798 eine Schüler=
zahl von 2000 ergibt.

Im Schuljahre 1798/99 belief sich die Schülerzahl auf 762.

Im darauf folgenden Jahre stieg diese Zahl trotz der damaligen Kriegsunruhen auf . . . . 1008 Schüler;

1800/1 betrug diese Zahl 870;

1801/2 . . . . 1112 und

1802/3 . . . . 1384 Schüler.

Es besuchten sonach in der ersten Dekade 7136 Schüler diese feiertägige Lehranstalt.

Fortschritte der bürgerlichen Feiertagsschule seit dem Jahre 1803 bis 1813.

Mit dem Beginne des zweiten Decenniums der Feiertags=
schule erhielt dieselbe nun durch die väterliche Fürsorge des
Churfürsten Maximilian im Jahre 1803 ein mehr dem
Zwecke entsprechendes Gebäude,*) worin gegenwärtig noch
ein Theil der Handwerks-Feiertagsschule sich befindet, nämlich
das ehemalige Hofwaisenhaus am Kreuz, welches vom deut=
schen Schulfonde käuflich erworben und so brauchbar und so
bequem als möglich für das neu errichtete Schullehrer=Semi=
narium und für die Feiertagsschule unter der Leitung des
Ober=Stadtbaudirektors v. Schebl hergerichtet wurde, wobei
nun auch die geeigneten Räume für den Unterricht der prak=

---

*) Die Lage dieses neuen Schulgebäudes ist an der Südwestseite
unserer Hauptstadt, von allen lärmenden Straßen entfernt. Das Gebäude
mit seinen 99 Fenstern erstreckt sich an den Ringmauern auf 244' in die
Länge seine Breite beträgt 35', die Höhe 32'.

Dieses Gebäude enthält 8 geräumige Hörsäle. Fünf Hörsäle sind
60' lang, wovon zwei 26', drei 20' in der Breite messen, und drei Hör=
säle haben 45' in der Länge und 20' in der Breite.

Nebst diesen Sälen enthält das Gebäude noch sechs Zimmer für den
Unterricht, ohne die Wohnung des Inspektors, ohne das Laboratorium,
die Esse und die drei Thürme in der Zwinger mitzurechnen.

In dieser gegen Südwesten gelegenen Zwinger befindet sich ein 28'
breiter, aber 700' langer Obstgarten.

tifchen Mechanik und der Chemie*) gehörig berücfichtigt
waren.

Im August 1803 wurde mit dem Umbau begonnen und
fchon am 19. Oftober desfelben Jahres waren bereits die
fünf größten Säle hergestellt.

Am 20. Oftober hielten die Feiertagsfchüler und die
Lehramts=Kandidaten ihren feierlichen Einzug.

Den Tag darauf wurden die Leftionen und Vorlefungen
für die Lehramts = Kandidaten eröffnet und am 27. Oftober
die erfte Feiertagsfchule gehalten.

Zugleich bezog den 28. Oftober die vormalige Knaben=
fchule auf dem Kreuze und die der Senblingergaffe diefes
Gebäude, wo fie nun als Mufter= und Uebungsfchule für die
Lehramts=Kandidaten diente.

Am 12. Januar 1804 ward das Weihefeft des neuen
Schulgebäudes mit Gefang und einer patriotifchen Rede**)
Weichfelbaumer's gefeiert, wobei auch das Bildniß des Prof.
Kefer aufgestellt wurde.***)

---

*) Das Laboratorium für die Chemie wurde nach dem Plane des
Kanonifus Maximilian Imhof, Profeffor der Phyfif und Chemie am
churfürftlichen Schulhaufe in München, hergestellt, und zwar in einem
der drei Stadtmauerthürme, welche der Magiftrat zum Behufe diefes
Zweckes der Schule überlaffen hatte.

**) Diefelbe erfchien im Druck unter dem Titel: „Entwurf über
die Einrichtung der Feiertags fchule bei der öffentlichen Lehranftalt
für fünftige Bürger und Schullehrer. Gelefen am Weihefeft des neuen
Schulgebäudes von Mathias Weichfelbaumer, dirigirendem Lehrer
diefer Anftalt, in München den 12. Januar 1804."

***) Den 5. Januar 1805 empfing aus dem churfürftlichen Kabinete
die Feiertagsfchule die beiden churfürftlichen Porträte, welche den
Lehrfaal der Zeichnungsfchule zieren, und im Jahre 1808 wurden die
Bildniffe des Preisftifters und Wohlthäters der Schule, Georg Knogler,
und des um die Schule hochverdienten verftorbenen Schulraths Steiner
angereiht, und dann im Jahre 1821, veranlaßt durch die kgl. bayerifche
Lofal=Schulfommiffion, das Porträt des um die Schule fo verdienftvollen
Affeffors Mathias Scheuchenpflug beigefügt. Derfelbe, ehemaliger
Magiftratsrath, dann Affeffor der f. Staatsfchulden=Tilgungs=Kommiffion

Der gänzliche Umzug dieser feiertäglichen Lehranstalt mit allen Modellen und Maschinen erfolgte erst am 1. Mai 1804 und es verfloß ein Jahr, bis dieselbe in die erforderliche Ordnung kam und die Maschinen-Modelle, physikalischen In= strumente *) und Kunstprodukte, auf einfachen Stellen erhöht an den Wänden der Lehrsäle untergebracht, und die Naturalien= und vaterländische Mineraliensammlung u. s. w. in den Glas= kästen des ehemaligen Augustiner Armariums aufbewahrt und geordnet waren.

Gegen sechs Jahre vergingen aber, bis die nothwendigsten Einrichtungen für dieses lichte und große, aber leere Gebäude größtentheils auf Kosten der Regierung und der kleinen Schul= kasse, sowie auch durch wohlthätige Schulfreunde beigeschafft waren.

Unter dem Dache dieses weitläufigen Gebäudes der bürgerlichen Feiertagsschule waren nun auch das Schullehrer=Seminarium und eine Knaben=Elemen= tarschule vereinigt, wovon die Lehrer=Pflanzschule, welche am 7. März 1803 im alten Schulhause am Anger ihren Anfang nahm, mit ihren anfänglich 75 Zöglingen sich nun ausbreiten und wachsen konnte.

Ihr war der schönste Lehrsaal mit einer Orgel zum Musikunterrichte eingeräumt; in der Folge, als der Lehrplan erweitert und das Lehrpersonal vergrößert wurde, mußte auch noch ein zweites, drittes und viertes Lehrzimmer dazu ver= wendet werden.

Die Knaben=Elementarschule**) wurde in vier

---

und des Wechselgerichtes II. Instanz, 1819 Abgeordneter der ersten Stände= versammlung, war ihr erster und ältester Wohlthäter von Seite des da= maligen Magistrates, er übernahm zugleich als Kommissär der bürger= lichen Feiertagsschule die mühevolle Stelle des Rechnungsführers dieser Schule und unterstützte dieselbe nicht allein mit Rath und That, sondern auch mit Geld.

*) Aus dem Armarium des aufgelösten hiesigen Karmeliten= und Augustinerklosters.

**) Dieser Elementarschule wurde im Jahre 1805 noch eine Ele= mentar=Vorbereitungsklasse beigefügt. Nämlich die Schüler der

sehr geräumigen Zimmern untergebracht, und so waren nun
alle Lehrzimmer von Feiertags= und Werktagsschülern zahlreich besetzt; seit dieser Zeit (die Herbstferien ausgenommen)
täglich Schule gehalten, und mehrere Tausende von Schülern
für das bürgerliche Leben und die Nachkommenschaft gebildet.

Durch die glückliche Verbindung des Lehrer=Instituts*)
mit dieser bürgerlichen Musterschule erhielten nun die Lehr-
amts=Kandidaten die Erziehungs= und Unterrichtskunde mehr
praktisch als theoretisch, und erblickten diese Kunst in ihrer
glücklichen Anwendung und Ausübung; denn nicht nur ein
Muster von einer wohl eingerichteten Stadtschule in drei
abgesonderten Klassen fanden sie hier, die sie in einem Jahre
nach der Ordnung leicht durchgehen, und darin durch Zusehen,
Zuhören und Mithelfen Vieles lernen konnten, sondern sie
fanden auch im Kleinen ein Muster einer praktischen Land=
schule, in welcher Ein Lehrer drei Klassen von Schülern in
Einem Schulzimmer zur nämlichen Schulzeit versammelt hat,
und doch alle Schüler durch einen zweckmäßigen Zusammen=
unterricht nach dem für Elementarschulen verordneten Plane
unterrichtet.

In dieser Schule wurden die Kandidaten unter Leitung
des Inspektors und eines eigenen praktischen Lehrers der

---

erften Abtheilung der erften Elementarklasse erlangten vermittelst der Ton=
und Lautmethode und der gemeinschaftlichen Lehrtafeln, welche hiebei in
Anwendung kamen, schon im erften Semester eine so große Fertigkeit im
Lesen, daß man im zweiten Semester unmöglich mehr neue Schüler in
dieselbe Abtheilung aufnehmen konnte. Dieser Umstand machte es noth=
wendig, den manches Jahr so zahlreich nach Oftern eintretenden Kindern
einen besondern Lehrer zu geben, und so von Oftern bis Ende September
dieselben für das nächstkommende Schuljahr nach einem bestimmten Plane
ordentlich und gründlich vorzubereiten.

*) Für dieses heranwachsende Schullehrer=Seminarium be=
willigte 1805 die Regierung eine besondere jährliche Summe von 3412 fl.,
wovon 2400 fl. zur Unterstützung dürftiger, aber mit den gehörigen Vor=
kenntnissen eintretender Schullehrerssöhne während ihres hiesigen Aufent=
haltes bei der Lehrer=Pflanzschule zu angemessenen Stipendien verwendet
wurden.

Feiertagsschule im eigentlichen Schulhalten selbst ab=
wechselungsweise geübt.

Im Singen und Orgelspielen wurde sowohl für
Schwächere als auch Geübtere angemessener Unterricht ertheilt,
und diese Lehramts = Kandidaten zugleich in der Garten=,
Obstbaum= und Bienenzucht praktisch unterrichtet. *)

Selbst im Buchbinden und im Verfertigen verschie=
dener Papparbeiten erhielten dieselben alle Sonn= und Feier=
tage praktischen Unterricht.

Da ferner das Zeichnen jedem Schulmanne, besonders
aber dem Lehrer der Elementarschule zur Versinnlichungs=
Methode unentbehrlich ist, so wurden auch die Schulamts=
Präparanden und Kandidaten nach dem vereinfachten und
dadurch um Vieles verbesserten Lehrplane (1806/7) wöchentlich
zwei Stunden im Zeichnen geübt.

Im Jahre 1813 erreichte das an der Seite der Feiertags=
schule aufgeblühte Lehrer=Institut seine Mündigkeit, es wurde
von seiner Mutterschule getrennt und am 10. Januar obiger

---

*) Der am Schulgebäude gelegene Garten ward bisher größtentheils
zum Unterrichte der Schuldienst = Präparanden in der Garten= und Obst=
baumkultur verwendet; zum Theil leistete er aber auch für die Feiertags=
schule sehr gute Dienste.

Die daselbst befindlichen Obstbäume dienten zur Beförderung des
praktischen Unterrichts in der Obstbaumzucht, ebenso die darin befindlichen
Küchengewächse zur Verbreitung nützlicher Sachkenntniß, sowie auch der
darin befindliche mäßig bevölkerte Bienenstand den Unterricht in der prak=
tischen Bienenzucht den Schülern anschaulich machte.

Ferner wurden in dem erwähnten Garten zur Beförderung der öko=
nomischen und technischen Kräuterkunde bisher schon mehrere theils wild
wachsende, theils künstlich zu erziehende Gewächse angebaut.

Dieser Schulgarten wurde auch zur Mittheilung der nöthigen Kennt=
nisse vom Weltgebäude zur Kenntniß des Sternhimmels und der großen
Weltkörper, zur Beobachtung der Erscheinungen am Himmel, der Mondes=
phasen, des Planetenlaufes u. dgl. benutzt, um die Kalenderkunde zu be=
gründen. Ferner wurde derselbe auch benutzt zur praktischen Geometrie,
zu den ersten Uebungen im Längen= und Höhenmessen. Kurz der Garten
wurde bei Tag und Nacht zur angenehmsten Schule unter freiem Himmel.

Jahres in ein eigenes Gebäude nach Freising verſetzt, wo es ſeitdem ſelbſtſtändig beſteht.

An die Stelle des Schullehrer-Seminariums kam nun eine bürgerliche Realſchule von zwei Klaſſen, welche ſchon am 20. Dezember 1812 in den vormaligen Lehrſälen des Lehrer-Inſtituts mit mehr als hundert Schülern unter der Leitung zweier Lehrer eröffnet wurde.*)

In dem Lehrplane der feiertäglichen Lehr-anſtalt für künftige Bürger waren nun folgende Unter-richtsgegenſtände aufgenommen, nämlich: eine ſehr populäre Sittenlehre in Beiſpielen; ein gründlicher Religions-Unterricht, Leſen, Schreiben, Rechnen, an der Tafel und aus freiem Kopfe; Erdbeſchreibung und Ge-ſchichte; Erd- und Himmelskunde; Kalenderwiſſen-ſchaft; Münzkenntniß; gemeinnützige Rechtslehre;**) Elementar-Geometrie und mathematiſche Zeichnungs-übungen; Naturgeſchichte und Technologie; die Lehre vom Menſchen und ſeiner Geſundheit; techniſche Chemie;***) Naturlehre; theoretiſche Maſchinenlehre; das Nöthige aus der Hydraulik und Hydroſtatik; von den Luftarten; praktiſche Mechanik; Zeichnungs-kunſt, und endlich auch praktiſche Uebung des äußeren An-ſtandes.

Was nun die Eintheilung des Unterrichts der bereits ſchon im Schuljahre 1802/3 geſonderten fünf Klaſſen dieſer Feiertagsſchule betrifft, ſo wurde in der I. Klaſſe der Grund durch eine richtige Sprechlehre gelegt, in der II. und III. Klaſſe Leſen, Schreiben, Rechnen, mündlicher und ſchrift-

---

*) Aus dieſer geſtaltete ſich im Jahre 1817 die höhere Bürgerſchule, welche 1832 wieder aufgelöſt und dann die Gewerbsſchule errichtet wurde.

**) 1808/9 wurde dieſe bürgerliche Rechtslehre mit dem Vortrage der Moral verbunden.

***) Techniſche Chemie wurde im Jahre 1805/6 durch den k. bayeriſchen Hofrath und Profeſſor C. W. Juch gelehrt, im Jahre 1808/9 durch die Beförderung deſſelben unterbrochen und 1810/11 von Profeſſor Marechaux wieder fortgeſetzt.

licher Vortrag geübt, dann in der IV. Klasse schriftliche Auf=
gaben nach bürgerlichen Verhältnissen aller Art ausgearbeitet
und eigentliche deutsche Stylübungen vorgenommen;*) während
bei den Gegenständen der V. Klasse die Grundlage zu einem
mehr rationellen Betriebe der Gewerbe berücksichtigt wurde.

Betreffs des Religions=Unterrichtes hatten die
Handwerksgesellen ihre eigene Congregation, in welcher
sie sonntäglich ihre christlichen Erbauungsstunden und Ver=
sammlungen hielten, und jene Gesellen, welche die Feiertags=
schule besuchten, genossen noch überdieß alle Feiertage im
Schullokale einen Unterricht in einer geläuterten bürger=
lichen Moral in Beispielen.

Die Congregation der Lehrjungen aber war in zwei
Hauptabtheilungen gesondert; dieselben erhielten den ange=
messenen Religions=Unterricht in zwei Kirchen: die erste Ab=
theilung auf dem bürgerlichen Congregationssaale; die zweite
in der St. Sebastianskirche,**) und zwar alle Sonntage
zwischen 8 und 9 Uhr nach dem Gottesdienste.

Die Lehrschule der I.***) bis IV. Klasse für Lehr=
jungen war von 9 bis 11 Uhr, und für solche, welche Vor=
mittags zu erscheinen verhindert waren, von 2 bis 4 Uhr.

Die Unterrichtsstunden der Gesellen für bürgerliche Mo=
ralvorträge und Naturgeschichte waren von 6 bis

---

*) Nach Kefer's „Anleitung zu schriftlichen Aufsätzen“.
**) Seit 1809 in der St. Anna=Damenstiftskirche.
***) Die I. Klasse mußte der großen Schülerzahl wegen in zwei
Abtheilungen getheilt werden, und da die bisher auf dem Anger bestandene
besondere Feiertagsschule für noch nicht aufgedingte Lehrjungen seit 1810
mit der feiertäglichen Lehranstalt vereinigt wurde, so wuchs die Schüler=
zahl so an, daß für die erste Abtheilung der Lehrjungen der I. Klasse ein
besonderer Lehrsaal eröffnet werden mußte.
In der Lehrschule erhielten dürftige Lehrjungen sogar Bücher, Tinte,
Papier und Schreibfedern ganz unentgeltlich, während den Gesellen der
Eintritt unentgeltlich, bis auf Beischaffung des Papiers und der Schreib=
federn, erlaubt war.

7¼ Uhr; die Lehrschule der I. bis IV. Klasse für dieselben von 7¼ bis 9 Uhr; bürgerliche Rechtslehre und Geometrie von 9 bis 10 Uhr, und theoretische Mechanik und Physik Nachmittags von 1 bis 2 Uhr.

Der Zeichnungsunterricht*) für die Gesellen und Lehrjungen wurde von 2 bis 4 Uhr ertheilt, und der Unterricht der praktischen Mechanik begann um 5 Uhr.

Beim Beginne der zweiten Dekade (1803) ertheilten 13 Lehrer den Unterricht an dieser feiertäglichen Lehranstalt, am Schlusse derselben (1813) bestand das Lehrpersonal aus 16 Lehr-Individuen.

Nämlich aus dem Direktor der Anstalt, der in der V. Klasse Geometrie und bürgerliche Rechtslehre vortrug; aus zwei Religionslehrern für die beiden Abtheilungen der Lehrjungen, wovon der Religionslehrer der ersten Abtheilung zugleich auch die Moralvorträge den Gesellen ertheilte;

dann aus zwei Elementarlehrern und einem Gehilfen für die beiden Abtheilungen der I. Klasse und aus drei Lehrern und einem Gehilfen für die II., III. und IV. Klasse.

Ferner ertheilten ein Lehrer und ein Gehilfe den Zeichnungs-Unterricht, während noch andere vier Lehrer für die Fächer der V. Klasse, nämlich für Physik, Chemie, Technologie und Waarenkunde und praktische Mechanik bestimmt waren.

Die gesammte Schülerzahl, welche während der zweiten Dekade diese Feiertagsschule besuchten, ist aus folgendem Verzeichnisse ersichtlich.

---

*) In diese Zeichnungsschule hatten nur jene Schüler freien Zutritt, welche die Klassen der Lehrschule schon durchgangen, oder sie Vormittags wirklich besuchten, oder auch eines ferneren Schulunterrichtes nicht mehr bedurften.

Schuljahr	Gesellen	Lehrjungen	Gesammte Schülerzahl.
1803/04	470	1145	1615
1804/05	535	1482	2017
1805/06	361	1013	1374
1806/07	518	1183	1701
1807/08	663	1087	1750
1808/09	648	1090	1738
1809/10	494	1020	1514
1810/11	370	1016	1386
1811/12	466	1273	1739
1812/13	315	1312	1627

Von den höheren Lehrgegenständen waren namentlich die Physik und die technische Chemie nicht allein von den Gesellen verschiedener Gewerbe sehr fleißig besucht, sondern auch Kandidaten der Chirurgie und der Veterinärschule, sowie viele Meister und Künstler waren eifrige Zuhörer dieser Vorträge.

Die Zeichnungsschule, welche schon bei ihrem Anfange (1795) einen wesentlichen Theil dieser Feiertagsschule bildete, und so besucht war, daß Vielen wegen Mangel an Raum

Weishaupt, Feiertagsschule.   3

der Zutritt versagt werden mußte, obgleich Gesellen und Lehrjungen in zwei Zimmern abgetheilt und seit 1803 dem Prof.
Mitterer Jos. Unger als Gehilfe beigegeben war,*) gewann
in den geräumigen Lehrsälen des Kreuzschulgebäudes bedeutend an Ausdehnung, sie erhob sich gleichsam zur technischen
Kunstschule, und es wurde nicht allein an Feiertagen für Gesellen und Lehrjungen, sondern auch seit 1805 täglich zwei
Stunden nacheinander Zeichnungs-Unterricht für Studirende
gegeben.

In gleicher Weise bewiesen auch die Zöglinge der praktischen Mechanikschule eine besondere Vorliebe für diesen
Unterricht und für die unter der Leitung des Lehrers unter
ihren Händen entstehenden Modelle von verschiedenen vortheil-
haften Maschinen und Werken, deren Anzahl sich von Jahr
zur Jahr häufte.**)

Zu der aufblühenden Zeichnungs- und praktischen
Mechanikschule, welche gleichsam die Kunstschule dieser
feiertäglichen Lehranstalt bildeten, gesellte sich nun auch eine
Kunstanstalt, nämlich im Jahre 1804 wurde vom churfürstlichen General-Schulen- und Studien-Direktorium, nach
dem Antrage des Schulraths Steiner,***) mit dieser Feier-

---

*) Seit 1812/13 Lorenz Schöpf.

**) Seit dem Bestehen der Zeichnungs- und der praktischen Mechanik-
schule sind bei jeder gewöhnlich im August abgehaltenen öffentlichen Prüfung die technischen Zeichnungen vorgelegt und die Maschinenmodelle in
der Schule aufgestellt worden.
Am Schlusse der zweiten Dekadenfeier der Schule im Jahre 1813
den 22. August stellte Ramis 134 Kunstwerke seiner Schüler öffentlich
auf, worüber ein gedrucktes Verzeichniß vorliegt:
„Erste Ausstellung derjenigen Maschinen, Modelle und Kunstwerke, welche von den Schülern der praktischen Mechanik an der
Feiertagsschule in der zweiten Dekade ihrer Existenz, vom Jahre
1803 bis zum Jahre 1813, unter Leitung des Lehrers Alois Ramis
verfertigt wurden und zur Schule kamen. — Den 22. August 1813.
München, gedruckt bei F. S. Hübschmann.“

***) Im Jahre 1808 den 1. Juli starb der hochverdiente königlich
bayerische Landes-Direktionsrath Joh. Mich. Steiner. Dieser um das

tagsschule eine neue lithographische Kunstanstalt verbunden, und im hintersten und engsten Theile des Schulgebäudes
dieser interessanten vaterländischen Erfindung Senefelders, ein·
Plätzchen eingeräumt, und eine kleine Presse nach Mitterers
Angabe zu diesem Behufe aufgestellt; wo es nun der unermüdeten Thätigkeit des Schulraths Steiner und Professors
Mitterer gelang, die Lithographie in dieser Anstalt auf einen
hohen Grad der Vervollkommnung zu bringen und dadurch
zum Theil die hohe Absicht zu erreichen, die Feiertagsschule
durch sich selbst zu begründen.

Im engsten Winkel der Schule *) stand die lithographische Mutterpresse, woraus zuerst vollkommen reine Kunst-
abdrücke aller Art hervorgingen. Ihre Töchter ohne Zahl
machten hier und in Paris ihr Glück.

Die vorzüglichsten Künstler Münchens fanden Lust,
Kunstwerke auf Stein zu liefern, wovon dann Probeabdrücke
gemacht wurden, die bald zur allgemeinen Bewunderung der
Kenner über alle Erwartung ausfielen und im In- und Auslande großen Beifall erhielten.

Diese Kunstdruckerei wurde beinahe auf alle Fächer der
Kunst angewandt, und die Erfindung selbst durch neue Be-
obachtungen und Entdeckungen immer mehr bereichert, gemein-

Schulwesen mit Ruhm bedeckte Mann unterstützte als ein wahrer Freund
den Professor Kefer mit Rath und That; er half ihm alle Hindernisse,
die dem Emporkommen der Schule zahlreich entgegenstanden, besiegen; er
suchte und erweckte allenthalben wohlthätige Freunde zur Theilnahme und
Unterstützung seiner Bemühungen, und schlug zur Erweiterung dieses Institutes der Regierung die zweckdienlichsten Mittel vor, er legte auch den
ersten Stein zur endlichen Begründung dieser Schule durch Errichtung der
lithographischen Anstalt, der ersten ihrer Art im ganzen Königreiche.

So starb auch den 2. April 1813 der königlich bayerische Kreis-
Schulrath Michael Lechner, wodurch das vaterländische Schulwesen zwei
wichtige Stützen verlor. Sie waren die thätigsten Förderer des öffentlichen Unterrichtes und der Erziehung.

*) Wo gegenwärtig noch das Geschäftszimmer dieser lithographischen
Kunst-Anstalt sich befindet.

nütziger und brauchbarer gemacht, und endlich so veredelt, daß nun die Regierung selbst diese auf der Feiertagsschule aus= gebildete Kunst zur Förderung der Staatsgeschäfte und bei dem Central=Rechnungs=Kommissariate des Innern zum Be= hufe seines ausgebreiteten administrativen und exekutiven Dienstes übernahm, und dafür laut Rescript vom 2. August 1808 die Abgabe einer jährlichen Dotation von 1200 fl. in monatlichen Raten von 100 fl. an die Feiertagsschule ver= ordnete.

Die am 1. September 1805 auf Abonnement*) ange= kündigten Lithographien von Landschaften, von den schönsten Prachtblumen, von Figuren und Köpfen nach den berühmtesten Meistern in Handzeichnungsmanier, an denen die besten Künstlerkräfte Münchens mit unverdrossenem Fleiße arbeiteten, erschienen bald und wurden in monatlichen Lieferungen fort= gesetzt.

Mehrere lithographische Kunstprodukte von großem Kunst= werthe und allgemeiner Brauchbarkeit für Künstler und Hand= werker, verschiedene Hülfsmittel zum Behufe der Anschauung beim öffentlichen und Privat=Unterrichte, Vorlagen für Zeich= nungsschulen u. s. w. gingen aus dieser lithographischen Kunstanstalt hervor.

Seit den verflossenen zwei ersten Jahren des Bestehens dieser Kunstanstalt belief sich (1806) die Summe aller neu produzirten lithographischen Kunstartikel, ohne die Anleitung zur Figurenzeichnung, zu Laubwerken und Verzierungen mit einzurechnen, über 300 Stücke, von denen Vorräthe gedruckt und ein Theil durch ganz Deutschland und einigen benach= barten Ländern versendet wurden, welche überall beifällig auf= genommen und aus der entlegenen Ferne Bestellungen brachten.

Besonders fanden öffentliche Lehrer die in Handzeichnungs=

---

*) Unter diesen Abonnenten waren auch:
König Max mit 4 Exemplaren,
die k. b. Landschafts=Verordnung,
der Magistrat ꝛc.

Manier entworfenen Vorlagen, welche aus dieser Anstalt hervorgingen, für die Schule sehr brauchbar.

Diese Vorlagen waren daher nicht nur allein für die feiertägliche Lehranstalt benützt, sondern dienten auch als solche für alle Zeichnungsschulen des ganzen Königreiches, wodurch zugleich Kunstsinn und Geschmack verbreitet wurde. *)

Die ersten Unterrichtswerke, welche diese Kunstanstalt bearbeitete, waren:

72 Elementar-Zeichnungsblätter **) (1804).

----

*) Die k. Landes-Direktion versah (1807) achtzehn neu errichtete Zeichnungsschulen in Ober- und Niederbayern mit diesen Vorlagen.

**) Diese 72 kleinen Elementarblättchen, nach Mitterer's Entwurf von Unger auf Stein gezeichnet, sind in dieser Anstalt durch eine zufällige Unterredung dreier Lehrer über die beste Art, den früh erregenden Trieb der Kinder zum Zeichnen zweckmäßig zu leiten, veranlaßt worden, und auf der Stelle wurde sogleich der Entwurf von den ersten vier Blättern gemacht.

In einigen Wochen waren schon ein paar Dutzend fertig, hundertfältig unter die Schüler aller Elementarklassen unserer Hauptstadt vertheilt, mit unersättlicher Begierde gekauft, und es wurde dadurch die sonst unruhigste Zeit vor dem Anfange der Schule in die ruhigste Stille verwandelt: die Schüler zeichneten.

Die nachzuzeichnenden Gegenstände, welche diese Blättchen enthalten, sind methodisch gut geordnet; sie beginnen mit geraden Linien in verschiedenen Richtungen; das zweite Blatt stellt die mancherlei Winkel, das dritte die Dreiecke, das vierte die Vierecke, das fünfte symetrische Figuren vor; auch solche, welche ihrer Zusammensetzung wegen die Schüler zum Nachdenken reizen; auf dem sechsten erscheinen schon die leichtesten Umrisse von Gegenständen aus der Kunstwelt; das siebente enthält eine Zeichnungs-Uebung der nöthigsten krummlinigen Figuren; auf dem achten Blättchen folgt dann sogleich die Anwendung dieser Linien und Figuren auf Gegenstände aus der Natur.

Hier erblickt der Schüler mit Vergnügen eine Scheibe, ein Rad, Sonne und Mond, Umrisse von einfachen Blumenblättern.

Mit dem neunten beginnen die Konturen der Werkzeuge und Fabrikate von den gemeinnützigsten Handwerken.

Kurz die ganze Folge dieser Elementar-Zeichnungs-Uebungen reizet den Anfänger zum ersten Nachzeichnen und bildet gleichsam einen Lustweg ins Heiligthum der Zeichnungskunst.

Die Anleitung zur Figurenzeichnung, zu Laubwerken und Verzierungen, von Mitterer.

Stufenweise Anleitung zur Landschaftszeichnung, von Wagenbauer.

Zum Blumenzeichnen, von Meyerhofer.

Musterblätter für Ornamentenzeichnung, von Pöringer.

Sammlung von Bauplänen für Landschul-Gebäude, von Vorherr.

Praktische Anleitung zur Perspektivzeichnung, von Johann Maria v. Quaglio vollendet (1812).

Dann im Auftrag der Regierung eine Zeichnungsschule für die Real- und Gymnasialklassen, von Langer, Professor der k. Akademie.*)

Gleich wie die feiertägliche Lehranstalt und das damit verbundene Lehrer-Seminarium sich vieler Besuche von Schulfreunden, Pädagogen und selbst hoher Häupter zu erfreuen hatte,**) so wurden auch der lithographischen Kunstanstalt Besuche von Künstlern und Gelehrten ersten Ranges zu Theil.***)

---

*) Von dieser aus 165 Blättern bestehenden Sammlung von Handzeichnungen, theils zum Unterrichte in der Figurenzeichnung, theils auserwählte Muster antiker Laubwerke und Verzierungen enthaltend, war (1813) das siebente Heft, somit 105 Blätter, vollendet.

**) Am 11. Dezember 1803, Nachmittags 1 Uhr, überraschte der König von Schweden in Begleitung des Churfürsten beide Institute mit einem Besuch.

***) Während des französischen Krieges erhielt die lithographische Anstalt von berühmten Künstlern, Offizieren und Generälen viele Besuche. Einer davon zeichnete auf den Knieen die erste Presse dieser Anstalt ab, welche in der Mechanikschule unter der Leitung Ramis bearbeitet wurde. — Ein anderer französischer Künstler (General Lejeune), der von Austerlitz nach Paris hier durchreiste, verweilte ein paar Tage, bewunderte diesen neuen Kunstzweig unseres Vaterlandes, und konnte sich nicht enthalten, selbst einen Versuch einer Handzeichnung auf Stein zu machen, wovon er denselben Tag noch 100 Abbrücke erhielt, und den Stein mit einem meisterhaft gezeichneten Kosacken nach Paris mitnahm.

Auch der berühmte Denon, General-Direktor der schönen Künste

Die Entstehung und Vervollkommnung dieser lithogra=
phischen Anstalt, welche sowohl für das Schul=, sowie auch
für das Kunstfach gleiche Thätigkeit entwickelte, und sich zu
einer merkwürdigen Anstalt erhob, gehört ganz dem zweiten
Decennium der Feiertagsschule an.

---

in Frankreich, beehrte diese Anstalt am 30. November 1806 mit seinem
Besuche und verweilte besonders lange in der Zeichnungsschule, wo er die
Schüler mit sichtbarem Wohlgefallen zum Fleiße ermunterte und auch
vorzüglich der lithographischen Anstalt seinen werthen Beifall schenkte.

Bestand der feiertäglichen Lehranstalt für künftige Bürger, Handwerker und Künstler, seit dem Jahre 1813 bis 1823.

Diese feiertägliche Lehranstalt hatte in der dritten Dekade nur insoferne eine Aenderung erlitten, als es eben die immer mehr anwachsende Schülerzahl erheischte.

Der Zweck derselben blieb noch immer wie bald nach ihrer Entstehung, dreifach:

1) für jene armen und unglücklichen Lehrlinge die ohne alle Kenntnisse ihres vorgerückten Alters wegen als Handwerkszöglinge zur Schule kommen;

2) für solche, welche die Elementar-Kenntnisse und Fertigkeiten wiederholen und fortsetzen wollen; und

3) für jene, welche höhere theoretische und praktische Kenntnisse sich sammeln, und zu geschickten und gründlichen Gewerbsmännern, Arbeitern und Künstlern sich ausbilden wollen.

Die ganze Lehranstalt theilte sich daher in zwei Hauptabtheilungen, nämlich in eine niedere und in eine höhere, jene umfaßte die Elementarkenntnisse bis zu ihrer Vollendung, diese die höheren Kenntnisse und die Kunstschule.

Im Allgemeinen bestanden (wie auch jetzt noch) jene, die feiertägliche Schule besuchenden Handwerker, theils aus Gesellen, welche freiwillig sich inscribirten, und abgesondert von den Lehrjungen den Unterricht erhalten, und aus erwachsenen und unerwachsenen Lehrjungen, wovon erstere von 18 bis 20 und noch mehreren Jahren, erst später zum Handwerksstande gekommen, gleich den unerwachsenen Lehrjungen den Religionsunterricht und die Schule während ihrer Lehrzeit zu besuchen verbunden sind; *) daher sie auch eine Schultabelle führen müssen, in der sie jeden Sonn= und Feiertage in welchen sie beim christlichen Unterrichte und in der Schule erscheinen, das Schul=Signet zum Zeichen ihrer Gegenwart am Ende der Schule erhalten: indem keinem Lehrjungen ein Zeugniß zum Freisprechen ausgestellt werden darf, der sich nicht durch seine Gegenwartstabelle ausweisen kann, daß er nebst der Schule auch den Religionsunterricht fleißig besucht hat. **)

A. Niedere Hauptabtheilung.

Die erste niedere Hauptabtheilung theilt sich wieder

a) in eine Vorbereitungsklasse mit einer unteren und oberen Abtheilung und

b) in vier Lehrklassen. ***)

Schon im Schuljahre 1803/04 mußte der großen Schülermenge wegen die erste der vier Lehrklassen in zwei Abtheilungen, und später (1812/13) in drei Abtheilungen gesondert werden.

Seit dem Regierungsbeschluße von 1820 bilden aber die Schüler der I. und II. Abtheilung die Vorbereitungsklasse, und die III. Abtheilung die eigentliche I. Klasse.

---

*) Seit der Verordnung vom 12. Septbr. 1803.
**) Seit 1820 neuerdings beschlossen.
***) Wobei der Unterricht in fünf Lehrsälen ertheilt wurde, wovon ein Lehrsaal für die beiden Abtheilungen der Vorbereitungsklasse bestimmt war, und die Gesellen den Unterricht Vormittags erhielten, während ein Theil der Lehrjungen Vormittags und ein anderer Theil Nachmittags unterrichtet wurde.

Wobei die Vorbereitungsklasse sonach in eine untere und obere Abtheilung zerfällt, und für die zum Theil oder ganz unvorbereitet eintretenden Schüler bestimmt war, während die übrigen vier Lehrklassen der niedern Hauptabtheilung für die Wiederholungs= und eigentlichen Feiertagsschüler geeignet, und die höhere Hauptabtheilung für Gewerbsleute, Bürger, Handwerker, künftige Bauwerkmeister, Mechaniker und Künstler gehörte.

Wenn auch in den ersten zwei Dekaden viele erwachsene Jungen und Gesellen zur Schule kamen, welche wegen Mangel aller Vorkenntnisse in die I. Abtheilung der Vorbereitungsklasse eingewiesen werden mußten, so fand sich doch in der dritten Dekade kein Handwerksgeselle so unbereitet mehr vor, daß er nicht gleich in die obere Vorbereitungs=Abtheilung hätte eingeschrieben werden können; die untere Abtheilung war daher nur noch für Lehrjungen nöthig, die von nahen und fernen Gegenden unseres Vaterlandes hier beim Anfangsunterricht zusammentrafen.

Unterrichtsmethode.

Um nun diese während der ganzen Woche in ihren Werkstätten beschäftigten Schüler, welche nur an Sonn= und Feiertagen in der Schule erscheinen können, wobei sich der Unterricht höchstens auf 50 Schultage beschränkt,*) und welche in großer Anzahl und von verschiedenem Alter, Gewerbe und Vorkenntnissen sich einfanden, in einem so kurzen Zeitraume zweckmäßig zu unterrichten, wurde weder die Pestalozzische noch die Lankasterische Methode, des wechselseitigen Unterrichtes in Anwendung gebracht, sondern ein wohlgeordnetes Aggregat von allen den besten der rühmlichst bekannten guten Methoden.

Das Auserlesenste hatte man von jeder guten Methode der berühmtesten Pädagogen in ein harmonisches Ganze ver-

---

*) In der ersten Dekade waren gegen 60 Schultage, gegenwärtig haben sich dieselben bis auf 40 vermindert.

einbart, daßselbe in den Lehrpflanzschulen gelehrt, und so vor Allem die Werk= und Feiertagsschulen unserer Hauptstadt zu einem hohen Grade von Vollkommenheit, zu Musterschulen erhoben.

Bei diesen Schulen ist weder der wechselseitige Un= terricht von den Schülern, noch die längst verworfene Me= thode des einzelnen Unterrichts, wobei der Lehrer jeden einzelnen Schüler besonders unterweiset, sondern die Methode des Zusammen = Unterrichts eingeführt, wobei alle Schüler von Einem Lehrer unterrichtet werden, und jeder Schüler von allen Schülern in jeder Minute der Schulzeit lernen kann, und wobei auch der Lehrer die fähigsten und ge= schicktesten Schüler benützt, ihren schwächeren Mitschülern nach= zuhelfen, er setzt sie ihnen an die Seite, und die Erfahrung hat gezeigt, daß in dieser Weise der gegenseitige Unterricht bei vielen Kindern von der besten Wirkung ist.

Die Hofmann'sche Lautirmethode*) als die geeig= netste und beste Leselehrart, wurde in dem Schullehrer = Semina= rium, und sammt allen Verbesserungen von Stephani und selbst gefundenen praktischen Vortheilen in den öffentlichen Schulen aufgenommen, und bis jetzt noch in allen Volksschu= len mit sichtbarem Nutzen bei dem Anfangsunterricht im Lesen angewendet.

Von Olivier lernte man die Kunst, die Anfänger ohne Buch lesen zu lehren; wozu man keiner Fibel und keines eigentlichen Lesebuchs bedurfte, sondern nur 2 bis 3 Zoll hoher beweglicher und unbeweglicher Buchstaben.

Mit den erst genannten wurde der Anfang auf der Setz= kasten=Tafel gemacht; letztere erscheinen den Lehrschülern in gleich großen Charakteren auf gedruckten Lesetabellen, die an den Schulwänden angebracht von hundert und noch mehr Schülern in einer Entfernung von 20 bis 30 Schuhen noch erkannt und leicht gelesen werden können.

---

*) Hofmann, Hofmusiker und Privatlehrer dahier erfand diese Lau-
tirmethode und machte hievon die erste Anwendung.

Ein Paar Dutzend solcher Tabellen reichten für die An=
fänger hin, sie im' ersten Lesen zu üben, und sie auf die
dritte höhere Stufe zum Lesen in Büchern zu bringen.

Diese Tabellen leisten ohngefähr das Nämliche wo nicht
mehr, als das Buch von etwa 150 Blättern in Lankaster'=
schen Schulen auf Tafeln aufgeklebt und an die Wand ge=
hängt.

Was den Freunden der Methode des wechselseitigen
Unterrichts vorzüglich wohlgefällt, ist, daß die Kinder, in
dem sie in den Sand kritzeln, Buchstabenkenntniß, Schreiben
und Lesen zugleich lernen. *)

Bei diesem Zugleich und auf Ein Mal lernen, werden
dieselben aber Alles zugleich schlecht lernen; denn es ist zu
viel auf Ein Mal.

Daher die durch lange Erfahrung bewährten Grundsätze
beim Anfangsunterricht: Eile mit .Weile, lehre wenig aber
gut, wer zu viel auf Ein Mal lehrt, lehrt wenig oder gar
nichts, in unseren Schulen stets Berücksichtigung fanden.

Zudem ist selbst dem, im Fache der Erziehung und des
Unterrichtes ganz Unkundigen einleuchtend, daß von Einem
Lehrer für tausend Schüler offenbar nur wenig, und in keinem
Falle das Ausreichende erwartet werden kann.

Er bedarf Gehilfen; er muß sie haben, und er hat sie
auch, und zwar zahlreich in den älteren Schülern (Moni=
teurs) die ihren untergeordneten Schülern vorkritzeln und
sagen, was sie zu thun und zu unterlassen haben.

Aber dieser Schülerunterricht, ohne Geist, Leben, Kraft und
Sprache, in bloßen mechanischen Vormachen und Nachahmen,
bestehend, kann daher der wahren Schulbildung wenig Vor=
theil bieten.

---

*) Vor dem Jahre 1800 hatte man auch in unseren Schulen in
Sand, und sogar was Manchem noch sonderbarer scheinen möchte, in die
Luft geschrieben, allein seit dieser Zeit dasselbe wieder verlassen.

Wer wünschte wohl nicht die tausende Schüler statt in Einem Lehrsaale, in mehrere leicht übersehbare Schulzimmer vertheilt, und jede dieser Schüler Abtheilung von einem tüchtigen Lehrer gründlich unterrichtet, wie es bei unseren Werk- und Feiertagsschulen der Fall ist.

Lehrstoff.

Betreff des Lehrstoffes dieses Elementar-Unterrichtes wurde in der I. Abtheilung der I. Klasse, in welche jene Schüler treten, denen alle Vorkenntnisse dieses Unterrichtes fehlen, mit den Anfangsgründen des Lesens, Schreibens und Rechnens begonnen.

In der II. Abth. der I. Klasse worin solche eintreten, die schon einige Vorkenntnisse besitzen, obige Elementar-Gegenstände weitergeführt, und in der III. Abth. der I. Klasse nebst diesen Lehrgegenständen auch noch das schriftliche Rechnen geübt.

In der II. Klasse wurden die Uebungen des Lesens, des Schön- und Rechtschreibens und schriftlichen Rechnens zur größeren Fertigkeit gebracht; und auch die Vaterlandsgeschichte und Erdbeschreibung angefangen.

In der III. Klasse wurden nun die Schüler im mündlichen und schriftlichen Vortrage geübt und angeleitet, die bei Handwerken und im bürgerlichen Leben überhaupt vorkommenden schriftlichen Aufsätze und Rechnungen ordentlich abzufassen, zugleich wurde ihnen die Erdbeschreibung Deutschlands und andere nützlichen Kenntnisse vorgetragen.

In der IV. Klasse wurden nun die oben angeführten Kenntnisse fortgesetzt und vollendet.

Diese Klasse ist eigentlich das für Feiertagsschüler, was die seit dem Jahre 1816 eröffnete höhere Bürgerschule für Werktagsschüler ist: Fortsetzung der höheren Kenntnisse und Fertigkeiten für künftige Bürger, und schließt sich an den III. Kurs der Elementarschule an.

In dieser IV. Klasse wurden Formulare von den verschiedenen nothwendigen schriftlichen Aufsätzen vorgelegt und eingeübt; zusammengesetzte Rechnungs-Beispiele aus freiem Kopfe und an der Tafel bearbeitet, und die Schüler mit der Erdbeschreibung von Europa und den übrigen Erdtheilen, nebst dem Nothwendigsten aus der Natur, Welt- und Kalenderkunde bekannt gemacht.

Religionsunterricht.

Der großen Schülerzahl halben wurde der Religionsunterricht in drei verschiedenen Kirchen ertheilt; wobei die Schüler der Vorbereitungsschule und der I. und II. Klasse alle Sonn- und Feiertage auf dem bürgerlichen Congregations-Saale, nach dem Gottesdienst ihren Religions-Unterricht erhielten,

während den Schülern der III. und IV. Klasse, welche die eigentliche Congregation der Handwerksjungen bildeten, die St. Anna Kirche angewiesen, und Nachmittags jenen Lehrjungen aus allen vier Klassen, welche durch ihr Gewerbe verhindert Vormittags zu erscheinen, in der Kreuzkirche dieser Unterricht ertheilt wurde.

B höhere Haupt-Abtheilung.

Diese höhere Hauptabtheilung begreift die höheren Lehrfächer: die Religions-, Moral- und bürgerliche Rechtslehre, die Naturbeschreibung, Technologie und Waarenkunde, die Physik, die Chemie, Geometrie, nebst der praktischen Mechanik, Zeichnungs- und Bauwerksschule, welche letztere drei Gegenstände eigentlich die Kunstschule ausmachen, deren letzt genannter Zweig erst seit 3 Jahren (1820) aus dem Schooße der Schule neu erwachsen ist.

Der Religions-Unterricht für die erwachsenen Handwerksjungen und Gesellen aus den vier Lehrklassen und der höheren Hauptabtheilung, wurde in einem Lehrsaale des

Schulgebäudes ertheilt, wobei mit der Erklärung der Sonn-
und Festtage selbst, der einschläglichen Evangelien, kirchlichen
Zeremonien, der Lebensgeschichte der Heiligen, auch die Moral
in Beispielen, nebst einer kurzen bürgerlichen Rechtslehre *) nach Funke, mit steter Hinsicht auf unsere bestehenden Gesetze und die ältern und neuen Regierungsverord-
nungen gemeinfaßlich vorgetragen wurde.

In der Lehrstunde der Naturgeschichte, Technologie und Waarenkunde fanden die Schüler in einem sehr
populären Vortrage angenehme Unterhaltung und Belehrung
zugleich.

Im Wintersemester wurde gewöhnlich das Thier= und
Mineralreich abgehandelt, wobei die Naturaliensammlung der
Schule nützliche Dienste leistete, im Sommersemester hingegen
die Botanik vorgenommen.

Von den Produkten der drei Naturreiche ward nicht nur
eine bloße Beschreibung, sondern auch von jedem die Geburts-
stätte, der Wachsthum, die Kennzeichen, Eigenschaften, der
Nutzen und Gebrauch, die Bearbeitung und Verwendung der
Naturstoffe ausführlich gegeben.

Wo Gottes Wunder dem unbewaffneten Auge verborgen
lagen, wurden die Naturerzeugnisse in Gegenwart der Schüler zergliedert, und von denselben des Schöpfers Größe im
Kleinen durch die Glaslinse betrachtet und bewundert.

Zum Behufe der Technologie und Waarenkunde
diente vorzugsweise das auserlesene Kabinet von Material-
und Spezereiwaaren welches die Schule von Knogler zum
Geschenke erhielt.

Die Physik **) wurde sehr gründlich und leichtfaßlich

---

*) Dieser für das bürgerliche Leben höchst wichtige Lehrgegenstand
wurde schon vor 1804 unter die Lehrfächer dieser Feiertagsschule aufgenommen, und auch an der höheren Bürgerschule, welche seit 1816 unter
demselben Schuldache errichtet worden, gelehrt.

**) Dieselbe ging aus dem ursprünglichen theoretischen Unterricht der

jedoch nicht im ganzen Umfange wie auf Lyceen und Universitäten gelehrt, sondern nur das Nothwendigste und Nützlichste davon für die Gewerbtreibende Klasse, Fabrikanten und Künstlern gewählt; wobei die Lehrart mehr praktisch als theoretisch blieb, und die wichtigeren Lehrsätze mehr anschaulich durch vielfältige leichte Versuche, als wie durch lange wortreiche Vorträge dargestellt waren.

Ebenso wurde auch die Chemie mit steter Hinsicht auf Technik und Gemeinnützigkeit vorgetragen, wobei die Zuhörer, welche größtentheils aus Färbern, Tischlern, Eleven der k. Akademie, landärztlichen Kandidaten u. dgl. bestanden, mit dem einfachsten Substanzen und ihren vorzüglichen Zusammensetzungen bekannt gemacht, und die rein-chemischen Kenntnisse jedesmal durch geeignete Versuche und praktische Anwendungen anschaulich dargestellt wurden.

So wurden auch die Elemente der Geometrie nach Mitterers „Anleitung zur Geometrie" mehr auf der Schultafel vorgezeichnet und von den Schülern mit Zirkel und Lineal nachgearbeitet, als wörtlich vorgetragen, und zwar mit vorzüglicher Hinsicht auf Architektur, Zimmerwerkskunst und die damit verwandten Künste und Handwerke, ohne streng-mathematische Beweise, so gemeinfaßlich und anschaulich, als es nur immer möglich war.

Mit unverkennbarer Theilnahme versammelten sich vor diesem Lehrstuhle Maurer, Zimmerleute, Tischler und Eleven der k. Akademie.

Von diesem Lehrstuhle weg eilten die meisten Schüler sogleich dem Zeichnungs-Saale zu, wo sie sich im Aufzeichnen geometrischer Figuren, architektonischer Risse und Plane, so lange ihnen das Tageslicht leuchtete, unverdrossen fleißig übten.

Mechanik hervor, der schon seit 1802 an dieser Schule dozirt wurde, womit bald Hydraulik, Hydrostatik und andere Theile der Physik, welche für Kunst und Handwerk von hohem Interesse sind, verbunden wurde, und der sich so als Lehrstuhl der Physik gestaltete.

Da man den wohlthätigen Einfluß, den die Zeichnungs=
kunst beinahe auf alle Handwerke ausübt, immer mehr und
mehr einsehen lernte, und diese gemeinnützige Kunst, welche
mit ihren zwei Hauptzweigen der freien und constructiven Zeich=
nung in alle Werkstätten der Künstler und Handarbeiter ein=
greift, so zu sagen als Hauptfundament der ganzen Polytech=
nik Anerkennung fand, so wurde auch von Jahr zu Jahr
die Zeichnungsschule immer zahlreicher besucht, so daß die
zwei schönsten und geräumigsten Säle des ganzen Schulge=
bäudes, welche man hiezu verwendete für die besuchende Schü=
lerzahl dieses Unterrichts nicht mehr ausreichten und schon
im Schuljahre 18$\frac{12}{13}$ *) noch ein dritter Saal hiezu nothwen=
dig wurde.

Die beiden Lehrer Prof. Mitterer und Lorenz Schöpf
konnten aber die Menge der Schüler in den drei geräumigen
Sälen allein nicht mehr übersehen und unterrichten, und es
wurde für den dritten Zeichnungssaal Franz Hanfstängl **)
als Hilfslehrer verwendet.

Keine Zeichnungsschule Bayerns war aber auch
so reich an mannigfaltigen Vorlagen aller Art, als gerade
diese, indem die lithographische Kunstanstalt an ihrer Seite,
welche durch den unermüdeten Kunst= und Produktionsfleiß
des verdienstvollen Prof. Mitterer bis zum höchsten Grad der
Vollkommenheit ausgebildet, eine Menge Muster-Vorlagen
erzeugte, die im In= und Auslande gesucht waren.

Aber nicht bloß Zeichnungsvorlagen gingen aus
dieser Kunstanstalt hervor, sondern auch sehr schöne instruk=
tive Werke, über bürgerliche Bau= und Zimmerwerks=
kunst, über Hydraulik und Mechanik mit vielen litho=
graphirten Tafeln, welche von Mitterer mit für jeden gemei=
nen Handwerksmann verständlicher Erklärung begleitet wur=

---

*) In diesem Jahre besuchten 408 Schüler die Zeichnungsschule,
nämlich 112 Gesellen und 296 Lehrjungen.
**) Derselbe erhielt im Schuljahre 18$\frac{16}{17}$ als Schüler der Feiertags=
schule den 2. Zeichnungspreis.

ben, unb beren allgemeine Brauchbarkeit für ben Schulzweck sowohl, sowie auch zum Selbstsstudium gleich beim Erscheinen dieser Werke sich vorzüglich bewährte.

Im Jahre 1820 Ende November erschienen mehr als 30 Bauwerkmeisterssöhne vom Lande von verschiedenen Kreisen des Königreichs, theils aus eigenem Antriebe, theils von Seite der Regierung bazu aufgemuntert, um sich die abgängigen gründlichen Kenntnisse, die ihnen als wirkliche oder künftige Werkmeister unentbehrlich sind, auf der Schule zu sammeln.

Die Direktion der Feiertagsschule räumte diesen lerneifrigen jungen Männern zu diesem Behufe das Lehrzimmer der praktischen Mechanik ein, und Mitterer übernahm es, diese neuen Ankömmlinge nach einem von ihm entworfenen und der Regierung vorgelegten Plane ordentlich zu unterrichten.

So bildete sich in diesem Jahre auf der Feiertagsschule so zu sagen von selbst, von der bringenden Nothwendigkeit und den Bedürfnissen herbeigeführt eine ordentliche Bauwerks=Schule für künftige Landbaumeister, welche damals die erste und einzige Schule dieser Art in Bayern war. *)

In der ersten Dekade der Existenz dieser feiertäglichen Lehranstalt wurde der Unterricht der Mechanik mehr theoretisch abgehandelt, und erst in der zweiten und der dritten Dekade mehr praktisch betrieben, wodurch die Theorie nun Geist und Leben erhielt.

Der berühmte Mechaniker Alois Ramis, im Jahre 1803 von dem damaligen churfürstlichen Studien=Direktorium

---

*) Prof. Mitterer hielt schon 1804 im Zeichnungssaale der Feiertagsschule in den Wintermonaten diese Bauwerksschule unentgeltlich; mußte aber als die lateinischen Klassen diesen Platz einnahmen, wieder eingestellt werden.

Die dießjährige Bauwerksschule (1820) konnte erst dann anfangen, als Mitterer sich mit seinem Mitlehrer Lorenz Schöpf entschlossen hatte, den Unterricht an derselben zu übernehmen. Dieselbe zählte bis 18$^{21}/_{22}$ 150 Schüler.

unter Leitung des um das Schulwesen hochverdienten Frhrn. v. Fraunberg, als Lehrer der praktischen Mathematik zur Feiertagsschule berufen, suchte bei seinem Unterrichte die Theorie mit der Praxis zu vereinigen.

Derselbe nahm im Wintersemester jedesmal die Hebel-lehre, die theoretische Mechanik und die Berechnung der Ma-schinen vor, wobei er sich bemühte seinen Schülern die Ele-mente der Mechanik an der Schultafel vorzuzeichnen und zu demonstriren, während das Sommersemester für die Bearbei-tung nützlicher Maschinen und Modelle bestimmt war, wozu die Schüler das Material nebst den erforderlichen Werkzeu-gen von der Schule unentgeltlich erhielten. *)

Sein Unterricht in der Mechanik im Wintersemester war eigentlich theoretisch-praktisch, kurz, deutlich, bestimmt, mit vielen Figuren auf der Tafel erläutert, und in leichten Bei-spielen berechnet.

Die Figuren und Rechnungen wurden von den Schü-lern vielfältig nachgezeichnet und nachgeschrieben; jeder bear-beitete sein Lehrbuch selbst.

Einer der geschicktesten Zeichner davon erhielt die Preis-aufgabe diesen beliebten theoretisch-praktischen Unterricht auf große Bogen zu zeichnen und zu schreiben, wodurch nun 12 große Lehrtafeln für diesen Unterricht entstanden, welche an den Wänden des Lehrzimmers aufgehängt, den Schülern zum Studium dienten.

Bald wuchsen in der dritten Dekade die mit anhaltendem Fleiße fortgesetzten mechanischen Arbeiten so zahlreich an, daß dieselben in dem großen Modellkasten nicht mehr Platz fan-den, und daher ein zweiter unumgängliches Be-dürfniß war; hierin wurden nun diese Kunstarbeiten in einer gewissen Ordnung aufgestellt, die Produkte der Zimmerwerks-kunst von den technischen und Modellen verschiedener Art

---

*) Die k. Regierung hat zu diesem Zwecke seit 1808 jährlich 150 fl. bewilligt.

abgesondert, und die zu anschaulichen Demonstrationen bestimmten Instrumente beim theoretisch-praktischen Unterrichte der Mechanik verwendet.

Leider verlor die Schule diesen unvergeßlichen Lehrer
schon im Jahre 1820. *)

Bis zu seinen letzten drei Lebenstagen kam er zur
Schule und unterstützte die fleißigen Mechanikschüler mit
Rath und That in ihren begonnenen Arbeiten.

Nach dem Tode desselben übernahm mit Anfang des
Jahres 1821 der rühmlichst bekannte Mechanikus Joseph

---

*) Alois Ramis eines Malers Sohn, ward in Oberbayern zu Stein-
gaden im Jahre 1763 den 11. Juni geboren. Sein ganzes Leben, von
Jugend auf, widmete er der Kunst, wozu er Lust und Beruf in sich
fühlte.

Er begann mit der Malerkunst, ging aber bald zur Uhrmacherei
und Mechanik über, worin er sich vom Grafen von Tauskirchen unterstützt, in Wien in den Werkstätten des berühmten Mechanikers David,
und des kunstreichen Nickels vollkommen ausbildete.

Graf von Tauskirchen, selbst Kenner und Beförderer der mechanischen
Künste, machte ihn als praktischen Lehrer der Mechanik mit allen neuen
Erfindungen in dieser Kunst bekannt, und so wurden die gemeinnützigsten
Maschinen in schönen Modellen, oft mit sinnreichen Verbesserungen durch die
Feiertagsschüler unter der Leitung Ramis hergestellt. Die k. b. Akademie
der Wissenschaften ernannte ihn im Jahre 1809 auch zu ihrem Me-
chanikus.

Er arbeitete stets mit angestrengtem Fleiße, so daß man glaubt, daß
er seinen Arbeiten seine Gesundheit opferte. Seinen unheilbaren äußeren
Brustschaden der wahrscheinlich von seinen anhaltenden körperlichen Anstrengungen herrührte, trug er auf der gefährlichsten Stelle der Brust in
der Nähe des Herzens, 8 Jahre mit sich herum; sah mit der größten
Gelassenheit lange seinen unvermeidlichen Tod vor Augen, und verschied
nach einem kurzen Krankenlager von drei Tagen am 16. Sept. 1820.

Die auf der Feiertagsschule aufgestellten Instrumente, Maschinen und
Modelle, sind schätzbare Denkmäler seines großen mechanischen Talentes
und seines großen Fleißes und Kunsteifers. Seine anderweitigen Kunstwerke von vorzüglichem Interesse für Künstler, Fabrikanten, Handwerker
und Gewerbe sind in einem besonderen Blatte, welches der k. Baurath
Anton Baumgartner zum Andenken des verdienten Mechanikus Alois
Ramis veröffentlichte ausführlich enthalten.

Liebherr die Leitung dieses praktisch-mechanischen Unterrichts; während Prof. Mitterer den theoretischen Theil desselben im Wintersemester begonnen, und bis zum Schluße des Schuljahres 18$\frac{21}{22}$ fortsetzte.

Im Jahre 1822 wurde die Direktion der männlichen Feiertagsschule aufgefordert, die von der Schule der praktischen Mechanik bisher verfertigten Modelle und Maschinen der auf königl. Anordnung veranstalteten polytechnischen Sammlung in dem dazu besonders hergestellten großen Saale des Gartengebäudes vom Herzog Max einzuverleiben; jedoch mit Vorbehalt des Eigenthums der Schule und Ausnahme derjenigen Instrumente, welche die Feiertagsschule zum Behufe des Unterrichts bedurfte.

Auch konnten die zum Kopiren erforderlichen Modelle aus der Sammlung zur Schule auf unbestimmte Zeit übergeben werden.

Die Produkte des Kunstfleißes der Feiertagsschüler prangen nun seit dieser Zeit zur Ehre der Schule und ihrer fleißigen Schüler in dieser polytechnischen Sammlung, wo sie jedem Kunstfreunde mit Vergnügen vorgewiesen werden.*)

Der Schulbesuch dieser feiertäglichen Lehranstalt während der dritten Dekade ist aus folgendem Schülerverzeichnisse ersichtlich, dem jedoch die Schüler der Bauwerksschule nicht beigefügt sind.

---

*) Diese Schularbeiten sind in systematischer Ordnung unter bestimmter Abtheilung und Nummern mit dem Namen des Eigenthümers, des Erfinders und Verfertigers in dem, von dem Conservator dieser Sammlung k. Kreisbau-Direktor Alois Ammann, verfaßten Verzeichnisse der allgemeinen polytechnischen Sammlung zu München im Jahre 1822 — ordentlich aufgeführt, wobei auch zugleich im Programme der Ursprung, der Zweck, die vorhandenen Mittel, die Folgenreihe des Systems u. s. w. dargestellt ist.

Schuljahr.	Vorträge für die höhere Haushaltskunde.	Naturgeschichte, Technologie u. Waarenkunde.	Physik.	Techn. Chemie.	Geometrie.	Praktische Mechanik.	Zeichnen.	Elementar-Unterricht.
1813/14	–	30	126	40	36	33	300	1534 Schüler
1814/15	24	30	127	104	51	25	342	1687 "
1815/16	84	20	117	69	39	31	329	1898 "
1816/17	50	24	125	66	37	29	364	1678 "
1817/18	160	32	90	58	25	28	322	1630 "
1818/19	147	30	116	53	26	39	400	1680 "
1819/20	161	32	141	62	30	33	408	1850 "
1820/21	236	30	143	47	98	28	490	1707 "
1821/22	214	40	156	30	86	14	473	1747 "
1822/23	204	30	153	47	92	12	408	1810 "

Das Lehrpersonal am Schluße der zweiten Dekade
aus 16 Lehrindividuen bestehend, vermehrte sich bis zum
Schluße der dritten Dekade, und es ertheilten nun

3 Religionslehrer,

1 Elementarlehrer der beiden Vorbereitungs=
Abtheilungen,

4 Elementarlehrer der 4 Lehrklassen,

6 Nebenlehrer der Vorbereitungs= und der
I. und II. Lehrklasse,

1 Lehrer der Geometrie zugleich Direktor
der Lehranstalt,

3 Lehrer der übrigen höhern wissenschaftli=
chen Fächer,

1 Lehrer der praktischen Mechanik und

3 Zeichnungslehrer,

im Ganzen 22 Lehrer den Unterricht an dieser feiertägli=
chen Lehranstalt.

Gestaltung der männlichen Feiertagsschule vom Jahre 1823 bis zum Jahre 1833.

———

Während diese Schule besonders in den zwei ersten Dekaden bei heftigen Kriegesstürmen mit schweren Hindernissen zu kämpfen hatte, so daß es nur der vollsten Hingebung ihres unsterblichen Begründers (Kefer) möglich war, die schwache Pflanze zu befestigen, gedieh sie in den Friedensjahren des vierten Deceniums leicht weiter unter dem Schutze einer Regierung, welche so sehr für ihre Schulen wacht, und einer Gemeindeverwaltung, welche sich gewiß das schönste Denkmal ihres Wirkens in ihren Schulen gesetzt hat.

In der ersten Dekade hatte diese Lehranstalt das Schicksal eines jungen Bäumchens, das öfters versetzt werden mußte, in der zweiten und dritten Dekade gewann es einen bestimmten naturgemäßen Boden; wurzelte tief, und wuchs unter den allmächtigen Segnungen des Himmels und den wohlthätigen Einflüssen der Zeitumstände und der Umgebungen — zum unerschütterlichen Baume empor, mit weit ausgebreiteten Aesten.

Mit dem Beginne der vierten Dekade mußten seiner zu großen Ausdehnung wegen, schon Sprößlinge von ihm in die Lokalitäten der Hauptpfarrschulen versetzt, und im Jahre 1826 in jede Bezirksschule in und um München ein Zweig davon verpflanzt werden.

Und es begann nun in diesem Decennium eine neue Entwickelung, eine ganz neue Gestaltung dieses feiertäglichen Lehrinstitutes in Hinsicht auf ihre niedere Haupt = Abtheilung der Lehrjungen.

Seit einigen Jahren waren die Lehrsäle des Feiertags= schulgebäudes am Kreuz von Schülern überfüllt, von denen mehr als Tausend, größtentheils aus allen Kreisen des Königreichs zusammenströmend, hier erst in jenen Elementarkenntnissen unterrichtet werden mußten, die sie eigentlich schon in ihrem schulpflichtigen Alter in den Werktagsschulen vollendet haben sollten.

Man war daher veranlaßt im Schuljahre 18$\frac{24}{25}$ einen Theil hievon in andere Schullokalitäten zu versetzen *), und im Jahre 18$\frac{43}{44}$ mußte auf allerhöchsten Befehl in jedem Schulbezirke, bei jeder Volks=Elementarschule auch eine Feiertagschule eröffnet werden, wozu die an Sonntagen leeren Lokalitäten der Werktagsschulen benützt wurden. **)

Diese Elementar = Feiertagschulen waren nun gleichsam die Vorbereitungsanstalten der eigentlichen höheren Feiertags = Schule, welche in ihrem alten Schulhause auf dem Kreuz verblieb.

In gleicher Weise wurde auch die weibliche Feiertagschule in eine höhere und niedere Feiertagschule getheilt.

Diese niedern oder Elementar = Feiertags=

---

*) Im Schuljahr 1824/25 befanden sich in den zwei Vorbereitungs= abtheilungen und in den vier ersten Klassen (die Handwerksgesellen und erwachsenen Lehrjungen nicht mit eingerechnet) bereits 1680 Lehrjungen, zudem besuchten 341 Gesellen die fünf Lehrklassen, daher das Kreuzschul= gebäude für diese 2000 Schüler nicht mehr Raum genug hatte, daher man genöthiget war, von obigen Lehrjungen einen Theil (767) in das Metropolitan= und St. Peterspfarr=Schullokal unterzubringen.

**) Dem Kreuzschullokale verblieben sonach nebst der höheren Feier= tagschule und den fünf Klassen der Gesellenschule, auch noch die niedern 3 Elementarklassen des Kreuzschulbezirkes.

Schulen waren für alle Zöglinge bestimmt, welche die Kurse der werktäglichen Elementarschulen nicht ganz oder mit sehr geringem Fortgange besuchten, und sich also noch nicht die nöthigen Elementarkenntnisse gesammelt hatten.

Im Schuljahre 18$\frac{16}{17}$ bestanden 9 männliche und 9 weibliche Elementar-Feiertagsschulen; jene ungleich zahlreicher als diese, waren in 24 Klassen unter eben so viele Lehrer, diese in 12 Klassen unter 12 Lehrerinnen vertheilt. *)

Sie standen unter Aufsicht der geistlichen und magistratischen Inspektion der Elementarschule ihres Bezirkes.

Schon im Jahre 18$\frac{30}{31}$ concentrirten sich diese niedern 9 Feiertagsschulen bis zu 7 und 18$\frac{31}{32}$ bis zu 6 männliche und 4 weibliche Elementar-Feiertagsschulen.

Dieselben im gleichen Verhältnisse mit den Werttagsschulen stehend, hatten gleiche Klasseneintheilung und gleiche Lehrfächer, auch mußte der Unterricht von den Elementarlehrern und Lehrerinnen der Werktagsschulen ertheilt werden, wobei alle Elementar-Feiertagsschulen in und vor der Stadt, wo nicht unausweichliche Hindernisse obwalteten, Nachmittags von 2 bis 4 Uhr gehalten wurden. **)

---

*) Die Anzahl der Elementar-Feiertags-Schüler und Schülerinnen, welche nun in die Werttagsschullokalitäten nach ihren Bezirken vertheilt und dort nach 3 Elementarklassen geordnet waren, belief sich nach einer Zählung im ersten Semester obigen Schuljahres über 2000.

**) Von der k. Regierung des Isarkreises wurde laut Rescript vom 18. Jänner 1828, die Entrichtung eines Schulgeldes von den Schülern der Elementar-Feiertagsschule eingeführt, welches nach dem Antrage der Lokal-Schulkommission von jedem Schüler mit 15 kr. für jedes Quartal (das Schuljahr zu 3 Quartalen gerechnet) bezahlt werden mußte.

Den Schülern armer Aeltern war der Schulbesuch unentgeltlich gestattet; das Schulgeld wurde am Anfange eines jeden Quartals von dem Lehrer erhoben und an den Lokal-Schulfond abgeliefert.

Von diesen Quartalbeiträgen wurden nun die nöthigen Schreibmaterialien für die Elementar-Feiertagsschüler und Schülerinnen beigeschafft, und nach der oben angeführten Regierungs-Entschließung, erhielt jedes Lehrindividuum benannter Schulen am Ende des Jahres eine Remuneration von 25 fl.

Durch die Absonderung der niedern Elementarklassen und ihre Vertheilung in die übrigen Schulbezirke wurde die ursprüngliche feiertägliche Lehranstalt erst im eigentlichen Sinne das, was sie sein sollte — Fortbildungsanstalt der aus den Volkselementarschulen mit gutem Fortgange austretenden Schüler und Schülerinnen, welche ihr zwölftes Lebensjahr erreicht haben; aber weder die höhere Bürger= noch die höhere Töchterschule besuchen können, weil sie an den Werktagen als Handwerkszöglinge in ihren Werkstätten oder als Dienstboten ihren häuslichen Arbeiten und täglichen Verrichtungen nachkommen müssen.

Die höhere männliche Feiertagsschule sonderte sich wieder:

A in die höhere Feiertags= und Gesellen-Schule und

B in eine Kunstschule.

Erstere bestand sonach aus der IV. und V. Klasse der höhern Feiertagsschule für Lehrjungen und aus einer Gesellenschule mit fünf Klassen.

Die Kunstschule theilte sich in mehrere technische und andere Lehrgegenstände.

A. Höhere männliche Feiertags- und Gesellenschule.

In derselben fanden nebst den Gesellen nur solche Lehrjungen Aufnahme welche die Elementarbildung, nämlich alle Kurse der Werktagsschule mit einem wenigstens guten Fortgang vollendet hatten. *)

---

*) Die Gesellen, welche diese fünf Klassen der Feiertagsschule freiwillig besuchen, und eine eigene Abtheilung bilden, sind zu keiner Prüfung verpflichtet.

Die Lehrjungen aber, welche verpflichtet sind die Feiertagsschule bis zum 18. Lebensjahr zu besuchen, werden censirt, und am Schlusse des zweijährigen Kurses mit Preisen beschenkt, wobei die höhere männliche und weibliche Feiertagsschule die Preise wechseln, daher die Schüler nach zweijährigen Kursen censirt werden.

Von den Lehrklassen bilden die IV. und V. Klasse die Oberklassen oder die eigentliche höhere Elementarfeiertags= Schule, worin in dem Lehrbezirke der IV. Klasse nebst den bis= herigen Lehrgegenständen auch der Anfang in der Elementar= Geometrie, und in der V. Klasse die Fortsetzung derselben und die ersten Grundsätze der Mechanik, die Hebellehre ꝛc. ꝛc. aufgenommen wurde, wodurch eine gründliche Vorbereitung zum Uebertritte in die Kunstschule und der technischen Lehr= fächer angebahnt werden sollte. *)

Alle Sonn= und Feiertage wurde die Gesellenschule von 7 bis 8 Uhr mit der Religions= und Sittenlehre eröffnet, und am Schlusse der letztern eine kurze bürgerliche Rechts= lehre beigefügt, wozu Gesellen und erwachsene Lehrjungen sich fleißig einfanden.

Von 8 bis 9 Uhr war die Gesellenschule und der Un= terricht der IV. und V. Klasse der Lehrjungen dauerte von 9 bis 11 Uhr; wovon die Hälfte durch ihr Gewerbe Vormit= tags mehr gehindert, die Schule Nachmittags von 2 bis 4 Uhr besuchte.

Der Religionsunterricht für die Lehrjungen sämmtlicher Klassen der Feiertagsschule wurde in 4 Kirchen von drei Ka= techeten ertheilt, **) wovon die Schüler der IV. und V.

---

*) Von den fünf Klassen der Gesellenschule war die erste Klasse im= mer am stärksten besucht, während die fünfte Klasse die wenigsten Schüler hatte, daher im Jahre 1831/32 die fünfte Klasse der sogenannten Gesel= lenschule aufgehoben und mit der vierten Klasse vereint, dagegen die vierte Klasse der Lehrjungen durch eine nachmittägige Abtheilung erweitert wurde.

**) Bei der großen Menge der Elementarschüler wovon im Schul= jahre 1828/29 gleich anfangs über 300 die nachmittäge Religionsstunde u ber engfügigen Kreuzkirche besuchten, reichte dieselbe nicht mehr aus, und es mußte die eine Hälfte obiger Schülerzahl in der Angerkirche von einem besondern Katecheten in der nämlichen Stunde von 1 bis 2 Uhr unter= richtet werden.

Zufolge dieser Anordnung bestehen nun für die höhere und niedere Elementar=Feiertagsschulen zum Religionsunterrichte anstatt der bisherigen drei Abtheilungen — vier:

Klaſſe derſelben, welche die eigentliche Congregation der Hand
werkzjungen bilden, *) ihren ſonn= und feiertäglichen Gottes=
dienſt und Religionsunterricht in der St. Anna=Damenſtifts=
kirche erhalten.

B. Kunſtſchule mit techniſchen und anderen Lehrfächern.

Die Kunſtſchule als die höhere Abtheilung dieſer
Feiertagsſchule begreift eigentlich die techniſchen Bürgerſchulen,
und wir glauben in dieſen die wahren polytechniſchen Schu=
len zu erblicken.

Dieſe ſind dem eigentlichen Sinne des Wortes nach,
durchaus Kunſtſchulen, bei denen die nöthigen wiſſenſchaftli=
chen Gegenſtände als Beiſache betrachtet werden müſſen. Sie
haben ihren wahren Sitz in den Werkſtätten ſelbſt; indem
dort jede Art von Kunſtfertigkeit erlernt werden muß, und
nur die ſchöneren Kunſtfächer, welche du rchſie ihre nähere Aus=
bildung erhalten, können in den Schulen gelehrt werden.

Nämlich Vormittags auf dem bürgerlichen Congregationsſaale und in
der St. Anna=Damenſtiftskirche, dann Nachmittags in der Kreuz= und
St. Jakobskirche auf dem Anger.

*) Für dieſe ſchon 1793 errichtete Congregation der Meiſterſöhne
und Lehrjungen, welche im Jahre 1806 unter dem Titel Mariä Reinigung
beſtand, wurden im Jahre 1829 eigene Statuten entworfen, am 28. März
deſſelben Jahres landesherrlich ſanctionirt, und den 6. April des nämli=
chen Jahres durch die k. Lokal=Schulkommiſſion veröffentlicht.

Mitglieder der beſagten, zu Ehren der ſeligſten Jungfrau Maria, in
der Anna=Damenſtiftskirche beſtehenden Congregation für Meiſterſöhne und
Lehrjungen können zu Folge der Statuten, nur jene Schüler ſein, welche
die IV. oder V. Klaſſe der Feiertagsſchule beſuchen, und katholiſcher Reli=
gion ſind. Die Vorſtände dieſer Congregation bilden der Präſes der
zugleich Religionslehrer iſt, ein Präfekt, zwei Aſſiſtenten und zwei
Conſultoren. Dieſe wachen über die Aufrechthaltung der nöthigen
Ordnung und die genaue Befolgung der Statuten von Seite der Mit=
glieder dieſer Congregation.

Der Zweck derſelben iſt, Moralität und religiöſe Sitten zu förbern.

Die technischen Schulen haben ihren Ursprung in dem tiefsten Alterthum, und wurden in neuern Zeiten an Sonn- und Feiertagen in den Werkstätten selbst gehalten.

Nachdem aber durch Errichtung der Akademie der schönen Künste der gute Geschmack sich immer mehr verbreitete, und die gewöhnlichen Handwerksschulen in dieser Beziehung zurückblieben, so hat man das Wesentlichste derselben theils mit den Akademien zu verbinden gesucht, wie in Wien und Prag, theils eigene Schulen, dafür errichtet, wie dieses bereits vor siebenzig Jahren in Bayern geschehen ist. *)

Die Lehrgegenstände dieser Kunstschule waren:

a) praktische Mechanik,
b) Bauwerkschule,
c) Bossirschule und
d) Zeichnungs-Unterricht;

denen sich nachfolgende Lehrfächer anreihten, nämlich:

e) Arithmetik und Geometrie,
f) ein Cursus der Zeichnungswissenschaften (darstellende Geometrie, Beleuchtungs- und Schattenkonstruktion, Maschinenzeichnen und Linearperspektive),
g) Naturgeschichte, Technologie und Waarenkunde,
h) Physik und
i) technische Chemie.

a. Praktischer Unterricht der Mechanik.

In dieser praktischen Mechanikschule, deren Lehrzimmer von Morgens 8 bis 11 Uhr und Nachmittags von 1 bis 4 Uhr geöffnet war, erhielten die Schüler nicht allein Unter-

---

*) Der erste Vorschlag dazu wurde von Prof. Mitterer im Jahre 1791 gemacht, der auch durch das damalige geheime Schulkuratel im Jahre 1792 genehmiget wurde. Diese Schule wurde nachher, nach dem Wunsche der Vorstände mit der des Prof. Kefer in Verbindung gesetzt, wodurch diese Feiertagsschule ihre gegenwärtige Anordnung und Einrichtung erhielt.

richt in der praktischen Arbeit, sondern auch in denjenigen Gegenständen, welche in den Werkstätten nicht gelehrt werden.

Mechanikus Liebherr, welcher seit dem Hintritte des unvergeßlichen Ramis, im Jahre 1820 die Lehrstelle der praktischen Mechanik bekleidete, verließ München, und der Mechanikus Traugott Leberecht Ertel übernahm im Schuljahre 1823/24 die Leitung dieses Unterrichtes.

Dieser Schule wurde nun durch die großmüthige Unterstützung des Magistrates eine neue Einrichtung zu Theil, wodurch sie einen neuen Aufschwung erhielt.

Nach Ertel's Vorschlag war ein Vorarbeiter zur Fertigung der nöthigen Vorarbeiten während der Woche vom Magistrate genehmiget, und hiezu der geschickte und fleißige Feiertagsschüler Ernest Sattler verwendet und mit dem nöthigen Materiale versehen.

Alle Werkzeuge und die vorhandenen zwei Drehbänke wurden in brauchbaren Zustand versetzt, und zudem noch eine ganz neue sehr vortheilhaft eingerichtete Kunstdrehmaschine und zwei sehr lange Werkbänke mit Schraubstöcken beigeschafft; wodurch die Schüler der praktischen Mechanik in ungleich kürzerer Zeit zum Ziele und zur Vollendung ihrer Arbeit kamen.

Statt der bisherigen ungeeigneten Werkstätte im zweiten Stocke des Schulgebäudes erhielt im Schuljahre 1827/28 diese ganze mechanische Lehranstalt zwei geräumige Zimmer des Erdgeschoßes, wo die langen schweren Werk- und Drehbänke mit den vielen Schraubenstöcken an einer Reihe von 10 Fenstern auf festem Grunde und Boden aufgestellt wurden.

Modelle für die Bau- und Zimmerwerkskunst, für die Mechanik und Hydraulik wurden nun in einem hinreichend großen Maßstabe bearbeitet, um so den Unterricht in obigen Fächern zu versinnlichen und die Wirkung in Modellen darzustellen.

Ebenso wurde der physikalische Apparat der nun gänzlich unbrauchbar bei der Feiertagsschule lag, in brauchbaren

Stand gesetzt, und derselbe für den Unterricht der Experi=
mentalphysik möglichst vervollständigt, und im Jahre 1831
erhielt vom Magistrate diese Schule den Auftrag einen ganz
neuen vollständigen Apparat für die höhere Feiertagsschule
und Bürgerschule anzufertigen.

Diese praktische Mechanikschule wurde im Wintersemester
auch von den Bauwerkschülern besucht und im Schuljahre
1830/31 erhielten auch an Werktagen Lehrjungen die sich dem
Fache der Mechanik widmen, hier Unterricht.

b. Baugewerks=Schule.

In Folge einer allerhöchsten Entschließung wurde seit
1823/24*) alljährlich in den Wintermonaten von Martini
bis Josephi diese Baugewerkschule unter der besonderen Lei=
tung des königl. Bauraths Dr. Vorherr fortgesetzt, und als
eine für sich bestehende Schule behandelt.**)

So wie die Feiertagsschule an Sonn= und Feiertagen,
so nahm die Baugewerks= und höhere Bürgerschule an Werk=
tagen sechs Lehrsäle des Schulgebäudes ein, worin die Bau=
gewerkschüler nicht nur an Sonn= und Feiertagen, sondern
jeden Tag der Woche hindurch vom Morgen bis zum Abende
mit Lehr= und Zeichnungsstunden u. s. w. ununterbrochen
beschäftiget waren.

Die Unterrichtsgegenstände, welche an dieser Bauge=
werkschule gelehrt wurden, sind:

Geometrie, Mechanik, Physik, technische Chemie und
Baumaterialienlehre, dann Freihand= und Bauzeichnen,
Unterricht im Steinschnitt, Bossiren und Modelliren in

---

*) Seit dieser Zeit war dieser gemeinnützigen Lehr=Anstalt das Glück
zu Theil von Seite der Regierung die nothwendige Unterstützung jährlich
360 fl. und vom Magistrate einen verhältnißmäßigen Beitrag von 540 fl.
zu erhalten.

**) Wo sie als eine gesonderte Anstalt bis zum Jahre 1844 das alte
Lokal im Feiertagsschulgebäude am Kreuz beibehaltend, nun in ein Pri=
vatgebäude der Kaufingergasse verlegt wurde.

Holz, für Mühl= und Zimmerwerksmodelle, und Unter=
richt im Rechnen, Schön= und Rechtschreiben.

Seit 1823/24 bis 1832/33 besuchten 1132 Schüler
diese Bauwerksschule, worunter 677 Inländer und 455 Aus=
länder von 26 Staaten sich befanden. *)

Im Durchschnitte zählte die Schule jährlich 150 Schü=
ler, da mehrere dieselbe zwei Winter nacheinander, nämlich
die Gesellen= und Meisterklasse besuchten.

Durch das Beisammensein so vieler Bauleute aus ver=
schiedenen Ländern ergab sich zugleich ein höchst wohlthätiger
wechselseitiger Unterricht, wodurch der allgemeine Unterricht
ungemein an Beförderung gewann, welcher in der erwähnten
Zeit jeden Werktag von Tagesanbruch bis Mittag und nach
einer Stunde Essenszeit bis zum Abende ertheilt wurde.

c. Bossir=Schule.

Diese längst ersehnte und ungern vermißte Bossirschule
wurde erst seit 1823/24 errichtet, und nach dem Antrage des
Prof. Mitterer der bürgerliche Bildhauer Anton Schwan=
thaler als Lehrer hiezu aufgestellt, und so die Kunstschule

---

*) Lehrjungen wurden in der Baugewerksschule nicht zugelassen, son=
dern bloß Gesellen und Paliere, und zwar in der Regel nur solche, die
einige Fertigkeit im Lesen, Schreiben, Rechnen und Zeichnen besaßen. —
Alle Ausarbeitungen und Zeichnungen der Schüler verbleiben ihr Eigen=
thum, doch müssen alljährlich die von den Zimmerleuten und Tischlern
verfertigten Holzmodelle, dann die Bossirstücke der Maurer, Stukatore
und Steinhauer zum Conservatorium der männlichen Feiertagsschule; die
in Gyps gearbeiteten Steinschnittgegenstände aber zur k. allgemeinen po=
lytechnischen Sammlung der Hauptstadt abgegeben werden.
Als eine Eigenthümlichkeit dieser Lehranstalt verdient angeführt zu
werden, daß alle Aufgaben zu Entwürfen über Wohngebäude mit steter
Hinsicht auf die Sonnenbaulehre gemacht und gelöset, dann die Schüler
in der Landes=Verschönerungskunst gehörig eingeweiht worden sind, mit
der Anregung sie in alle Welt durch Wort und That zu verbreiten, was
bereits auch fast in sämmtlichen Ländern Europa's durch viele reisende
Schüler mit besonderer Liebe geschehen ist.

Weishaupt, Feiertagsschule.   5

durch diesen Kunstzweig nicht nur veredelt, sondern auch ver=
vollständigt.

Leider war anfänglich für diese Vossirschule kein eigenes
Zimmer zu ermitteln, und mußte hiezu ein Lehrzimmer der
werktäglichen Elementarschule verwendet werden.

Erst seit 1830 nach dem Tode Weichselbaumers wurden
zwei Zimmer seiner im Erdgeschoße befindlichen Wohnung
für die Vossirschule benützt, worin dann auch die fleißigen
Schüler an Werktagen in ihren freien Stunden sich beschäf=
tigen und üben konnten, und welche an Sonn= und Feier=
tagen Vormittags von 9 bis 11 Uhr und Nachmittags von
1 bis 4 Uhr geöffnet waren.

d. Zeichnungsschule.

Dieselbe theilte sich

    a) in eine Zeichnungsschule für Gesellen und

    b) in eine Zeichnungsschule mit 3 Klassen
       für Lehrjungen,

wovon die III. Klasse für architektonische Linear=Zeichnung
und die II. und I. Klasse für das Freihandzeichnen vorzugs=
weise im Ornamentenfache bestimmt, und die Unterrichtsstun=
den hiefür von Morgens 9 bis 11 Uhr und Nachmittags
von 1 bis 4 Uhr festgesetzt waren.

Im Jahre 1823/24 bestand die Zeichnungsschule aus
einer I. Elementarklasse der freien Handzeichnung, in einer
II. Klasse der Freihand= und Bauzeichnung, welche bloß für
Lehrjungen eingerichtet waren, und denen noch eine III. Klasse
für Gesellen beigegeben, in welcher die nämlichen Gegenstände
wie in den ersten zwei Klassen gelehrt wurden. *)

---

*) Hievon unterrichtete Prof. Mitterer die III. Klasse der Gesellen,
Lorenz Schöpf die II. Klasse und Franz Hanfstängl die I. Klasse, nach
dem Tode Mitterer's 1829, übernahmen Schöpf, Hanfstängl und Joseph
Sedelmaier diesen Unterricht.

Bei der immer sich erweiternden Ausdehnung des Zeichnungsunterrichtes mußte 1830/31 die I. Klasse in zwei Abtheilungen gesondert, und nun der Zeichnungsunterricht von vier Lehrern ertheilt werden.*)

e. Arithmetik und Geometrie.

Beinahe für alle Handwerke nothwendig, für Architekten, Maurer und Zimmerleute, Mechaniker, Steinmetze u. dgl. aber unentbehrlich, wurde von 10 bis 11 Uhr vorgetragen.*)

f. Cursus der Zeichnungs-Wissenschaften.

Derselbe wurde 1830/31 zum erstenmale mit der darstellenden Geometrie (Geometrie descriptive) eröffnet und dieser für die gesammte Industrie höchst wichtige Zweig der Mathematik als Unterrichtsgegenstand aufgenommen und von dem Prof. der polytechnischen Central-Schule Sebastian Hainbl populär in möglichster Ausdehnung, und mit steter Rücksichtnahme auf das in dem gewöhnlichen Leben am meisten Vorkommende, vorgetragen.

Schon im darauffolgenden Jahre entwickelte Professor Hainbl die Anwendungen der darstellenden Geometrie auf Beleuchtungs- und Schattenconstruktion, Maschinenzeichnung und Linear-Perspective. ***)

g. Naturgeschichte, Technologie und Waarenkunde.

Diese Vorträge wurden von 11 bis 11½ Uhr gehalten; wovon die Naturgeschichte als allgemeiner Bildungszweig

---

*) Peter Schöpf jun. übernahm die eine Abtheilung; auch ertheilte seit 1832/33 Lehrer Georg Reis an der niedern Elementarschule der Vorstadt Au, Zeichnungsunterricht.

**) Seit 1831/32 wurde Arithmetik in einer besonderen Stunde gegeben.

***) Diese Vorträge wurden in dem Lokale der polytechnischen Schule von 8 bis 11 Uhr gehalten.

für alle Stände; ganz vorzüglich den Geist aufklärend und das Herz bildend, eine nothwendige Vorbereitungswissenschaft für den Droguisten und Chemiker ist; während die Technologie, als Uebersicht der vorzüglichsten chemischen und mechanischen Gewerbe, als Vorbereitung zur technischen Chemie und Mechanik dient, und die Waarenkunde allen Gewerbsleuten Interessantes und Nützliches darbietet. *)

h. Physik.

Dieser allgemeine Bildungszweig, einschlägig in alle Gewerbe und Kunstzweige, wurde von 10 bis 11 Uhr vorgetragen, wobei seit 1831/32 der Apparat der k. Universität theilweise benutzt werden durfte, bis der Apparat der Schule, welchen der Magistrat nach den besten Mustern in der Werkstätte der praktischen Mechanik verfertigen ließ, vollendet war.

i. Technische Chemie.

Die Vorlesungen über technische Chemie wurden von 10 bis 11 Uhr ertheilt, wobei die vorgetragenen Lehrsätze zum Vergnügen und Nutzen der Zuhörer, mit zweckdienlichen Versuchen beleuchtet waren, wozu der Magistrat alle nöthigen Apparate und viele Utensilien beischaffte. **)

Nebst den bereits angeführten Lehrgegenständen wurde im Schuljahre 1832/33 auch Vorträge über Geographie und Geschichte von 11 bis 11½ Uhr gehalten.

---

*) Seit 1831/32 wurden an den Sonn- und Feiertagen 2 Stunden für den Unterricht der Naturgeschichte und Technologie verwendet, und in den Sommermonaten der Versuch gemacht, wöchentlich zweimal, Montag und Samstag in der Feierabendstunde von 6 bis 7 Uhr über Naturgeschichte und Waarenkunde öffentliche Vorträge gehalten.

**) Seit 1827/28 wurden die feiertäglichen Vorlesungen der Chemie im Laboratorium der polytechnischen Schule gehalten, und die der Feiertagsschule angehörigen chemischen Apparate und Requisiten nebst der vorzüglich schönen Präparatensammlung in fünf Glaskästen eben dahin versetzt.

Das Lehrperfonal an der höheren Feiertagsſchule beſtand im Jahre 1832 33 *)

aus dem Vorſtande der Schule der den Unterricht in der Geographie und Geſchichte ertheilte,

aus 6 Elementarlehrern,

4 Zeichnungslehrern,

1 Lehrer der praktiſchen Mechanik,

1 Lehrer der Boſſirſchule,

5 Lehrer der wiſſenſchaftlichen Fächer und

1 Religionslehrer für die Geſellenſchule und

3 Katecheten.

Sonach im Ganzen aus 22 Lehrindividuen.

Dieſe höhere Feiertagsſchule mit ihrer Kunſtſchule und den übrigen Lehrfächern war ſo zahlreich beſucht, daß ſchon 1828 eine Erweiterung des Kreuzſchulgebäudes gewünſcht werden mußte.

Der Schulbeſuch während dieſer vierten Dekade iſt aus nachfolgendem Verzeichniſſe der eingeſchriebenen Schüler für die wiſſenſchaftlichen und Kunſtfächer und den Elementarun=terricht, welcher an der höheren männlichen Feiertags=Schule gelehrt wurde, zu entnehmen; wobei auch die Schülerzahl der niedern Elementar=Feiertagsſchulen angegeben iſt.

---

*) Im Schuljahre 1823/24 ertheilten 8 Haupt= und 6 Nebenlehrer den Elementarunterricht in den zwei Vorbereitungs=Abtheilungen und den 4 Klaſſen. Mit den höhern Lehr= und Kunſtfächern waren 12 Lehrer beſchäftiget.

Schuljahr.	Religionslehre für Gesellen und reifere Lehrjungen.	Naturgeschichte, Technologie und Waarenkunde.	Physik.	Technische Chemie.	Arithmetik und Geometrie.	Descriptive Geometrie.	Praktische Mechanik Schriftlich.	Praktische Mechanik Vortäglich.	Wölfl-Unterricht.	a. Zeichnungs-Unterricht, b. in der Vorstadt Au.	Elementar-Unterricht der höheren und niederen Feiertagsschule.	
1823|24	208	56	206	39	94	—	16	—	23	542	355*	1537
1824|25	225	70	176	75	110	—	24	—	27	530	341*	1680
1825|26	312	70	149	52	86	—	30	—	21	500	563	1487
1826|27	312	50	203	111	122	—	33	6	37	631	565	1453
1827|28	204	72	171	79	139	—	30	—	32	709	708	1357
1828|29	268	56	183	93	133	—	51	12	29	710	738	1323
1829|30	278	50	160	75	—	—	64	—	52	752	800	1248
1830|31	252	56	43	125	43	15	86	5	58	707	698	1091
1831|32	202	30	69	44	56	36	30	8	38	728	691	1030
1832|33	185	50	75	110	84	56	30	8	20	a591 b46	581	994

*) Obige 355 und 341 Schüler sind bloß die der fünf Klassen der Gesellenschule, während in den nachfolgenden Schuljahren in dieser Rubrike die fünf Gesellenklassen und die vierte und fünfte Lehrjungenklasse inbegriffen sind.

Diese feiertägliche Lehranstalt hatte leider in der vierten Dekade große Verluste zu betrauern.

Im Jahre 1829 wurde ihr der verdienstvolle **Mitterer** entzogen, der eigentliche **Stifter** der **Zeichnungsschule** und der technischen Fächer.

Ein Jahr später raubte ihr der Tod den vieljährigen Vorstand Mathias **Weichselbaumer**, der auch das Seinige als der treueste Freund und Mitarbeiter Mitterers zur immer weiteren Entwicklung der Anstalt beitrug.*)

Zum ehrenden Andenken sind daher dieser Schulgeschichte die Nekrologe dieser beiden verdienstvollen Männer beigefügt.**)

Ebenso verlor die Schule ihren vieljährigen Lehrer der Bossirkunst, Anton **Schwanthaler**, im Jahre 1833.***)

Nekrologe.

a) Hermann Joseph Mitterer.

Durch den Hintritt des verdienstvollen Professors Hermann Joseph **Mitterer** haben wir einen sehr geschickten Lehrer, einen wahren Bürger und unermüdeten Schulfreund verloren.

Er hat sich um den öffentlichen Unterricht, vorzüglich in technischer Hinsicht, und um die erste Kultur der Lithographie, dieser so wichtigen vaterländischen Erfindung, hochverdient gemacht.

---

*) Im Jahre 1833 hatte diese Schule auch den Verlust ihrer wärmsten und thätigsten Freunde, des zu früh dahingeschiedenen Bürgermeisters Jakob **Klar** und Schulkommissärs **Hackel**, zu betrauern.

) **Mitterer's Nekrolog hatte Weichselbaumer in dem Jahresbericht der Feiertagsschule von 1829 niedergelegt. Der Nekrolog **Weichselbaumer's** ist im Jahresberichte 1830 enthalten.

***) Anton Schwanthaler, Bildhauer, geboren zu Ried im Innviertel den 17. Juni 1766, wurde im Jahre 1823 von Professor Mitterer als Bossirlehrer an der Feiertagsschule vorgeschlagen und als solcher bestätigt. Er starb 1833 den 22. August.

Viele sehr geschickte Künstler und Handwerksmeister, nicht nur in unserer Hauptstadt, sondern auch im ganzen Königreiche, verdankten ihm ihre Kenntnisse.

Er war eines Krämers Sohn von Osterhofen, Landgerichts Vilshofen, geboren im Jahre 1762, den 8. Oktober, und wurde von seinen Aeltern sorgfältig und christlich erzogen.

Da sie an ihm gute Geistesanlagen und Lust zum Lernen gewahrten, ließen sie ihn nicht nur in Elementar-Gegenständen, sondern auch in Kunstfächern, wozu sich Gelegenheit darbot, unterrichten, unter andern auch im Singen.

Im Jahre 1771 kam derselbe als Singknabe nach dem Kloster Farnbach am Inn.

Im Jahre 1772, den 14. September, hatte er das Unglück, durch den Tod seine Mutter, und bald nachher, 1776 den 9. September, auch seinen Vater zu verlieren.

Ein Klostergeistlicher erbarmte sich seiner, als eines armen verlassenen Waisen, und sandte ihn mit Empfehlungen nach Passau, um dort seine Studien weiter fortzusetzen. Es gelang ihm, für sich ein paar Kosttage in einem dortigen Kloster und zwei bei einem angesehenen, wohlbemittelten Bürger zu erhalten. Im September des Jahres 1782 kam Mitterer nach München, wo er gut aufgenommen und wieder mit Kosttagen und andern Wohlthaten von mehreren hiesigen Bürgern unterstützt wurde.

Uebrigens mußte er sich seinen Unterhalt größtentheils durch Privat-Unterricht erwerben, und setzte hier seine Studien und Ausbildung in Kunstfächern bis zur Theologie fort.

Hier blickte er auf seine bisher durchwanderte Studienbahn zurück und bemerkte, daß er mit Lust und Vorliebe die besten Fortschritte in der Mathemathik, Physik, in der Zeichnungs- und Malerkunst gemacht habe; er fühlte sich daher mehr für das Kunstfach berufen, und widmete sich ganz dem Zeichnen, der Architektur und Technik.

Als der damalige Zeichnungslehrer Jos. Ott am Gymnasium mit Tod abging, überreichte er seine Bitte der churpfalzbayerischen Schul=Curatel unter Freiherrn v. Hert= ling, worauf er im Jahre 1791 den 26. Mai die Anstellung als Zeichnungslehrer am Gymnasium erhielt, mit einem jähr= lichen Gehalte von 150 fl., wovon er aber jährlich 100 fl. der Ott'schen Wittwe und ihren Kindern überließ, und für sich nur 50 fl. behielt.

Den übrigen zu seinem Unterhalte nöthigen Bedarf suchte er sich durch Privatlehrstunden im Zeichnen zu verdienen.

Von diesem Zeitpunkte an hatte derselbe mit vielen Müh= seligkeiten und Drangsalen zu kämpfen, die damals schon seine Gesundheit zerrütteten und ihm mehrere Krankheiten zuzogen.

Ueberzeugt, wie wichtig die Zeichnungskunst für technische Arbeiter ist, erlaubte er mehreren lernbegierigen Handwerks= gesellen und Jungen, an Sonn= und Feiertagen auf sein Zimmer zu kommen, um ihnen hierin den nöthigen Unterricht zu ertheilen.

Er legte hierauf der geheimen Schul=Curatel einen Plan einer ordentlichen Feiertags=Zeichnungsschule für Künstler und Handwerker vor, um seine bestgemeinte Ab= sicht um so nachdrücklicher bei der damaligen hohen Land= schaft unterstützen zu können.

Hierauf wurde ihm durch die churfürstlich geistliche Raths= Kanzlei die nachgesuchte Genehmigung zur Errichtung einer feiertäglichen Zeichnungsschule von der churfürstlich bayerischen geheimen Schul=Curatel am 26. März 1792 in Abschrift zugetheilt.

Im folgenden Jahre (1793) eröffnete Professor Kefer, sein innigster Freund, dahier die erste Feiertagsschule für Ge= sellen und Handwerksjungen in Elementar=Gegenständen und lud den Professor Mitterer ein, seine feiertägliche Zeich= nungsschule mit seiner Elementarschule zu vereinigen, und so entstand unsere hiesige, im In= und Auslande rühmlichst be= kannte und vielfältig auch copirte Feiertagsschule.

Bisher bezog Professor Mitterer für seine Bemühungen immer nur eine Remuneration von jährlich 50 fl. Auf sein

Gesuch um eine Zulage erhielt er von der geheimen Schul=
Curatel zur Antwort:

„Nachdem er im hiesigen churfürstlichen Schulhause
„den gemeinnützigen Zeichnungs=Unterricht sehr empor
„gebracht hat, so wünschen Se. churfürstliche Durchlaucht,
„einen so eifrigen Lehrer unterstützt zu sehen; es soll
„ihm demnach eine Zulage von 100 fl. in so lange jähr=
„lich angewiesen werden, bis der Gnadengehalt der Wittwe
„seines Vorfahrers zurückfällt.“

Im Jahre 1797 nach der öffentlichen Prüfung der Feier=
tagsschüler im Monat August hat sich der damalige Ma=
gistrat in einem Schreiben an Professor Mitterer sehr
dankbar bewiesen, daß er sich der hiesigen Feiertagsschule für
Handwerksjungen und Gesellen mit so vielem Eifer unent=
geltlich widmete, und übermachte demselben zum Beweise gänz=
licher Zufriedenheit und seiner Aufmunterung zur ferneren
Fortsetzung seines Lehreifers die größere magistratische
Ehren=Medaille.

Die damalige Landschaft, jede zum allgemeinen Besten
abzielende Veranstaltung nach Kräften zu unterstützen geneigt,
hat auf Gutachten des churfürstlichen geistlichen Raths in
gleicher Absicht den Zeichnungs=Unterricht auch in den deut=
schen Schulen fortzusetzen, dem Zeichnungslehrer Mitterer
einen jährlichen Gehalt von 100 fl., vom 1. Januar 1798
angefangen, verabfolgen zu lassen, beschlossen.

So aufgemuntert setzte Mitterer in Verbindung mit
Kefer seinen feiertäglichen Zeichnungs=Unterricht seit dem
Jahre 1795 in einem landschaftlichen Gebäude auf dem Anger
9 Jahre hindurch unermüdet fleißig fort, als vor dem feier=
lichen Schlusse der ersten Schuldekade Professor Kefer am
11. September 1802 mit Tod abging.

Bald darauf, im Jahre 1803, wurde vom damaligen
churfürstlichen General=Schulen= und Studien=Di=
rektorium unter Freiherrn v. Fraunberg die Feiertags=
schule wegen der noch immer anwachsenden Schülermenge vom
Anger auf das Kreuz in das ehemalige Waisenhaus übersetzt

und mit derselben, als einer Musterschule, zugleich ein Schul=
lehrer=Seminarium und der Knabenschule auf dem Kreuz ver=
bunden.

Auch fing Professor Mitterer an, in den geräumigen
Lehrsälen dieses neuen Schulhauses die Bauhandwerker im
Wintersemester, 3 bis 4 Monate hindurch, zu unterrichten,
und legte so den ersten Grund zu der gegenwärtigen plan=
mäßigen Bauwerksschule.

In späteren Jahren ruhte er nicht, bis er mit der so
gemeinnützigen bürgerlichen Feiertagsschule von Magistrate
die Genehmigung erhielt, mit derselben die so höchst nothwen=
dige Bossirschule zu verbinden.

Dem Professor Mitterer wurde vom erwähnten Ge=
neral=Schul=Direktorium den 29. Januar 1803 an=
gezeigt, daß demselben vom 1. Januar d. J. für den Unter=
richt im Zeichnen an der Feiertagsschule 200 fl., vom Anfange
des Schuljahres zahlbar, bei der deutschen Schulfondskasse
angewiesen worden sind, mit dem Beifügen, daß man von
seiner Kunst= und Jugendliebe erwarte, er werde den Schülern
auch Vormittags Unterricht ertheilen; dann auch den Schul=
kandidaten den Zutritt in die Zeichnungsschule gestatten, um
sich in der Kunst, wenn sie dazu Anlagen haben, oder wenig=
stens in der Kalligraphie und Frakturschrift zu üben.

Ferner wurde genehmigt, daß derselbe sogleich einen Ge=
hilfen in Antrag bringe, der dann 50 fl. jährlich Gratifikation
aus der Schulfondskasse erhalten soll. Die Zahl der unter
dem neuen Schuldache sich versammelten Schüler belief sich
nun bald über 1000.

Für so eine Schülermenge fehlte es nun an einer hin=
reichenden Anzahl von zweckmäßigen Zeichnungs=Vorlagen für
Künstler und Handwerker.

Professor Mitterer machte sich anheischig, die nöthigen
Zeichnungsmuster und Vorlagen nicht nur für diese Zeich=
nungsschule, sondern für alle Kunstschulen im ganzen Reiche
zu bearbeiten, wenn zu diesem Zwecke das Arcanum der
Lithographie zur Schule angekauft würde.

Der unvergeßliche verdienstvolle Schulrath Steiner unterstützte diesen Antrag, und am 15 September 1804 erfolgte die churfürstliche Genehmigung zu obigem Ankaufe für die Feiertagsschule.

Hier eröffnete sich für unsern hochverdienten Mitterer ein weites Feld zur Bearbeitung; es war noch sehr wenig kultivirt; die Lithographie war damals noch in ihrer Kindheit; ganz schwach und unmündig erhielt die Schul-Kommission dieses neue Geschöpf aus den Händen ihres Erfinders, der es anfangs nur zum Musik-Copiren und Abdrücken benützte.

Weder Kreiden= noch Tinten=Recepte waren zuverlässig und hinreichend Kunstarbeiten damit zu fertigen.

Mitterer gelang es erst nach langem rastlosen Bemühen und vielen Experimenten im Laboratorium der Schule, für obige Zeichnungs=Requisiten die Ingredienzen nach einem bestimmten Maaße, nach Zahl und Gewicht zu bestimmen und gehörig zu mischen, so daß damit auch Baupläne und freie Handzeichnungen auf Stein gebracht und davon rein abgedruckt werden konnten.

Er ruhte nicht eher, bis er die Lithographie zu so einem hohen Grad der Vollkommenheit brachte, daß man damit alle Kunstartikel der technischen und freien Handzeichnung auf Stein zeichnen und davon meisterliche Abdrücke machen konnte.

Mit zahllosen Hindernissen, theils chemischen, theils mechanischen, hatte Mitterer zu kämpfen; allein er besiegte sie alle, und hat sich dadurch unsterbliche Verdienste um die Lithographie erworben.

Er begründete dadurch die nun durch ganz Europa rühmlichst bekannte erste lithographische Kunstanstalt an der männlichen Feiertagsschule zu München; unter dieser Firma liefen noch spätere Nachfragen und Bestellungen von allen Kunsthandlungen und Kunstschulen vom In= und Auslande ein, indem diese Kunstanstalt auch nach dem Ableben des Urhebers fortbestand.

Diese Kunstanstalt, welche Mitterer im Jahre 1815

als sein Eigenthum an sich kaufte, und seine vielen produzirten lithographischen Arbeiten bleiben· in der Geschichte der
bildenden Künste sein ewig unzerstörbares Denkmal, das er
sich selbst erbaute. *)

Nebst den verschiedenen Kunstwerken und Vorlagen für
sämmtliche Fächer der freien Handzeichnung, welche aus dieser
lithographischen Kunstanstalt hervorgingen, bearbeitete auch
Mitterer sehr instruktive Werke über Geometrie, bürgerliche
Bau= und Zimmerwerkskunst, Hydraulik und Mechanik.

Bei seinem letzten Werke, einer vollständigen Anleitung
über die verschiedenen Zeichnungen und Muster für Schlosser=
Arbeiten — überraschte ihn der Tod, als er noch nicht den
zweiten Theil vollendet hatte.

Der Schlagfluß, der ihm im Jahre 1827 die rechte
Seite lähmte, berührte ihn zum zweiten Male und beschloß
im Jahre 1829 den 27. April nach einem sieben Wochen
langen Krankenlager, im 67. Jahre seines gemeinnützigen
Wirkens, seine irdische Laufbahn. **)

---

*) Nach dem Tode Mitterer's kam diese lithographische Kunstanstalt
in die Hände seines Erben, des Zeichnungslehrers Lorenz Schöpf, der
dieselbe bis zum Jahre 1858 fortführte, wo sie dann wieder von dem
Magistrate käuflich erworben, und jetzt einen integrirenden Theil der
Handwerks=Feiertagsschule bildet.

**) Mitterer erhielt ein Denkmal von seinen Freunden und Ver-
ehrern auf dem hiesigen Kirchhofe, und zwar gegenüber dem Denkmale
Keser's, mit folgender Inschrift:

Hermann Joseph Mitterer,
Gründer und erster Lehrer der feiertäglichen Kunstschulen, Professor der
königlichen polytechnischen Central=Anstalt, Ehrenmitglied der königlichen
Akademie der bildenden Künste in München, geboren 1762, gestorben 1829.
Hochverdient um Bildung der Künstler und Handwerker, wird sein An-
denken sich ehrenvoll unter seinen Mitbürgern erhalten.

Auch in den Arkaben dieses Kirchhofes findet sich seine Büste aufgestellt, und im Jahre 1832 wurde zugleich der höheren Feiertagsschule
ein würdiges Denkmal des Verblichenen durch den Kunstsinn des ·Magi-
strates zu Theil, welcher die vom Bildhauer Peter Schöpf jun. aus
weißem Marmor sehr gelungen verfertigte kolossale Büste Mitterer's in
dem großen Zeichnungssaale des Kreuzschulgebäudes aufstellen ließ.

b) Mathias Weichselbaumer.

Im Jahre 1764, am 8. Januar, wurde Mathias Weichselbaumer in dem fürstbischöflichen Residenzstädtchen Freising geboren, und war der Sohn eines dortigen bürgerlichen Bierwirthes.

Mathias Weichselbaumer fing seine Studien in Freising an, setzte selbe in Landshut fort und vollendete sie in Ingolstadt.

Er kam nach München und ward Privatlehrer. In seinen Nebenstunden beschäftigte er sich auch mit Silhoutiren und verschaffte sich da manchen Kreuzer, den er sorgfältig zu seiner weiteren Ausbildung verwendete.

Weichselbaumer blieb aber nicht lange im Verborgenen.

Die Fackel der Aufklärung, welche großartige Männer Bayerns mit der Stiftung der Akademie der Wissenschaften angezündet hatten, warf ihr Licht auf alle Schulanstalten. Ueberall suchte man tüchtige Köpfe hinzustellen.

Laut Reskript des Churfürsten Maximilian vom 28. Oktober 1799 wurde Weichselbaumer zum Professor der ersten Grammatik am churfürstlichen Schulhause zu München mit dem festgesetzten Jahresgehalt von 600 fl. angestellt; er, der wegen seiner vortrefflichen pädagogischen Eigenschaften als hiesiger Privatlehrer vorzüglich der höchsten Stelle empfohlen war.

Doch grammatischer Unterricht war nicht die rechte Sphäre für Weichselbaumer's Geist; er war zum Volkspädagogen geschaffen und berufen.

Im Jahre 1863 erhielt die Handwerks-Feiertagsschule ein ähnliches Denkmal durch die Büste Kefer's, welche auf Veranlassung des Verfassers dieser Schulgeschichte in der Veststirschule unter der tüchtigen Leitung Weizer's von dem Schüler Peter Sprenger dieser Anstalt bearbeitet, und in dem Inspektionszimmer des Kreuzschullokales, sowie auch (1864) in den Arkaden des hiesigen Kirchhofes aufgestellt wurde.

Am 11. September 1802 starb der Gründer der Feiertagsschule Kefer.

Unterm 15. Oktober 1802 wurde von der höchsten Stelle
der churfürstliche Professor Weichselbaumer zur bürgerlichen Feiertagsschule in München an Kefer's Stelle berufen,
mit dem Beifügen:

1) „Demnach ernennen Wir den Professor der ersten
Grammatik an dem hiesigen Schulhause Math. Weichselbaumer
zum ersten Lehrer an der Feiertagsschule der bürgerlichen
Handwerker dahier mit dem damit verbundenen Gehalte von
700 fl. Zugleich übertragen Wir demselben

2) die Leitung des nächstens in Verbindung mit der
Feiertagsschule zu organisirenden bürgerlichen Schullehrer-
Seminär, welche dem verstorbenen Professor Kefer nach dem
Sinne der höchsten Entschließung zugedacht war;

3) die mit beiden Aemtern nützlich zu verbindende In-
spektionsstelle der deutschen Schulen, sammt der von dem
Professor Kefer dafür genossenen Zulage verliehen werden."

Das Schullehrer-Seminar, die erste Anstalt dieser Art,
wurde eröffnet den 7. März 1803. Die Zahl der eingeschriebenen Präparanden und Kandidaten belief sich schon bei
der ersten Quartalprüfung den 6. Juni auf 75.

An dem nämlichen Tage erhielt Weichselbaumer den
erfreulichen Beschluß, daß das bisherige Hof-Waisenhaus um
die Summe von 15,000 fl. für die Feiertagsschule angekauft
worden sei.

Bald darauf bestimmte auch die sich auflösende bayerische
Salzhandel-Gesellschaft für die Feiertagsschule eine Summe
von 12,990 fl. 40 kr.

Auf alle diese freudigen Ereignisse hatte Weichselbaumer thätigst mitgewirkt.

Das Weihefest des gegenwärtigen Schulhauses am Send-
lingerthore (am 12. Januar 1804) war für Weichselbaumer
und alle Schulfreunde ein wahrer Freudentag, und aus patriotischer Brust sprach er in der Rede des Tages schöne
Worte der Weihe und der Begeisterung.

Auf erstattetes Gutachten des churfürstlichen General-Schul-Direktoriums wurden dem hiesigen deutschen Schul-Inspektor an der dießortigen Feiertagsschule und an dem Schullehrer-Seminar für die Dienste bei demselben eine Gehaltszulage von 200 fl. bewilligt.

Hier fing er an, die Feiertagsschule nicht nur im Geiste Kefer's fortzuführen, sondern sein stets reger Geist brachte auch manche Verbesserung an.

Des auf ihn gesetzten Vertrauens würdig, richtete er das neue Schulgebäude der Feiertagsschule auf das Zweckmäßigste ein, und trennte in der Schule Gesellen und Lehrjungen.

An die bisherigen Unterrichtsgegenstände schloß er nun für Gesellen einen sehr wichtigen, in das bürgerliche Leben eingreifenden Unterricht in der Naturlehre, Naturgeschichte, Mathematik, Geometrie, Hydraulik, Chemie und Mechanik an. Einen Apparat erhielt die Schule durch Uebertragung des Amariums aus dem aufgelösten Karmeliten-Kloster.

Nicht systematisch, wie auf Hochschulen, wurden diese Gegenstände gelehrt, sondern nach seiner Auswahl und Anleitung nur Dasjenige davon, was den bürgerlichen Gewerben zunächst lag, wurde im leichtfaßlichen Unterrichte mitgetheilt.

Mit diesen obigen Gegenständen wurde nun auch der in die meisten Gewerbe eingreifende Zeichnungs-Unterricht unter der Leitung des unvergeßlichen Prof. Mitterer verbunden.

So leiteten nun diese beiden innigsten Freunde, Jeder in seinem Wirkungskreise, dieses Institut in stiller geräuschloser, aber desto mehr fruchtbringender Thätigkeit mit kärglichen Hilfsmitteln.

Was sie geleistet, bezeugen zwar nicht Ordensbänder, auch wurde es nicht in vergänglichen Stein gegraben der Nachwelt überliefert; wohl aber Tausende von dankbaren Herzen, bewegte Lippen der Handwerker und selbst Künstler verkünden allenthalben ihr gemeinnütziges Wirken, weil sie in diesem Institute unter ihrer Leitung die nöthige Ausbildung fanden.

Hat nun dieser hochverdiente Schulmann dießfalls allent=
halben unläugbar segenreich auf das industriöse bürgerliche Leben
eingewirkt, so erscheint er als Vorstand und Lehrer des
ersten Schullehrer=Seminärs in Bayern dahier, wozu er sich
des Vertrauens der Regierung bereits gewürdigt, von derselben
im Jahre 1803 berufen wurde, mit noch weit wichtigerem
Einflusse in Hinsicht der Veredlung des deutschen Schul=
wesens.

Als Lehrer der Pädagogik in diesem Institute trachtete
er vorzüglich, die bildende Lehrmethode den Zöglin=
gen anzueignen.

Dazu bediente er sich stets der ihm im höchsten Grade
eigenen Kunst der Sokratik, und wußte so praktisch diese
jedem Lehrer so nöthige Kunst bei seinen Präparanden zu ent=
wickeln.

Durch seine analitisch=synthetische Lehrart wußte er einen
jeden Gegenstand so zu beleuchten, daß auch der schwächste
Zuhörer ihn leicht fassen konnte.

Schultaktik und Disziplin lehrte er seinen Präparanden
nicht nur durch Worte, sondern noch mehr durch sein hell=
leuchtendes Beispiel, indem er väterlichen Ernst mit Liebe zu
paaren wußte, daß seine Zöglinge ganz mit Liebe an ihn sich
angezogen fühlten.

Da in diesem Institute Individuen aus allen Theilen
des Landes vorhanden waren, so verbreitete sich so schnell die
bessere Lehrmethode; denn bald wurde die geistlose verzögerude
Buchstabier=Methode von der vernunftgemäßen, bildenden
(Hofmann'schen) Ton= und Lautmethode allenthalben verdrängt.

So im Vertrauen bei der k. Regierung immer höher
steigend, wurde er nun auch unterm 28. Oktober 1808 zum
Lokal=Schulkommissär sämmtlicher deutschen Schulen der Haupt=
und Residenzstadt München, aus besonderm Zutrauen in seine
pädagogische sowohl, als Lokalitäts= und Personal=Kenntnisse
mit einer Besoldungszulage von 200 fl. ernannt und dem
dießortigen Kreis=Schulrathe untergeordnet.

Hatte er nun als Vorstand und Lehrer des Schullehrer=
Seminars durch die aus demselben hervorgegangenen Lehrer=

Individuen allenthalben auf die Veredlung des deutschen
Schulwesens in Bayern gewirkt, so that er dieß ganz beson=
ders als Lokal = Schulkommiſſär bei den Schulen der Haupt=
und Reſidenzstadt durch seinen früheren häufigen Schulbeſuch,
durch Handhabung höherer Verordnungen, Herstellung eines
gleichförmigen Unterrichtes und einer guten Disziplin und
Schulordnung zur nothwendigen Einheit in dieſen Schulen.

Hier war er unermüdet, die Schulen auch mit guten
Lehrmitteln jeder Art zu versehen, weil ohne zweckmäßige
Lehrmittel der beſte Lehrer hilflos iſt.

Sein Haus bildete eine ordentliche Niederlage von Lehr=
mitteln.

Er ließ auf seine eigene Koſten sich das kleine
und große Druckalphabet von Holz ausſchneiden
und druckte mit unermüdetem Eifer alle in Münchens Schulen
sich befindlichen Wand = Leſetabellen, und verſchaffte
ſomit für die erleichterte und gründliche Ertheilung des erſten
Lese=Unterrichtes nie genug zu lobende Vortheile.

Auch viele Setzkäſten verfertigte er ſelbſt und drang auf
ihre Einführung in den Schulen.

Er schrieb anfänglich mit eigener Hand, ganz nach
den von der k. Regierung anbefohlenen Normalſchriften
auf große Wandtabellen das kleine und große Current=
Alphabet; später ließ er daſſelbe lithographiren und beförderte
damit wiederum im Sinne der Regierung die Einführung
einer gleichen Schrift in den deutſchen Schulen; denn
dieſe Tabellen fanden ſtarken Abſatz auch in den Landſchulen.

Er ſelbſt gab ſich alle Mühe, für Münchens Schulen
gleichheitliche Schriften zu erzielen — es hatte jedes Lehr=
Individuum so lange kalligraphiſche Aufgaben zu liefern, bis
der vorgeſchriebene Schriftcharakter nach genetiſcher Methode
erreicht war.

Er entwarf zur Erleichterung und zur Anſchaulichmachung
des Zählens eine ſehr zweckmäßige Punkten=Tabelle — die
noch in den Schulen gebraucht wird.

Ihm danken wir einen gleichförmigen Cenſurmaßſtab bei

der Korrektur der orthographischen Aufgaben und der schriftlichen Aufsätze unter Beiziehung und Berathung des Lehrpersonals festgesetzt.

Die Einführung der Censurbücher, der monatlichen Noten-
tabellen, welche eine fortlaufende Korrespondenz des Lehrpersonals und der Aeltern bilden, sind sein Werk.

Er sorgte für bequemere und zweckmäßigere Schulbänke
in den Schulzimmern, für gut linirtes Papier, für große
zweckmäßige Schultafeln mit eben solchen Stellagen; durch
seine Aufmerksamkeit wurden die Kinder in der Schule mit
tauglichen Schulheften, Schultafeln, Linealen ꝛc. versehen,
wobei er keinen Wink. erfahrener Lehrer verschmähte.

Die Errichtung einer Elementar=Vorbereitungsschule in
dem Gebäude des Schullehrer-Seminariums auf dem Kreuze,
welche leider zu früh wieder aufgehoben wurde, darf hier nicht
vergessen werden.

Erweckung frommer Gefühle, Verstand und Gedächtniß
schärfende Sprach= und Denkübungen, besondere Uebungen
im richtigen Wahrnehmen und Anschauen, worauf vielleicht
jetzt zu wenig Rücksicht genommen wird, waren die Haupt-
beschäftigungen dieser sehr wohlthätigen Anstalt.

Er selbst, einer der ersten Pädagogen, berief doch als
Bild der Anspruchslosigkeit zur Berathung und Entwerfung
eines gleichförmigen Lehrbezirks für die Schulen in München
mehrere Lehrer zu sich, um ihre praktischen Erfahrungen zu
würdigen.

Besuchte er irgend eine Schule, so war es rührend für
Lehrer zu sehen, wie er sogleich die Herzen der Kinder zu gewinnen wußte.

Als Konferenz=Vorstand mußte er die bei dem Schulbesuche beobachteten Mängel im vertraulichen Gespräche scho-
nend zu rügen und zu verbessern.

Unermüdet im Fortschreiten auf seiner pädagogischen
Laufbahn, durchlas er auch die neueren pädagogischen Schriften, theilte den Inhalt derselben bei Konferenzen den Lehrern
mit und besprach sich mit ihnen über das Anwendbare und

Nützliche derselben. Doch war er sehr mißtrauisch gegen neue
Methoden; besonders wenn viel Lärm gemacht wurde, und er
war einer der Ersten, welcher die Blößen des wechselseitigen
Unterrichtes gründlich rügte, ohne gerade als Schriftsteller
aufzutreten.

In Ermangelung eines solchen Stoffes durchging er
allmälig mit den Lehrern alle Unterrichts-Gegenstände, um
Mängel und Lücken aufzudecken und zu verbessern, und so
wurden die Konferenzen eine wahre Schule für Lehrer
und Lehrerinnen.

Vor der alljährigen Eröffnung der Elementarschulen hielt
er jedesmal in der ersten Konferenz eine herzliche Anrede, in
welcher er die Lehr-Individuen erinnerte, mit stetem Hinblick
auf Gott ihre Amtspflichten unverdrossen und nach Kräften
zu erfüllen, verhieß ihnen seinen Rath und jede obrigkeitliche
Unterstützung; empfahl ihnen alle Verträglichkeit und kolle-
gialisches Zusammenhalten und Zusammenwirken; empfahl die
Neuangestellten dem Rathe der Aelteren und Erfahrenern.

Am Schlusse jedes Schuljahres benahm er sich wieder
wie am Anfange desselben. Alles, was er für öffentliche
Schulen that, trug stets den Stempel seines ruhigen
Geistes und seiner väterlichen Vorsorge.

Vor Allem aber verschaffte seinen Reden so großen Ein-
gang die Achtung und kindliche Verehrung, die er seines un-
befleckten moralischen Charakters und seines aufrichtigen christlichen Sinnes wegen bei dem Lehrpersonale genoß.

Als ein wahrer Freund der Natur waren es seine Lieb-
lingsermahnungen an seine Schüler und Schülerinnen, recht
fleißig in dem Buche der Natur zu lesen, ihre Kinder
frühzeitig und bei jeder Gelegenheit darin lesen zu lassen,
seinen großen tiefen Sinn zu deuten und ihnen Liebe gegen
Pflanzen und Thiere einzupflanzen.

Er war ein großer Freund der Himmelskunde, und oft
sah man ihn unter dem Sternenhimmel staunend sitzen und
die Größe des Schöpfers andächtig bewundern.

Bei jeder Gelegenheit scheute er sich aber auch nicht,

seinen Glauben äußerlich zu zeigen, und wer ihn in der Kirche sah, konnte ihn nur mit Erbauung sehen.

Jesus Christus, sagt einer seiner Schüler, war ein Name, den er nur mit Innigkeit aussprach.

Er erkannte die große Wohlthat, welche die Vorsehung dem Menschengeschlechte durch das Evangelium erwiesen hat, eine Wohlthat, wie er sich öfters ausdrückte, die über alle Zweige der Wissenschaft, und besonders über die himmlische Pflanze der Pädagogik, die nur im Boden des Christenthumes gedeiht, Segen verbreitet. „Jede Wissenschaft, welche nicht von christlichen Grundsätzen unterstützt und geleitet wird, zerfällt mit der Zeit in ihr Nichts,“ sind die Worte des Verblichenen.

Nichts ermüdete auch den schon bejahrten Mann, der durch die Gebrechen des Alters und namentlich einer beschwerlichen Steinkrankheit, die er geduldig trug, vieles zu leiden hatte; immer fand man ihn für das Schulfach beschäftigt unverdrossen am Schreibpulte sitzend, in seinen Akten vergraben.

Die Organisation der Lokal-Schulkommissionen nach der neuen Gemeinde-Verfassung veränderte wohl seine äußere Stellung, nicht aber sein Wirken für die Schulen.

Er blieb als Referent der Schulkommission der Haupthebel und der Mittelpunkt des innern, geistigen Lebens der Schulen.

Er war von dieser Zeit an auch ständiger Prüfungs-Kommissär, nebst dem Range und Titel eines Direktors der höheren Feiertagsschulen und der neu errichteten höheren Bürger- und Töchterschule.

Er bildete in der seiner Leitung übergebenen Präparandinnen-Anstalt tüchtige Lehrerinnen für unsere weiblichen Stadtschulen.

Wer ihn bei dem, den ganzen Monat August Werk- und Feiertage andauernden höchst mühsamen Geschäfte eines Prüfungs-Kommissärs sah, mußte seine beharrliche Ausdauer, seine sich immer gleich bleibende Gemüthsruhe, seine Herablassung zu den Kleinen, seinen sicheren Gang und Takt bewundern.

Nach den vielen Prüfungen waren die Preisevertheilungs=
tage seine Festtage, und er that Alles, sie so feierlich als
möglich zu machen.

Jedes Mitglied der Lokal=Schulkommission vertraute un=
bedingt auf seine Lokal=, Personal= und Schulkenntniß, seine
Stimme entschied größtentheils bei Berathungen und Alle
ehrten den Schatz und den Reichthum seiner vieljährigen Er=
fahrungen.

Daher fühlten auch Alle seinen so plötzlichen Verlust tief.

Dieser würdige Schulmann vereinte für sei=
nen schönen Wirkungskreis tiefe Einsicht, hohe
Lust, unermüdete Kraft und den menschenfreund=
lichen Sinn, der ihm besonders die Herzen der
Jugend und des sämmtlichen Lehrpersonals ge=
wann und sein treues Wirken für die hiesige
Gemeinde segenreich machte.

Bestand der männlichen Feiertagsschule seit dem Jahre 1833 bis 1843.

Gleichwie das Aufblühen des Schulwesens überhaupt in alle Unterrichts= und Erziehungs=Anstalten eingriff, und die Errichtung mehrerer Anstalten zu speziellen Zwecken in allen Gauen des Vaterlandes veranlaßte, wodurch der Jugend Mittel und Wege geboten wurden, auch an Werktagen nebst Anderm für gewerbliche Vor= und Ausbildung thätig zu sein, so hatte auch die Feiertagsschule, sich ihrer Aufgabe klar bewußt, die Lehrfächer nach zeitgemäßen Bedürfnissen abgemarkt, und bei zunehmender Schülerzahl auf umfangreichen Unterricht und eine neue Klassen=Eintheilung Bedacht genommen, wodurch ein harmonisches Insichgreifen des gesammten Unterrichtsnetzes ermöglicht wurde.

Nachdem im Jahre 1825 die Vertheilung der Feiertags= schüler koordinirter Abtheilungen in andere Schulhäuser, sowie die Scheidung in eine niedere und höhere Feiertags= schule verfügt worden war, wurde im Jahre 1834 in Folge k. Ministerial=Entschließung der an der männlichen Feiertags= schule für die Gesellen bestimmten Abtheilung die Benennung „Handwerks=Feiertagsschule" ertheilt.

Um diese umfangreiche männliche Feiertagsschule geeignet beurtheilen und würdigen zu können, müssen allererst ihre verschiedenen Abtheilungen unterschieden werden, die aber nicht getrennt beurtheilt werden dürfen, weil sie im Verein ein nach Einem Ziele hinstrebendes Ganzes bilden, und einem Jeden, sei er kenntnißlos, oder gehe er mit den gewöhnlichen Schulkenntnissen seinem Lebenslauf entgegen, oder strebe er mit weiteren Kenntnissen ausgerüstet vorwärts, für seine Verhältnisse das Nützliche darbieten.

Zunächst zerfällt dieselbe

a) in die **Handwerks**= und
b) in die **deutsche Sonn**= und **Feiertagsschule.**

1. Die Zweige der **Handwerks-Feiertagsschule** sind nebst **Religionslehre** die **Real**=, **technischen** und **Zeichnungsschulen.**

2. Die **deutsche Sonn**= und **Feiertagsschule** zerfällt wieder nach Zwecken und Vorkenntnissen in drei Haupt= Abtheilungen:

a) in die **Gesellenschule** mit 4 Klassen;
b) in die **höhere Feiertagsschule** mit 3 Klassen, und
c) in die **niedere Feiertagsschule**, welche ebenfalls 3 Klassen hat.

Die **Handwerks-Gesellen und höhere Feiertagsschule** befindet sich in den Räumen des Schulhauses am Kreuze, der Gewerbsschule und in einem Saale der polytechnischen Schule, während die Klassen der **niedern Feiertagsschule** in verschiedenen Schulhäusern der Werktagsschule vertheilt sind.

A. Handwerks - Feiertagsschule.

Der **Religions=Unterricht** wird in angemessener Weise in eigenem Saale ertheilt.

Die verschiedenen Unterrichts=Gegenstände der **Real**= und **technischen Schulen** machen die höheren Wissenschaften, die für die Gewerbe so wichtigen Entdeckungen neuerer Zeit, die Forschungen ihrer Lehrer dem gewerbtreibenden Bürger zugänglich, und wirken daher mächtig auf Hebung der Gewerbe.

Die Vorträge geschehen stundenweise und der Besuch und die Wahl der Gegenstände ist den Zuhörern freigestellt. Nicht bloß Gesellen und Lehrjungen, welche bereits höhere Unterrichts-Anstalten besucht haben, sondern selbst Meister nehmen an einzelnen Fächern Antheil und erholen sich Rathes bei den Lehrern.

Die einzelnen Fächer sind:

1) Höhere Arithmetik und

2) Geometrie mit beständiger Rücksicht und Anwendung auf das Gewerbe- und Maschinenwesen.

3) Naturgeschichte

4) Technologie und Waarenkunde, berücksichtigen vorzüglich Alles, was fördernd auf Industrie und Gewerbe einwirken kann, wozu die reichhaltigen Naturalien-, Modell- und Waaren-Sammlungen möglichst benützt wurden.

5) Die Vorträge der Physik wurden unter steter Hinweisung auf die Erscheinungen und Einwirkungen für das Gewerbewesen gegeben und durch Experimente erläutert. Für dieselben wurden seit 1831 die geeigneten, im physikalischen Kabinete aufbewahrten Apparate beigeschafft.

6) Ebenso werden die Vorträge der technischen Chemie, in leichtfaßlicher Sprache gegeben, nichts unberührt gelassen, was Einfluß auf das Gewerbsleben üben, und die neuern Erscheinungen in diesem weiten Gebiete in Anwendung bringen kann.

7) In der praktischen Mechanik, deren Werkstätte mit allen Apparaten reichlich versehen ist, werden Modelle, physikalische, optische und mathematische Instrumente, sowohl zur Ergänzung und Bereicherung des Kabinetes der Feiertagsschule, als auch auf Bestellung verfertigt.

Neben dem feiertäglichen Unterrichte erhalten auch an Werktagen Schüler Unterricht.

8) Die Bossirschule liefert nach Zeichnungen und Modellen Büsten, Kapitäler, Ornamente, Basreliefs u. dgl. vortrefflicher Art.

9) **Descriptive Geometrie** mit **Schatten-Kon-struktion**, und

10) **Maschinenkunde und Maschinenzeichnung.** In dieser wird die Lehre und Darstellung der Schrauben, Verzahnungen, Fortpflanzung der Bewegungen, die Elemente der hydraulischen und Dampfmaschinen, Ventilen, Kolben 2c. nach Modellen und Zeichnungen behandelt und nachgebildet.

11) Die **Zeichnungsschule** ist seit 1837/38 in fünf übergeordnete Klassen getheilt, und jede Klasse zerfällt in einen vor- und nachmittägigen Kurs.

In der ersten Klasse wird mit freier Hand- und Ornamentenzeichnung begonnen, in der zweiten und dritten Klasse von den Stufen der Ornamentenzeichnung zur höheren Ornamentenzeichnung geschritten, wobei in Unterricht und Vorlagen die Gewerbe berücksichtigt, und die vierte und fünfte Klasse zur geometrischen Linear- und Architekturzeichnung übergeht.

Hievon waren die dritte und vierte Klasse in dem Lokale der Gewerbschule im Damenstiftsgebäude untergebracht, während die übrigen Klassen im Kreuzschulgebäude sich befanden. *)

B. Deutsche Sonn- und Feiertagsschule.

a) Gesellenschule.

In derselben erhalten mit Berücksichtigung der Vorkenntnisse in vier einander übergeordneten Klassen Gesellen und an Alter oder Kenntnissen vorgerückte Lehrjungen Unterricht, welche noch andere Fächer der Handwerks-Feiertagsschule, an der sie auch den Religions-Unterricht erhalten, besuchen.

---

*) Schon im Schuljahre 1838/39 mußte die erste Klasse wegen Ueberfüllung in zwei koordinirte Klassen getrennt, einem eigenen Lehrer übergeben, und da die Räume der Kreuzschule und des Damenstifts-gebäudes bereits angefüllt waren, dieselbe in das Lokal der Schönfeldschule verlegt werden.

Alle übrigen Lehrjungen und Schulpflichtigen werden nach ihren Kenntnissen der niedern oder höhern Feiertags= schule zugewiesen.

b) Höhere Feiertagsschule.

Dieselbe, als ein integrirender Theil der Handwerks= Feiertagsschule im Lokale der Kreuzschule, enthält drei Klassen (sechste, fünfte, vierte), jede mit einem vor= und nachmittä= gigen Kurse.

Sie nimmt die mit der ersten Fortgangsklasse aus dem dritten Kurse der Werktagsschule kommenden und aus der dritten Klasse der Feiertagsschule vorrückenden, sowie die aus andern Unterrichts=Anstalten eintretenden Schüler auf, und ertheilt ihnen durch alle Klassen gesteigerten Unterricht. Den Religions=Unterricht erhielt die höhere Feiertagsschule in der St. Anna=Damenstifts= und in der Kreuzkirche.

c) Niedere Feiertagsschule.

Ihre Aufgabe ist Ergänzung des Werktags=Schulunter= richtes und praktische Anwendung desselben, diese niedere Feiertagsschule ist ebenfalls in drei Klassen (dritte, zweite, erste), und jede Klasse in so viele Abtheilungen getheilt, als die Zahl der ihr zukommenden Schüler fordert.*)

Die neu eintretenden Schüler werden nach ihren Vor= kenntnissen ausgeschieden und in die geeigneten Klassen ein= gewiesen, wobei ihnen ohne Unterschied der Besuch der Zeich= nungsschulen gestattet ist.

Den Religionsunterricht erhielten dieselben in den Schulen.

Durch die ganze Feiertagsschule steigert sich der Unter=

---

*) Im Schuljahre 1842|43 bestanden neun Abtheilungen derselben, und zudem noch an der protestantischen Schule ein eigener Kurs und in der Vorstadt Au die drei niedern Klassen.

Den Elementar=Unterricht obiger neun Abtheilungen besorgten neun Lehrer und den Religions=Unterricht sieben Katecheten.

richt nach den Klassen. Während die erste die Verwahr=
losesten noch in den Grund = Elementen unterweiset, schrei=
ten die obern Klassen zu allen Arten von Geschäfts=Aufsätzen,
Geographie mit Produktenkunde, Geschichte, Technologie, höhere
Arithmethik in ihrer praktischen Anwendung 2c. vor, so daß
jeder aus andern Anstalten kommende Jüngling sie noch mit
Vortheil besuchen kann.

Lehrpersonal der Handwerks = und höhern männ=
lichen Feiertagsschule.

Nebst einem Inspektor der Anstalt*) bestand dasselbe im
Jahre 1842/43 aus:

4 Lehrern der höhern wissenschaftlichen Fächer,
1 Lehrer für darstellende Geometrie, Maschinenkunde
und Maschinenzeichnung,
1 Lehrer der praktischen Mechanik,
1 Lehrer der Bossirschule,
6 Zeichnungslehrern und
6 Elementarlehrern.

Den Religionsunterricht für die Gesellen und reifere
Lehrjungen übernahm seit 1842 der Inspektor der Anstalt
Friedrich Koch, und der Religionsunterricht für die Lehrjungen
der höheren Feiertagsschule bei St. Anna von 8 — 9 und auf
dem Kreuze von 1—2 Uhr wurde von einem Katecheten besorgt.

Der Schulbesuch während dieser fünften Dekade ist aus
folgendem Schüler=Verzeichnisse entnehmbar.

----

*) Dr. Joseph Anton Fischer, nach dem Tode Weichselbaumer's
Inspektor der Feiertagsschule, erhielt einen Ruf zum Professor der Theo=
logie in Luzern, wodurch am Schlusse des Schuljahres 1834/35 diese In=
spektion dem Professor der Physik und Mathematik Anton Maver über=
tragen, dann im Jahre 1841, wo derselbe die Beförderung zum Pfarrer
in Haunshofen erhielt, der Präses am Bürgersaale Friedrich Koch hiezu
ernannt wurde.

93

Schuljahr	Elementar-Unterricht: Feiertagsschule der niedern	Elementar-Unterricht: höhern Feiertagsschule, der Gesellen- und	Zeichnungs-Unterricht, a bei Handwerks-Feiertagsschule, b in der Vortrage Vu. (a/b)	Böttcher	Praktische Mechanik Werktäglich	Praktische Mechanik Feiertäglich	Descriptive Geometrie, Maschinenkunde und Maschinenzeichnen	Höhere Arithmetik und Geometrie	Technische Chemie	Physik	Naturgeschichte, Technologie und Waarenkunde	Religionslehre für Gesellen und reifere Erziehungen
1833/34	1010	828	557 / 48	38	11	32	25	13	50	92	30	251
1834/35	1181	903	589 / 38	42	16	34	41	35	136	111	60	260
1835/36	1157	942	789 / 42	47	16	41	60	79	141	128	60	332
1836/37	1116	943	639 / 33	51	17	46	60	36	164	134	24	381
1837/38	1203	949	846 / 31	49	17	43	56	104	112	125	75	408
1838/39	1251	865	1134 / 48	43	14	42	67	83	151	146	98	349
1839/40	1225	858	1029 / 74	50	16	45	75	68	196	162	102	397
1840/41	1229	917	1046 / 60	52	14	46	74	40	188	170	89	320
1841/42	1265	834	1051 / 40	72	17	52	66	60	179	107	60	384
1842/43	1426	810	961 / 55	62	18	53	63	70	247	102	70	327

Diese Feiertagsschule feiert mit dem Schlußjahre dieser Dekade zugleich ihr fünfzigstes Lebensjahr — gewiß ein wichtiger Zeitabschnitt für eine Anstalt, welche in höchster Dürftigkeit geboren, durch die väterliche Sorgfalt eines einzigen Biedermannes in ihren Kinderjahren liebevoll gepflegt, im Kampfe mit einer vielbewegten Zeit herangezogen und endlich unter dem Schutze der Regierung durch die Wohlthaten edler Menschenfreunde und durch die gewiß bedeutende Hilfe der Stadtgemeinde auf gegenwärtige fruchttragende Lebensstufe gestellt wurde, wo sie vom rein pädagogischen Standpunkte aus betrachtet, in steter Wechselwirkung mit dem untern Elementar-Unterrichte, zeitgemäße innere Emporstrebungen allenthalben nachweiset, und alle auftauchenden Bedürfnisse nach Kräften, den wachsenden Anforderungen entsprechend, befriedigte, und so, nach einem Zeitraume von fünfzig Jahren, nach allen Veränderungen, die um sie und in ihr vorgingen, noch würdevoll und fruchtbringend in der alten Tüchtigkeit dasteht und sich der allgemeinen Theilnahme würdig erhält.

Zur würdigen Feier des fünfzigjährigen Bestehens der männlichen Handwerks-Feiertagsschule in München hat der Magistrat für den durch die Preise-Wahlkommission als fleißigsten, geschicktesten und sittlichsten Schüler ohne Unterschied der Klassen einen Jubiläums-Preis von 150 fl. festgesetzt, und so den Jubeltag der Preisevertheilung den Schülern als einen besondern Tag der Freude denkwürdig gemacht.*)

---

*) Denselben erhielt Ignaz Lallinger, Bauerssohn von Kleßheim, k. Landgerichts Starnberg, 24 Jahre alt, Steinmetz-Geselle bei Sickinger in München, dermalen Steinmetz-Meister daselbst.

Er besuchte diese Schule seit 8 Jahren in verschiedenen Gegenständen, erhielt schon im Jahre 1837 den ersten Preis aus der Ornamentenzeichnung, im Jahre 1839 den ersten Religions-Hauptpreis und den Dr. Vorherr'schen Architektur-Hauptpreis, und während der letzten drei Jahre errang er jedesmal als der Erste in dem Zeichnungs- und Bossir-Unterrichte Preisdiplome.

Gestaltung der männlichen Feiertagsschule seit dem Jahre 1843 bis 1853.

Dieselbe hat während dieses Decenniums in ihrer innern Organisation seit dem Jahre 1845 eine wesentliche Veränderung erlitten.

Nachdem schon im Jahre 1826 wegen der zweckwidrigen Ueberfüllung der männlichen wie auch der weiblichen Feiertagsschule die k. Regierung sich veranlaßt sah, zu verfügen, daß dieselben in zwei große Hauptabtheilungen — in höhere und niedere Feiertagsschulen — getrennt werden, in deren letzteren als Elementar-Feiertagsschulen die Schüler und Schülerinnen ihre versäumte elementarische Bildung nachholen, und erst nach Vollendung derselben die Aufnahme in die höhere Feiertagsschule erhalten sollen, so rief die reifliche Erwägung, daß bei steigender Bevölkerung und einer Anzahl von mehr als 3500 feiertagsschulpflichtigen Knaben und Mädchen die Errichtung von neun Klassen dem Zwecke der Feiertagsschulen als eigentlichen Fortbildungsanstalten nicht mehr förderlich sein könne, am Anfange des Schuljahres 1845 die Anordnung hervor, daß in Folge der geschehenen Organisation der hiesigen Stadtpfarreien und Abänderung der Schulbezirke nach Pfarr-Sprengeln die bisherige niedere Feiertagsschule in Pfarr-Feiertagsschulen umgewandelt, und die frühere höhere Feiertagsschule in eine männliche und weibliche Central=Feiertagsschule abgetheilt werde.

Durch diese Umgestaltung der bisherigen höhern und niedern Feiertagsschulen in Central= und Pfarrfeiertagsschulen, ward theils eine bessere Ueberwachung über den wirklichen und regelmäßigen Feiertagsschulbesuch ermöglicht, theils ward auch durch die Eintheilung der Schulbezirke nach Pfarr=Sprengeln eine zweckmäßigere Vertheilung der Feiertagsschüler und Schülerinnen in der Art herbeigeführt, daß die in den betreffenden Pfarrsprengeln sich befindenden feiertagsschulpflichtigen Knaben und Mädchen an die Pfarrfeiertagsschule überwiesen und hieburch dieselben einer sorgfältigeren Leitung der betreffenden Pfarrämter überlassen werden konnten.

Zugleich ward aber auch durch diese Anordnung eine bessere Ueberwachung in Hinsicht auf Unterricht und Disciplin erzielt, und durch die Verlegung der Pfarrfeiertagsschulen auf die Nachmittagsstunden, die Jugend durch den Schulunterricht nun nicht mehr an der Beiwohnung des pfarrlichen Gottesdienstes gehindert.

Die männliche Feiertagsschule besteht sonach seit 1845:

1) Aus der Handwerks=Feiertagsschule,
2) aus der Central=Feiertagsschule und
3) aus den Pfarr=Feiertagsschulen.

I. Handwerks=Feiertagsschule.

Dieselbe bestand in derselben Organisation 'fort, wie sie in der fünften Dekade bereits ausführlich dargelegt wurde; nur haben ihre Unterrichtszweige, nämlich der Real= und technischen Schulen, seit der abgewichenen Dekade an Bedeutsamkeit in dem Grade zugenommen, als die Anforderungen an die Gewerbe sich gesteigert haben, indem gerade diese dem gewerbtreibenden Bürger zugänglich gemacht. höhern Wissenschaften, Entdeckungen und Forschungen praktisch dar=

gelegt, einen mächtigen Einfluß auf Hebung der Gewerbe äußern.

Eine nähere Bezeichnung der einzelnen Lehrfächer dieser Handwerksfeiertagsschule ist wohl überflüßig, da dieselben in der vorigen Dekade schon angeführt und bisher unverändert beibehalten blieben, und nur in einem, mit den Fortschritten der Industrie und Gewerbe gleich haltenden Schritte ertheilt wurden.

Nur in Betreff der Naturgeschichte, Technologie und Waarenkunde, bleibt zu bemerken, daß seit dem Schuljahre 1852/53 dieser Unterricht, durch die Pensionirung des Lehrers dieser Fächer, nicht mehr gegeben wurde.

Was ferners die praktische Mechanikschule betrifft, so wurde diese seit dem Jahre 1849 einer nothwendig gewordenen Reorganisation unterstellt, und die technische Leitung derselben dem Prof. der polytechnischen Schule Seb. Hainbl übertragen, nachdem Münzwardein Hainbl, der dieselbe seit 1841 unentgeltlich besorgte, sie wegen Geschäftsüberhäufung niederlegte.

Hiebei wurden die Werkstatts-Lokalitäten einer vollständigen baulichen Erneuerung unterworfen, mit bedeutenden Kosten zweckmäßig eingerichtet, und zugleich eine derselben in einen trefflich eingerichteten Hör= und Zeichnungssaal umgewandelt, wodurch nun auch der feiertägliche und werktägliche praktische Unterricht durch theoretische Begründung gehoben werden konnte.

In gleicher Weise erhielt auch die Bossirschule, deren Schülerzahl sich immer mehr vergrößerte, seit dem Jahre 1851 eine nachhaltige Vergrößerung ihres Unterrichtslokales.

Die Zeichnungsschule, deren höchst wohlthätiger Einfluß unbestritten anerkannt ist, nimmt die Schüler sämmtlicher Pfarrfeiertagsschulen, und der Central=Handwerks=Feiertagsschule auf. Von Dekade zu Dekade mehrte sich die Zahl der Zeichnungsschüler so, daß auch eine Vermehrung der Zeichnungszimmer sich als bringendes Bedürfniß zeigte.

Weishaupt, Feiertagsschule. 7

II. Central-Feiertagsschule.

Dieselbe zerfällt

    a) in die **Gesellenschule** und

    b) in die **höhere Feiertagsschule.**

Die erstere, die **Gesellenschule** besteht als Elementarschule aus 4 übergeordneten Klassen, in welchen jene Gesellen und reifere Lehrjungen in den Elementargegenständen Unterricht erhalten, welche nebst dem Religionsunterrichte auch noch andere Fächer der Handwerksfeiertagsschule besuchen.

Sie nimmt auch der Feiertagsschulpflicht bereits entwachsene Gesellen namentlich in die unterste Klasse auf, denen es noch an der festen Grundlage des elementarischen Wissens fehlt.

Die **höhere Feiertagsschule** (gewöhnlich Central-Feiertagsschule genannt) in welche die aus der Latein- und Gewerbschule, sowie aus dem IV. Kurse der Werktagsschule tretenden unbedingt; die aus den III Kursen und den III. Klassen der Pfarrfeiertagsschulen kommenden nur, wenn sie die erste Fortgangs-Klasse nachweisen und Ueberweisungsscheine beibringen, Aufnahme finden, enthält drei Klassen, jede mit einem vor- und nachmittägigen Kurse, deren Unterricht bei den vormittägigen die heilige Messe und Christenlehre von 8—9, bei den nachmittägigen die Catechese von 1—2 Uhr vorangehen.

Sämmtliche katholische Schüler sind Mitglieder der in der Damenstiftskirche bestehenden Congregation der Meistersöhne und Lehrjungen.

Auch werden zur Förderung der religiösen Heranbildung aus den Mitteln der erwähnten Congregation Sittenpreise an den würdigsten Schüler jeder Klasse ertheilt.

III. Pfarr-Feiertagsschulen.

Bereits gestalteten sich 1 protestantische und 7 katholische Pfarrfeiertagsschulen, welche die aus der Werktagsschule tretenden und die für die Central-Schule noch nicht befähigten Schüler größtentheils vom Lande kommend zu einem demselben entsprechenden Unterrichte aufnehmen, und je nach den Bedürfnissen eine I., II. und III. Klasse hiefür eröffneten. *)

Die Lehrer an der Handwerks- und Centralfeiertags-Schule sind ständig; die Pfarrfeiertagsschulen werden von den Lehrern der Werktagsschulen nach einem allgemeinen Turnus versehen.

Das Lehrpersonal der Handwerks- und Centralfeiertags-schule bestand im Schuljahre 1852/53 nebst dem Inspector der Anstalt aus:

1 Religionslehrer der Handwerks- und Gesellen-Feiertagsschule und 2 Katecheten für die Centralschule,

3 Lehrer, nämlich für Geometrie, Physik und Chemie,

1 Lehrer für descriptive Geometrie, (Maschinenkunde und Maschinenzeichnen, zugleich auch technischer Vorstand der praktischen Mechanikschule),

1 Lehrer der praktischen Mechanik,

1 Lehrer der Bossirschule,

6 Zeichnungslehrer und

6 Elementarlehrer.

Die bestehenden acht männlichen Pfarr-Feiertagsschulen wurden von 18 Lehrern und 11 Katecheten der Werktags-schulen besorgt und standen unter 8 Inspektoren.

Der Besuch an der Handwerks- und Central-Feiertags-schule, sowie der der männlichen Pfarrfeiertagsschulen während dieser sechsten Dekade ist aus nachfolgendem Schülerverzeichnisse ersichtlich.

---

*) Im Laufe des zweiten Semesters des Schuljahres 1844/45 ward eine Feiertagsschule für Handlungslehrlinge in 2 Kursen im Schulhause der Frühlingsstraße eröffnet, im Jahre 1848 aber wieder aufgehoben.

7 *

Schul-Jahr	Elementar-Unterricht: der männlichen Schüler (Feiertagsschulen)	b Centralfeiertagsschule und a Gelehrten- a	b	Zeichnungsunterricht: a in der Handwerks- b in der Vorstadt Feiertagsschule a	b	Bürgerschule	Praktische Mechanik: vierteljägl.	vierteljägl.	Deskriptive Geometrie Maschinenkunde und Maschinenzeichnen	höhere Arithmetik und Geometrie	Technologische Chemie	Physik	Naturgeschichte, Technologie und Waarenfunde	Religionslehrer für Wert- fellen und reifere Lehrjungen
1843	44	1435	376	461	925	60	93	19	58	145	85	234	86	70	365
1844	45	1552	373	373	997	86	73	21	32	157	41	239	73	70	333
1845	46	1685	404	326	965	89	70	23	72	139	80	244	74	60	337
1846	47	1635	373	328	972	80	87	20	68	121	120	252	68	50	345
1847	48	1372	406	341	891	88	88	20	70	112	112	172	92	46	316
1848	49	1456	338	420	835	63	51	20	41	150	50	205	50	60	335
1849	50	1364	355	415	811	64	72	21	26	95	15	172	37	15	332
1850	51	1493	346	456	815	64	65	29	56	221	50	184	43	50	304
1851	52	1649	374	479	924	66	76	24	82	349	68	260	99	36	360
1852	53	1675	373	509	992	99	77	32	57	387	45	237	110		373

Bestand der männlichen Feiertagsschule vom Jahre 1853 bis 1863.

———

In dieser siebenten Dekade behielten die männlichen Feiertagsschulen dieselbe Eintheilung bei, welche sie bereits im Jahre 1845 erhalten hatten; nur in Betreff der Feiertags= schulpflicht, welche seit 1804 auf das zurückgelegte 18. Lebens= jahr festgesetzt war, während das Alter der Werktagsschul= pflicht mit dem 12 Jahre endete, wurde durch Regierungs= Entschluß vom 9. July 1856 verfügt, „daß die Entlas= sung aus der Werktagsschule nach dem zurückge= legten 13 Lebensjahre stattfinden soll, dagegen aber die Feiertagsschule von den Schulpflichti= gen beiderlei Geschlechts bis zum vollendeten 16. Lebensjahr zu besuchen sei.“

Durch Verlängerung der Werktagsschulpflicht um Ein Jahr, in welchem bei reifendem Geiste die Kenntnisse erwei= tert und befestigt werden sollen, ist in intelektueller Hinsicht gegenüber der Abkürzung der Feiertagsschuljahre ein gewinn= reicher Ersatz gegeben, während die aus der Werktagsschule entlassene Jugend in der Periode des Uebertrittes in das Le= ben noch Ueberwachung und Leitung in den Sonn= und Feiertagsschulen finden soll, damit einerseits bei dem jugend= lichen Leichtsinne das Erlernte nicht verflüchtige, sondern be= festigt, erweitert und für das bürgerliche Leben allmählig in Anwendung gebracht werde; andererseits aber die religiösen

Grundsätze gefördert werden, und zur Erstarkung und Aus=
übung gelangen. *)

Die Pfarrfeiertagsschulen

haben durch die im Okt. 1854 geschehene Vereinigung der
Gemeinden Haidhausen und Giesing mit der Haupt= und Re=
sidenzstadt eine Vermehrung erhalten, so daß gegenwärtig 1
protestantische und 6 katholische Stadtpfarr= und 3 Vorstadt=
pfarrfeiertagsschulen bestehen.

Im Uebrigen blieb die Klasseneintheilung dieser Schulen,
sowie auch die der Gesellen= und Centralfeiertags=
Schule unverändert dieselbe, wie in der vorhergehenden
Dekade.

Die Handwerks=Feiertagsschule

hat ihre Lehrfächer vermehrt, nämlich in Anbetracht der Wich=
tigkeit und Zweckdienlichkeit des Unterrichtes im Eiseliren
und in getriebenen Arbeiten für einzelne Gewerbe
ward im Jahre 1855 ein eigener Lehrkurs hiefür durch den
Modelleur Andreas Fortner eröffnet; auch wurde seit
1355/56 statt der bis zum Jahre 1853 ertheilten Vorträge
über Naturgeschichte, Technologie und Waarenkunde, die
Handwerks=Materialienkunde durch Prof. Held
vorgetragen; und die Religions= und Moralvorträge
welche bereits von gegen 400 Schülern besucht waren, muß=
ten 1857, wegen Mangel eines hiezu geeigneten Lokales in
2 Abtheilungen von 2 Religionslehrern ertheilt werden.

Die fünf Zeichnungsklassen welche für sämmt=
liche Schüler der Handwerks=, Gesellen= und Central=Feier=
tagsschule, sowie auch für alle Pfarr=Feiertagsschüler geöffnet

---

*) Manche auswärtigen Regierungen führten diese Anordnungen im
Interesse des Volkswohles erst in neuerer Zeit ein.

sind, *) waren bald so überfüllt, daß 1865/56 eine Abtheil=
ung der II. Klasse, dann 1856/57 eine Abtheilung der III.
und 1857/58 eine Abtheilung der IV. Klasse nothwendig ge=
worden, und im Schuljahre 1861/62 wo 1350 Schüler diese
Zeichnungsklassen besuchten, eine weitere Abtheilung der I.
Klasse erfolgte, so daß nun 9 Lehrer den Zeichnungsunter=
richt in 9 Lehrzimmern ertheilen, welche sich jedoch in drei
verschiedenen Gebäuden befinden. **)

Bei dieser Ausdehnung des Zeichnungsunterrichts wurde
nun auch eine Vermehrung der Lehrmittel nothwendig, weß=
halb der Magistrat der keine Kosten scheut, um alle Anfor=
derungen der Zeit an die bürgerlichen Gewerbe zu fördern,
seit 1857 die zur Anschaffung von Zeichnungsvorlagen bis=
her jährlich gereichte Aversalsumme von 50 fl. auf das dop=
pelte erhöhte, so wie er auch das städtische Bau=Bureau er=
mächtigte, dem Inspektor der Handwerks=Feiertagsschule De=
tailpläne einiger ausgeführten Gemeinde= und Stiftungsbau=
ten behufs der Copirung und Benützung als Vorlagen für
den Zeichnungsunterricht mitzutheilen.

Um nun aber noch mehr den Gesammt=Zeichnungsun=
terricht zu heben und durch zeitgemäße neue Vorlagen zu ver=
vollständigen, ward auch durch die unabläßige Bemühung des
Inspektor geistl. Rath Koch, und durch die thätige Verwen=
dung des magistratischen Verwaltungsrath Alois Deigel=
mair, auf deren gestellten Antrag vom Stadtmagistrate die
im Jahre 1804 unter der Leitung des um die Ausbildung
und Verbreitung der Lithographie so verdienstvollen Professor
Herrmann Mitterer entstandene lithographische Kunst=

*) Anstatt des Lehrer Georg Reis, der seit 1832 bis 1854 den
Zeichnungsunterricht in der Vorstadt Au gegeben, übernahm seit 1855
Kaspar Mayenberg denselben, welcher bereits auch seit 1854 in Haid=
hausen den Zeichnungsunterricht ertheilt.

**) Da die Räumlichkeiten des Handwerks=Feiertagsschulgebäudes am
Kreuz, so wie der k. Gewerbschule die Aufnahme dieser neuerrichteten
Zeichnungsklassen nicht gestatteten, so wurden 1856 im Schulhause an
der Glockenstraße 2 Zimmer zu diesem Behufe eingerichtet.

anstalt an der männlichen Feiertagsschule in München, die nach dem Tode Mitterers († 25. April 1829) bis 1858 von dessen Schüler und Erben Lorenz Schöpf fortgeführt wurde, käuflich erworben, wo nun dieselbe sonach wieder einen integrirenden Theil der Handwerksfeiertagsschule seit 1. Oktober 1858 bildet.

Durch die Erwerbung und Einverleibung dieser im In- und Auslande rühmlichst bekannten Kunstanstalt ist nicht bloß eine zahlreichere Vermehrung von Zeichnungsvorlagen ermöglicht, sondern es wird durch Herausgabe neuer die speziellen Gewerbe berücksichtigenden Vorlagen den gesteigerten Anforderungen auf dem Gebiete des technischen Zeichnens und dem verbesserten Geschmacke entsprochen werden können.

Die technisch-artistische Leitung und Geschäftsführung dieser lithografischen Anstalt ward dem Zeichnungslehrer Heinrich Weishaupt übertragen, und demselben der Zeichnungslehrer Jos. Sedlmair als Buchhalter und Gehilfe beigegeben.

Betreff der Leistungen und Thätigkeit dieser lithographischen Anstalt, während dieser Zeitperiode muß auf die beigefügte „Geschichte der lithographischen Kunst-Anstalt bei der Handwerks-Feiertags-Schule in München", hingewiesen werden.

Haben schon die Ausstellungen der Zeichnungsklassen sowie die der praktischen Mechanik-, Bossir- und Ciselirschule, welche in den treffenden Preisejahren im Kreuzschulgebäude während des Monats August stattfanden, hinlängliche Belege von den tüchtigen Leistungen der praktischen Mechanik-, Bossir- und Ciselirschule geliefert, und die Zeichnungen eine systematische Unterrichtsmethode und gehörige Berücksichtigung der speziellen Gewerbe dargelegt, so war dieß vorzugsweise bei der im Jahre 1857, ausnahmsweise im südlichen Pavillon der Schrannenhalle eröffneten Ausstellung, ersichtlich.

Im Jahre 1863 unterblieb die Ausstellung im Schulgebäude, indem sich die Zeichnungsklassen, praktische Mechanik-,

Bossir- und Eisellrschule dieser feiertäglichen Lehranstalt, an der allgemeinen Ausstellung aller technischen Schulen Bayerns betheiligten, welche im Auftrag des k. Ministeriums im Sept. 1863 im hiesigen Glaspalaste eröffnet wurde.

Wie sehr diese, im Inlande leider zu wenig gekannte und gewürdigte Anstalt, sich ihrer inneren praktischen Einrichtung wegen auch in neuerer Zeit, der Anerkennung im Auslande erfreue, dürfte als Beleg dienen, daß 1855 der Centralvorstand des Gewerbevereines für das Herzogthum Nassau sich an den Inspektor der Handwerks-Feiertagsschule um Mittheilung des Verzeichnisses der Zeichnungsvorlagen gewendet hat, auf daß die dortige Gewerbschule mit guten, für einzelne Handwerke speziell bestimmten Werken ausgestattet werde.

Auch wendete sich, wie frührer (1855) die k. Gewerbschule zu Landshut und Augsburg, im Jahre 1856, der Gewerbe-Verein für das Herzogthum Nassau an die k. Inspection der Handwerksfeiertagsschule mit der Bitte, ihm einige in der Bossirschule gefertigte Gypsornamente behufs des Unterrichtes zu überlassen.

Daß diese Schülerarbeiten den längst bewährten ehrenvollen Ruf dieser Bossirschule bestätigten, mag aus nachfolgender Zuschrift erhellen. *)

---

*)   Der Central-Vorstand
des Gewerbe-Vereines für das Herzogthum Nassau
an den k. Inspektor der Handwerks-Feiertagsschule
Herrn Prof. Koch in München.

Indem wir Ihnen den Empfang der Gypsornamente, deren Auswahl und Ausführung uns sehr befriedigt hat, anzeigen, beehren wir uns, Ihnen für die unserer Gesellschaft unentgeltlich überlassenen Exemplare verbindlichst zu danken.

Gleichzeitig benützen wir diesen Anlaß, Ihnen zum Zeichen unserer dankbaren Anerkennung der unserer Gesellschaft geleisteten Dienste das Diplom als correspondirendes Mitglied derselben zu übersenden, mit der ergebensten Bitte uns auch ferner mit Ihrem Beirath freundlichst unterstützen zu wollen.   Mit vorzüglicher Hochachtung
Wiesbaden, den 9. Juni 1856.
Der Direktor: Ler.   Der Sekretär: Dr. Medicus.

Bei der im Oktober 1856 vom Generalcomite des land=
wirthschaftlichen Vereines veranstalteten Ausstellung land=
wirthschaftlicher Maschinen und Geräthe im Industrie=Aus=
stellungs = Glaspalaste war die **praktisch=mechanische
Schule** durch Einsendung mehrerer in selber verfertigten
Modelle und Werkzeuge vertreten, und es wurde deren Leist=
ung durch Ertheilung nachstehenden Ehrendiploms gewürdigt.*)

In gleicher Weise wurden auch die vorzüglichen Leistun=
gen der **Bossirschule,** sowie die trefflichen **Ciselirar=
beiten** bei der aus Anlaß des 700jährigen Jubiläums ver=
anstalteten Industrieausstellung im Glaspalaste allseitig und
namentlich durch untenstehende, der Handwerks=Feiertagsschule
zugestellte Urkunde gewürdigt. **)

Im Schuljahre 1859/60 trat ein Wechsel in Bezug auf
die Stelle eines Inspektor der Anstalt ein.

Durch k. Regierungs=Entschließung vom 7. Dezember
1859 wurde nemlich der seit 18 Jahren thätige Inspektor,
geistl. Rath **Koch** gemäß seines wiederholt gestellten Ansu=
chens, „der Inspektion über die Handwerks=, männliche Cen=

---

*) Der landwirthschaftliche Verein für das Königreich
Bayern beurkundet in Folge preisgerichtlichen Ausspruches durch gegenwär=
tiges **Ehren = Diplom**
der Schule der praktischen Mechanik an der Handwerks=Feier=
tagsschule dahier, resp. dem k. Professor Herrn Hainbl, für dessen ver=
dienstliche Leistungen in Garten=, Land= und Forstwissenschaftlichen Ge=
räthen die „Preiszuerkennung am Central=Landwirthschafts=
Feste mit einer großen silbernen Vereins=Denkmünze.“
Das Generalkomite des Vereines. (L. S.) Der Vorstand: Beisler.
Der erste Secr.: Dr. Fraas. Der zweite Secr.: b'Herigoyen.
München, 1856.

**) Der Magistrat der k. Reichs=Haupt= und Residenz=
Stadt München widmet zur Erinnerung an die aus Anlaß des
700jährigen Jubiläums der Stadt München veranstaltete Ausstellung von
Erzeugnissen der Industrie unserer Stadt und in ehrender Anerkennung
des Fortschrittes auf diesem Gebiete sämmtlichen Ausstellern eine Denk=
münze von Bronce, und fertigt der
Verehrlichen Handwerks=Feiertagsschule
über die Zustellung einer solchen gegenwärtige Urkunde aus.
Den 18. Oktober 1858. Der I. Bürgermeister: v. Steinsdorf.

tral= und Gesellen=Feiertagsschule enthoben," und zu dessen Nachfolger im Amte der Inspektor der männlichen St. Peterspfarrschulen und Benefiziat an der St. Peterspfarrkirche, Joh. Nep. Holg ernannt, welcher am 29. Jänner 1860 in seine Dienstesfunktion eingeführt ward.

Während dieser siebenten Dekade hat die Handwerks= Feiertagsschule auch den Verlust von drei ihrer vorzüglichsten Lehrer zu beklagen.

Am 24. Sept. 1854 ward der Bossirschule durch den Tod, Xaver Schwanthaler entrissen, an dessen Stelle nun seit 1855 der Bildhauer Johann Weiler trat, und am 14. März 1862, verlor die Eisellrschule ihren tüchtigen Lehrer Andr. Fortner, dessen Stelle nun Jos. Heiben übernommen.

Den 15. Jänner 1863 starb Seb. Haindl, Professor an der polytechnischen Schule im 61. Lebensjahre und 23. seines ungemein thätigen Wirkens an der Handwerksfeiertags= schule. — Prof. Haindl, der seit 1830 an derselben die descriptive Geometrie, Schattenconstruction und Perspective so wie auch Maschinenkunde und Maschinenzeichnen lehrte, und im Jahre 1849 zugleich die technische Leitung der praktischen Mechanikschule übernahm, hatte während seiner vieljährigen Lehrthätigkeit nahe an 10,000 Schülern sowohl in den wissenschaftlich technischen und graphischen Unterrichtsgegenständen, als auch in der praktischen Mechanik herangebildet. Außer dem Unterrichte hatte sich der unermüdliche Mann in allen seinen Freistunden dem Geschäfte eines Civilingenieurs und vielen praktisch=mechanischen Arbeiten gewidmet, und es wurden viele und die verschiedenartigsten Maschinen im Kleinen und Großen, theils eigenhändig, theils unter seiner Leitung von ihm ausgeführt. Auch war er Verfasser mehrerer technischer Werke*) die sowohl hier als auch in Anstalten des Auslandes als sehr geeignete Lehrbücher gebraucht werden.

---

*) Eines der vorzüglichsten und größten seiner Werke ist: „Die Maschinenkunde und das Maschinenzeichnen 45 Bg. Text und 52 Tafeln. München in der Cotta'schen literarisch=artistischen Anstalt 1843." Eine zweite Auflage hievon, verbessert und theilweise neu bearbeitet mit vermehrten Tafeln und Text erschien 1852.

Die Zahl der Schüler, welche während der VII. Dekade ver-

Schul-Jahr.	Kath. Moralvorträge für Gesellen und reifere Lehrjungen.	Real- und technische				a. beschriptive Geometrie. b. Maschinenkunde. c. Maschinenzeichnen.	
		Arithmetik und Geometrie.	Gewerbs-Materialien-Kunde.	Physik.	Technologische Chemie.		
1853/54	377	40	—	112	207	a	202
						b	196
						c	83
1854/55	308	39	—	96	237	a	155
						b	147
						c	98
1855/56	405	50	78	88	246	a	181
						b	180
						c	121
1856/57	391	65	44	92	114	a	155
						b	166
						c	111
1857/58	382	50	96	96	149	a	126
						b	125
						c	113
1858/59	332	91	30	59	108	a	94
						b	92
						c	58
1859/60	489	76	40	72	141	a	112
						b	104
						c	67
1860/61	360	214	109	101	188	a	88
						b	103
						c	63
1861/62	477	215	58	86	174	a	94
						b	105
						c	82
1862/63	386	91	34	60	112	a	75
						b	84
						c	87

die männliche Feiertagsschule besuchten, findet sich anliegend zeichnet.

Gegenstände.						Elementarunterricht.		
Praktische Mechanik		Bossiren.	Ciseliren.	Zeichnen an der Handwerktags=Feiertagsschule. in der Borstadt Au. in Haidhausen.		der Gesellen= und Centralfeiertagssch.		der männlichen Pfarr=Feier= tagsschulen.
Feiertags=	Werktags=			a. b. c.		a. b.		
83	54	102	—	a	920	a	383	1703
				b	104	b	842	
97	72	90	12	a	975	a	349	2056
				b	142	b	469	
97	80	121	16	a	1070	a	429	2111
				b	102	b	448	
				c	97			
93	102	90	25	a	1053	a	393	1771
				b	104	b	448	
				c	89			
113	70	105	26	a	1117	a	406	1678
				b	115	b	430	
				c	82			
42	52	132	21	a	1262	a	417	1685
				b	115	b	448	
				c	100			
20	55	142	19	a	1157	a	397	1674
				b	129	b	386	
				c	120			
44	47	123	19	a	1262	a	356	1686
				b	131	b	411	
				c	123			
51	43	144	6	a	1350	a	461	1696
				b	123	b	399	
				c	122			
37	42	112	27	a	1323	a	368	1770
				b	118	b	349	
				c	112			

Gegenwärtige (1863) Eintheilung der Handwerks-Gesellen- und männlichen Central-Feiertagsschule der Residenzstadt, nebst Angabe ihrer Lokalitäten und des Unterrichtsplanes.

Eintheilung, Lehrgegenstände und Lokalitäten der männlichen Feiertagsschule in München.

Die männliche Feiertagsschule zergliedert sich:

I. in die Handwerks-Gesellen-,

II. in die höhere oder Central-Feiertagsschule und

III. in die niedere männliche Feiertagsschule, letztere aus den zehn Pfarr-Feiertagsschulen bestehend.

Bezüglich der Lehrfächer sondert sich die männliche Feiertagsschule gleichfalls in eine

a) niedere und

b) höhere Elementar-Feiertagsschule,

c) Real- und technische Schule, und in eine

d) Zeichnungsschule.

Der niedere Elementar-Unterricht wird in den Pfarr-Feiertagsschulen, der höhere hingegen in der Central-Feiertagsschule ertheilt, während an der Handwerks-Gesellen-Feiertagsschule auch noch nebst dem Zeichnungs-Unterrichte die Real- und technischen Fächer gelehrt werden.

Die Unterrichts-Gegenstände der Handwerks-Gesellen-Feiertagsschule sind:

1. katholische Moralvorträge für Gesellen und reifere Lehrjungen;
2. Arithmetik und Geometrie;
3. Physik;
4. Technologische Chemie;
5. Gewerbs-Materialien-Kunde;
6. Descriptive Geometrie;
7. Maschinenkunde;
8. Maschinenzeichnen;
9. Praktische Mechanik;
10. Unterricht im Bossiren und Modelliren;
11. Unterricht im Ciseliren und in getriebener Arbeit;
12. Unterricht im Freihand-, geometrischen, Linear- und Architekturzeichnen.

Der Zeichnungs-Unterricht zählt fünf Klassen, wovon die ersten drei Klassen für das Freihandzeichnen, die vierte und fünfte aber für die geometrische, Linear- und Architekturzeichnung bestimmt sind, wobei die erste bis vierte Klasse wieder in eine Abtheilung gesondert, so daß neun Lehrer diesen Unterricht, und zwar zur gleichen Zeit Vor- und Nachmittags in neun gesonderten Zimmern ertheilen.

Wegen Mangel an einem geräumigen Gebäude sind vorläufig noch die Lokalitäten der Handwerks-Feiertagsschule in drei verschiedenen Schulhäusern untergebracht, nämlich: im alten Feiertags-Schulhause am Kreuz, in den Lehrzimmern der Gewerbschule des Damenstiftsgebäudes und in dem neuen Schulhause an der Glockenstraße.

Die Vertheilung der verschiedenen Lehrfächer in diese Lokale ist aus dem beigefügten Stundenplane zu ersehen.

Die Gesellenschule, aus vier einander untergeordneten Klassen bestehend, und die Central-Feiertagsschule, in drei subordinirte Klassen mit je zwei coordinirten vor- und nachmittägigen Abtheilungen eingetheilt, hat ihre Unterrichts-Lokalitäten im Kreuz-Schulhause.

Der katholische Religions-Unterricht für alle Klassen (vierte bis sechste incl.) der männlichen Central-Feiertagsschule ist für die vormittägige Abtheilung A in der Damenstiftskirche und für die nachmittägige Abtheilung B in der hl. Kreuzkirche.

Sämmtliche Lehrer der Handwerks- und Central-Feiertagsschule unter einen Inspektor gestellt, sind ständig, während die Pfarrfeiertagsschulen von den Lehrern der Werktagsschulen nach einem allgemeinen Turnus versehen werden.

Das gegenwärtige Lehrpersonal der Handwerks- und Central-Feiertagsschule besteht aus:

3 Religionslehrern,
6 Elementarlehrern,
4 Lehrern der Realfächer,
1 Lehrer für Maschinenkunde und Maschinenzeichnen,
1 Lehrer für praktische Mechanik,
1   „   „   Bossir- und Modellirkunst,
1   „   „   Ciselirkunst,
9 Zeichnungslehrern;

somit zus. aus 26 Lehr-Individuen.

Die Anzahl der gegenwärtigen Pfarr-Feiertagsschulen beläuft sich auf eine protestantische und neun katholische, nämlich die Dom-, St. Peter-, hl. Geist-, St. Anna-, St. Ludwigs- und St. Bonifaz-Pfarr-Feiertagsschule, nebst denen der Vorstädte Au, Haidhausen und Giesing.

Der Unterricht jeder dieser Pfarr-Feiertagsschulen theilt sich nach Bedürfniß in eine erste, zweite und dritte Klasse und wird in den Lokalitäten der werktägigen Pfarrschulen von den Lehrern derselben ertheilt, wobei auch diese Feiertagsschulen unter die Inspektion der Werktagsschulen gestellt sind.

An den Feiertagsschulen der äußern Vorstädte Au, Haidhausen und Giesing bestehen auch eigene Zeichnungsschulen, welche zahlreich besucht werden.

Jedes Schuljahr beginnt im Oktober und findet im Monat Juli seinen Abschluß, wobei für das ganze Schuljahr gegen 40 Schultage treffen.

Stundenplan von 1862|63

für sämmtliche Lehrgegenstände an der Handwerks-Gesellen- und männlichen Central-Feiertagsschule in München.

A. Religionslehre und Elementar-Unterricht.

Lehrgegenstand.	Unterrichtszeit		Lehrpersonal.	Unterrichts-Lokale.
	Vorm.	Nachm.		
Kathol. Moral-Vorträge für Gesellen und reifere Lehrjungen.				
I. und II. Klasse	11-12	—	Mayr Georg, Präses b. Gesellenvereins 2c.	Damenstifts-gebäude 2 Stiegen, Hörsaal Nr. 1 u. 2.
III. und IV. Klasse	11-12	—	Weiß J., Stadtpfarr-prediger b. hl. Geist.	
Kath. Religions-Lehre für die Central-Feiertags-schüler.				Für die vor-mittägigen Klassen (A) in der Damen-stiftskirche, für nachmittägige Klassen (B) in der hl. Kreuz-kirche.
IV., V. u. VI. Kl. A.	8—9	—	Priester Eibenschütz Joseph.	
,, ,, ,, ,, B.	—	12-2		
Elementarunter-richt für Gesellen und reifere Lehr-jungen.				
I. Klasse			Waldherr Franz X.	Schulhaus am Kreuz Nr. 25.
II. ,,	8—9	—	Deininger Joh. N.	
III. ,,			Hertel Joseph.	
IV. ,,			Diepold Joh. Bapt.	
Elementarunter-richt für die Cen-tral-Feiertags-schüler.				
IV. Klasse A.	9—11	—	Waldherr Franz X.	Ebendaselbst.
,, ,, B.	—	2—4	Deininger Joh. N.	
V. ,, A.	9—11	—	Diepold Joh. Bapt.	
,, ,, B.	—	2—4	Erlmayer Joseph.	
VI. ,, A.	9—11	—	Hertel Joseph.	
,, ,, B.	—	2—4	Thaler Ernst.	

B. Real- und technische Fächer.

Lehrgegenstand.	Unterrichts-zeit		Lehrpersonal.	Unterrichts-Lokale.
	Vorm.	Nachm.		
Arithmetik und Geometrie. Repetition.	9-10 10-11	— —	Dr. Hartmann Karl, k. Professor an der Kreisgewerbschule.	Damenstifts-gebäude 2 St. Hörsaal Nr. 2.
Physik.	11-12	—	Dr. Alexander Heinrich, k. Rektor und Professor an der polytechnischen Schule.	Ebendaselbst. Hörsaal Nr. 1.
Technologische Chemie.	8-9	—	Dr. Mauritii Ernest, k. Professor an der Kreisgewerbschule.	Ebendaselbst. Neuer Hörsaal.
Gewerbs-Materialien-Kunde.	10-11	—	Dr. Held Friedrich, k. Professor an der Kreisgewerbschule.	Ebendaselbst.
Descriptive Geometrie, Maschinenkunde und Maschinen-zeichnen.	9-10 10-11 —	— — 1-4	Haindl Seb., Prof. an der polytechnischen Schule. Zottmayr Ludwig, Assistent.	Schulhaus am Kreuz Nr. 25, zu ebener Erde.
Praktische Mechanik: sonn- und feiertägiger Unterricht, werktägiger Unterricht.	9-11 8-11	1-4 1-4	Dieselben und Wolker Karl, Werkmeister.	Ebendaselbst.
Bossir- und Modellir-Kunst.	9-11	1-4	Weiter Joh., Bild-hauer.	Ebendaselbst.
Ciselirkunst und Unterricht in ge-triebener Arbeit.	9-11	1-4	Helben Theodor, Graveur und Ciseleur.	Schulhaus an d. Glockenstraße Nr. 15.

C. Zeichnungsschule.

Lehrgegenstand.	Unterrichtszeit		Lehrpersonal.	UnterrichtsLokale.
	Vorm.	Nachm.		
Freie Handzeichnung und Anfangsgründe der Ornamentenzeichnung. I. Klasse A I. „ B	9—11	1—4	Siber Joh. Bapt Hahn Joseph.	Schulhaus am Kreuz Nr. 25. Schulhaus a d. Glockenstr. 15.
Fortgesetzte Ornamenten=Zeichnung. II. Klasse A II. „ B	9—11	1—4	Filser Jak. Wittmann Karl.	Schulhaus am Kreuz Nr. 25.
Höhere Ornamentenzeichnung. III. Klasse A III. „ B	9—11	1—4	Sedlmair Joseph. Rheingruber Jos.	Damenstiftsgebäude 2 St. Schulhaus a. d. Glockenstr. 15.
Anfangsgründe d. geometrischen Linear= und architektonisch. Zeichnung. IV. Klasse A IV. „ B	9—11	1—4	Schöpf Hermann. Schönig Joh.	Damenstiftsgebäude. Schulhaus a. d. Glockenstraße.
Architekturzeichnung. V. Klasse.	9—11	1—4	Weishaupt Heinr.	Schulhaus am Kreuz Nr. 25.

Lehrstoff und Stufengang sämmtlicher Unterrichtsgegenstände an der Handwerks-Gesellen- und männlichen Central-Feiertagsschule in München. *)

A.

I. Unterricht in den Realien an der Handwerks-Gesellen-Feiertagsschule.

Die Handwerks-Gesellen-Feiertagsschule zerfällt in vier Klassen.

In die zwei niederen Klassen werden die bereits an Jahren vorgerückten Schüler aus den Pfarr-Feiertagsschulen aufgenommen, während sich die zwei höheren Klassen größtentheils aus den Schülern der Central-Feiertagsschule bevölkern und gesteigerten Unterricht erhalten.

Die Lehrgegenstände nun, welche hier, einschließlich der katholischen Moral-Vorträge, ertheilt werden sind:

a) für die erste und zweite (niedere) Klasse: Lesen, Schreiben, Rechnen und das Nothwendigste aus der vaterländischen Geographie und Geschichte.

b) für die dritte und vierte (höhere) Klasse: außer gesteigertem Unterricht im Lesen, Schreiben und Rechnen, vorzüglich schriftliche Aufsätze für das gewerbliche Leben, Anleitung zur Buchführung, Rechnungen für das praktische Leben, dann weitere Kenntnisse in Geographie und Geschichte.

II. Unterricht in den Realien an der Central-Feiertagsschule.

Die männliche Central-Feiertagsschule zerfällt in drei Klassen (vierte, fünfte und sechste) und jede derselben wieder in zwei Abtheilungen (A und B), so daß die Klassen A vormittägigen, die Klassen B nachmittägigen Religions- und Elementar-Unterricht erhalten.

---

*) Größtentheils dem Gedenkblatte entnommen, welches 1863 zur Jubelfeier des 70jährigen Bestehens dieser Anstalt von dem Inspektor derselben J. R. Holz veröffentlicht wurde.

Die Lehrgegenstände sämmtlicher drei Klassen der Central-Feiertagsschule sind folgende:

Vierte Klasse, Abtheilung A und B.*)

1. Lesen. Uebung im Lesen und Verstehen des Gelesenen.

2. Schreiben. Rechtschreiben und Aufsatzbildung. Zu Aufsätzen werden vorzüglich kleine Briefe aus dem gesellschaftlichen Leben, sowie besonders auch Uebungen in Anfertigung von Quittungen, Schuldscheinen, Zeugnissen ꝛc. gemacht.

3. Rechnen. a) Kopfrechnen: Kenntniß der geraden Guldentheile, die Berechnung der verschiedenen Münzsorten. b) Tafelrechnen: die gemeine Bruchrechnung in allen vier Species mit angewandten Beispielen.

4. Nützliche Kenntnisse. a) Geographie: Kenntniß unseres engeren Vaterlandes Bayern in politischer und physikalischer Hinsicht, sowie in Bezug auf Bodenerzeugnisse und industrielle Verhältnisse. b) Geschichte: Bayerns älteste Geschichte, oder erster und zweiter Zeitraum aus der Vaterlandsgeschichte.

Fünfte Klasse, Abtheilung A und B.

1. Lesen. Gesteigerte Uebung.

2. Schreiben. Rechtschreiben und Aufsatzbildung. Zu Aufsätzen werden besonders Briefe aus dem gewöhnlichen Leben genommen; daher gewählt: freundschaftliche Briefe, Theilnahmsbezeigungen, Glückwünsche, Nachrichten, Einladungen, Entschuldigungen, Mahnbriefe, Bestellungsbriefe, Bitten ꝛc.

3. Rechnen. a) Kopfrechnen gesteigert. b) Tafelrechnen: die Decimalbruchlehre und deren Anwendung im gewöhnlichen Leben in den vier Rechnungsarten.

4. Nützliche Kenntnisse. a) Geographie von Deutsch-

---

*) In der vierten Klasse, Abtheilung A oder B, finden jene Schüler der 3. und 4. Kurse der Werktagsschulen Aufnahme, welche einen sehr guten, oder doch guten Fortgang machten; dann jene Schüler, die aus einer Latein- oder Gewerbsschule kommen, ohne dieselbe absolvirt zu haben.

land. b) Geschichte: dritter und vierter Zeitraum aus der Vaterlandsgeschichte.

Sechste Klasse, Abtheilung A und B.

1. **Lesen.** Fortgesetzte Uebung.

2. **Schreiben.** Rechtschreiben in gesteigerten Fällen, Aufsätze, Geschäftsbriefe.

3. **Rechnen.** a) Kopfrechnen in Verbindung mit dem schriftlichen Rechnen, so daß leichtere Fälle für ersteres, und schwerere Fälle für letzteres zur Anwendung kommen. b) Tafelrechnen: Mischungs=, Zins=, Abzugs= oder Rabatt=Rechnungen, Ausziehen der Quadratwurzel. c) Buchführung. *)

4. **Nützliche Kenntnisse.** a) Geographie von Europa; Einiges aus der Globuslehre. b) Geschichte: fünfter und sechster Zeitraum, oder die neueste Geschichte unseres Vaterlandes. **)

B.

I. Katholische Religions= oder sogenannte Moral= vorträge an der Handwerks=Gesellen=Feiertags= schule.

a) in der ersten und zweiten Klasse.
(Dreijähriger Kurs.)

· Nach Vorlesung des sonn= oder festtägigen Evangeliums werden aus demselben einige praktische Punkte herausgegriffen

---

*) Die gewerbliche Buchführung wird in den drei Klassen derartig vertheilt, daß in der vierten Klasse nebst Erklärung der vorkommenden verschiedenen geschäftlichen Ausdrücke, auch das Eintragen des Tage=, in der fünften Klasse das Eintragen in das Kassa=, dann in der sechsten Klasse die Behandlung des Hauptbuchs und des Inventars gelehrt und geübt wird.

**) Der Geschichtsunterricht wird in allen Klassen der männlichen Central=Feiertagsschule in solcher Weise gegeben, daß in den Schülern vorzüglich Achtung und Liebe zu unserm angestammten Königshause; Achtung und Liebe zu unserm engern und weitern Vaterlande erweckt, gebildet und stets genährt werde, — wozu sich, zur Aufmunterung und Begeisterung für Gott, König und Vaterland, Beispiele in Menge bieten.

und für die Schüler und ihre Verhältnisse in möglichst an=
ziehender Weise zurecht gelegt.

Hierauf Erklärung des Katechismus nach Deharbe. Da
von den 35 bis 40 Religionsstunden nur etwas über die
Hälfte für den Katechismus trifft, und somit derselbe wegen
Kürze der Zeit nicht von Frage zu Frage abgehandelt werden
kann, so wird immer nur das ganze Thema eines Abschnittes
aufgegriffen und den Schülern in seiner Wichtigkeit im Zu=
sammenhange mit anderen Wahrheiten; in seiner Weisheit
und göttlichen Schönheit an sich, und in seiner Wohlthätigkeit
nach den praktischen Folgerungen für das menschliche Leben
dargelegt.

In solcher Weise wird innerhalb drei Jahren der ganze
Katechismus abgehandelt, doch jegliches Jahr immer auch,
und zwar in der Fastenzeit, der Beicht= und Kommunion=
Unterricht durchgenommen.

Soviel über den Inhalt der Religions=Vorträge; die
Form hängt von den Verhältnissen der Schüler ab, die Lehr=
linge oder ganz junge Gesellen, zumeist aus den gröberen
Gewerken, als: Pflasterer, Maurer, Zimmerer 2c., sind.

b) in der dritten und vierten Klasse.

Die Abhaltung der Moral=Vorträge in den bezeichneten
Klassen der Handwerks=Gesellen=Feiertagsschule hat nicht so
fast eine weitere religiöse Ausbildung der Schüler zum Zwecke;
als sie vielmehr nur bestimmt sein kann, das bereits in den
Vorschulen Erlernte auf's Neue an's Herz zu legen.

Dieß wird aber am zweckmäßigsten ohne Zweifel nicht
durch spezielle Behandlung der Katechismusfragen vermittelt,
was die meistens doch schon selbstständig urtheilenden Schüler
nur ermüden, die unreiferen aber nicht zur Auffassung der=
selben bringen würde; sondern unter stetem Hinblicke auf das
Sonn= und Feiertags=Evangelium durch spekulativ=praktische
Prüfung der Gestaltung des religiös=moralischen Zustandes
des Volkes im Allgemeinen, wie er sich etwa darstellt nach

der breifachen Richtung der Liebe gegen Gott, gegen uns selbst und gegen den Nächsten; sodann im Gebiete des Glaubens nur in Kürze, weil es nicht dogmatische, sondern Moral=Vor= träge sind, nach der breifachen Richtung der Liebe Gottes zu uns, wie sie sich selbst darstellt in der Schöpfung (Weihnachts= kreis), in der Erlösung (Osterkreis), in der Heiligung des Christen (Pfingstkreis).

Die Grundlage der ganzen, circa 35 bis 40 Stunden umfassenden religiösen Unterweisungen, bilden jene sechs Stücke, die jeder katholische Christ wissen und glauben muß, wenn er selig werden will.

Die Lehre von den Geboten wird eingeschaltet in den Lehrkreis über die Schöpfung; die Lehre von den heiligen Sakramenten in den über die Erlösung; und die Lehre von den Sakramentalien (Gebet) in den Lehrkreis über die Hei= ligung.

Als praktische, aber nur $\frac{1}{4}$ Stunde dauernde Lektüre, leistet die „Nachfolge Christi" die erſprießlichsten Dienste; wonach sich dann die Benützung der Stunde in drei Abthei= lungen theilt, nämlich: a) $\frac{1}{4}$ Stunde Vortrag des treffenden Evangeliums mit kurzen Bemerkungen; b) $\frac{1}{4}$ Stunde eigent= licher Moralvortrag nach obiger Darstellung; und c) $\frac{1}{4}$ Stunde Lektüre.

Begonnen und geschlossen aber wird der Moralvortrag in der ersten und zweiten, ebenso auch in der dritten und vierten Klasse mit einem kurzen Gebete.

II. Religionsunterricht an der männlichen Central=Feiertagsschule.
(Dreijähriger Kurs.)

Um für die religiösen Bedürfnisse der Central=Feiertags= schüler zu sorgen und dieselben an christlich=katholisches Leben zu gewöhnen, wird an allen Sonn= und Feiertagen, an welchen Schule ist, für die Schüler das heilige Meßopfer in der Damenstiftskirche früh 8 Uhr dargebracht, zur rechten Zeit werden auch die Schüler aufgemuntert und ermahnt, alle Quartale die hl. Sakramente der Buße und des Altars zu empfangen.

Der Religions-Unterricht wird den Central-Feiertags-schülern aller drei Klassen Abtheilung A in der k. Damen-stiftskirche nach der hl. Messe — und den drei Klassen Ab-theilung B Nachmittags von halb 2 bis 2 Uhr in der Aller-heiligenkirche am Kreuz ertheilt.

Im Anschlusse an die sonn- oder festtägige Perikope, wird den Schülern Geist und Bedeutung des katholischen Kirchen-jahres in aller Kürze dargelegt, und werden, die für ihre Lebensverhältnisse besonders wichtigen Wahrheiten, vorzüglich hervorgehoben.

Der eigentliche katechetische Unterricht wird als-dann, unter Zugrundelegung des Katechismus für die Ele-mentarschulen des Erzbisthums München-Freising, in der Art ertheilt, daß jedesmal:

im ersten Jahre

die Glaubenslehre vorgetragen wird; wobei jene Wahr-heiten besonders betont werden, die wegen Angriffen gegen dieselben, oder weil das lebendige Bewußtsein davon allmälig schwindet, für unsere Zeit ganz besonders von Bedeutung sind;

im zweiten Jahre

die Lehre von den Geboten Gottes und der Kirche; von der Sünde, von der Tugend und christlichen Vollkommen-heit; wobei vorzüglich jene Punkte, die in das Leben und in den Beruf der Schüler eingreifen, näher erläutert werden;

im dritten Jahre

die Lehre von den hl. Sakramenten, nebst Erklärung der hauptsächlichsten Ceremonien; hierauf die Lehre vom Ge-bete; womit der Cyclus der ganzen christkatholischen Religions-lehre seinen Abschluß findet.

C.

Real- und technische Fächer.

Lehrprogramm bei dem Unterrichte über

I. Geometrie und Arithmetik.

A. Geometrie.

Einleitung zum Verständnisse von Aufgabe und Nutzen der Geometrie; dann, die nothwendigsten Lehrsätze in Verbindung mit Konstruktionen und angewendet auf praktische Fälle aus folgenden Paragraphen: §. 1. die Linien- und Längenmaße; §. 2. die Winkel; §. 3. Bestimmung der Dreiecke aus ihren Bestandtheilen; §. 4. die Parallelen und Senkrechten; §. 5. der Kreis mit seinen Linien und Winkeln in und an ihm; §. 6. das Parallelogramm und die übrigen Vierecke, sowie die regulären Vielecke in Bezug auf Größe, Flächenmaße und Flächenberechnungen; §. 7. der Pythagoräische Satz; Einiges aus der Proportionalität der Linien und der Aehnlichkeit der Figuren, beides praktisch erklärt; §. 8. die Verwandlung der Figuren; §. 9. Berechnung der Oberfläche und Inhalte der Körper und das Kubikmaß; §. 10. die Berechnung der Kegelschnittsflächen; endlich §. 11. einige Sätze aus der praktischen Geometrie.

Bemerkung Die Beispiele für die Flächen- und Körper-Berechnungen werden dem Aufgabenbuche für Gewerbsleute von Abel entnommen mit Rücksicht und Anpassung an unsere Maßverhältnisse.

B. Arithmetik.

1. Rechnen mit ganzen und gebrochenen Zahlen, sowohl benannter als unbenannter Art.

2. Praktische Anleitung (Handgriffe) beim Kopfrechnen.

3. Die Quadrat- und Kubikwurzel.

4. Die Proportionen angewendet auf:

a) Fälle allgemeiner Art,

b) incl. Zinsen-, Gewinn- und Verlust-, Brutto-, Netto-, Tara-, Rabatt- und Diskont-Rechnungen.

5 Der Kettensatz.

6. Die gesellschaftlichen Theilungs- und Vermischungs-Rechnungen.

7. Entwicklung der wichtigsten algebräischen Formeln.

Bemerkung. Die Beispiele hiefür in der Pollack'schen Sammlung.

II. Physik.

Nach einer kurzen Einleitung über die Wichtigkeit physikalischer Kenntnisse für den Techniker und Gewerbsmann, dann über die nahen Beziehungen der Physik zur Mechanik und Chemie; beginnt der eigentliche physikalische Unterricht

1. mit der Lehre von den allgemeinen Eigenschaften der Körper, hierauf folgen:

2. mit Experimenten verbundene Vorträge über die Schwere; die verschiedenen Aggregatsformen; die Maschinenelemente; die Erscheinungen und Gesetze des Falls; die Wage und das Gewicht; die Wurf- und Centralbewegung.

3. Aus der Lehre von dem Tropfbaren: der Boden- und Seitendruck; das spezifische Gewicht und seine Bestimmungsweise; die Pressen von Real und Bramah und deren technische Anwendung.

4. Aus der Lehre von dem Luftförmigen: das Barometer und Manometer; die Luftpumpe; das Saug- und Druckwerk und die Feuerspritze.

5. Aus der Lehre von der Wärme (das in der Physik allgemein wichtigste Fach): die Thermometrie, der Wasserdampf, seine Erzeugungen, Eigenschaften und mechanische Verwendung; die Grundprinzipien der Ofen-, Luft-, Warmwasser- und Dampf-Heizung; dann die Grundsätze der künstlichen Ventilation.

6. Aus der Elektrizitätslehre: die galvanische und deren Anwendung in der Galvanoplastik und elektrischen Telegraphie.

III. Chemie.

Als Einleitung: Aufzählung der verschiedenen Richtungen der Chemie in den früheren Zeitabschnitten, besonders die alchemistische Periode. Hierauf:

1. Wesen und Zweck der Chemie in jetziger Zeit; unorganische und organische, analytisch-synthetische Chemie.

2. Lehre von den einfachen und zusammengesetzten Körpern, sowie der Kräfte, durch welche chemische Verbindungen entstehen und aufgehoben werden. Die Aggregatzustände der Körper und die Mittel, durch die diese in einander übergeführt werden können.

3. Die einfachen, nicht metallischen Stoffe, und zwar: Sauerstoff, Wasserstoff, Stickstoff, Kohlenstoff, Schwefel, Phosphor, Chlor und Fluor.

a) Sauerstoff: das Vorkommen und die Eigenschaften desselben; die Verbrennung der Körper in demselben; die Oxyde; das Auftreten von Licht und Wärme bei den Verbrennungs-Erscheinungen; die Einwirkung des Sauerstoffes auf den Lebensprozeß und die Veränderungen organischer und unorganischer Materie durch denselben.

b) Wasserstoff: Vorkommen, Eigenschaften und Anwendung; das Wasser, vorzugsweise als Fluß-, Brunnen- und Mineralwasser, sowie als destillirtes Wasser.

c) Stickstoff: Vorkommen desselben; die atmosphärische Luft; die Salpetersäure und das Ammoniak.

d) Kohlenstoff: sein Vorkommen im Allgemeinen, vorzugsweise als Diamant, Graphit und Kohle; seine Verbindungen mit Sauerstoff und Wasserstoff; die Kohlensäure; die Gase zur Beleuchtung; die Bleistiftfabrikation; der Diamant als Edelstein; die Eigenschaften und die Anwendung der Kohlenarten.

e) Schwefel: Vorkommen, Eigenschaften und Anwen-

dung; die schweflige Säure; die Schwefelsäure; das Schwefel-
wasserstoffgas und der Schwefelkohlenstoff.

f) Phosphor: sein Vorkommen und seine Eigenschaften;
seine Anwendung zu Zündhölzern.

g) Chlor: Vorkommen, Eigenschaften und Anwendung;
die Chlorbleiche; die Einwirkung des Chlors auf in der Fäul-
niß begriffene Stoffe; die Salzsäure und das Königswasser.

h) Fluor: die Flußspathsäure und ihre Anwendung
zum Glasätzen.

Von den Alkalien und den alkalischen Erden werden abgehandelt:

1. Kalium: die Eigenschaften desselben; die Pottasche;
das Aetzkali; die Aetzkalilauge; der Salpeter und das Schieß-
pulver.

2. Natrium: die Soda, das Aetznatron, die Aetznatron-
lauge und das Kochsalz.

3. Calcium: sein Vorkommen; der ungebrannte und
gebrannte Kalk, der Luft- und Wassermörtel, der Gyps und
der Chlorkalk.

Auch werden, sowie nur immer die diesem Unterrichte
gewidmete Zeit es gestattet, die sogenannten Schwermetalle
oder Erzmetalle ihrem Vorkommen, ihren Eigenschaften und
ihrer Anwendung nach abgehandelt. — An jedes Metall reihen
sich die metallischen Präparate, namentlich die Metallfarben
und Metallsalze, welche in der technischen Chemie ein bevor-
zugtes Interesse gewähren.

Bemerkung. Der Unterricht wird immer unter Berücksichtigung der chemischen Formeln so gehalten, daß die
Zuhörer dahin einschlägige Bücher mit Verständniß und Nutzen
lesen können.

IV. Gewerbs-Materialien-Kunde in Verbindung mit Naturgeschichte und Gewerbslehre.

(Zweijähriger Kurs.)

Abgehandelt werden:

1. Die Faser: Flachs, Hanf, Baumwolle, Seide, Wolle,

Haare und die daraus hergestellten Materialien: Gespinnste, Gewebe, Filz und Papier.

2. Die thierische Haut: die Ledersorten und Pelzwaaren.

3. Knochen und Horn: Leim, Fette, Wachs, Harze, Firnisse.

4. Getreide und Mehl: Stärke, Gummi und Zucker.

5. Die Holzsorten.

6. Die Metalle: Eisen, Kupfer, Blei, Zinn, Antimon, Silber, Platin, Gold, Quecksilber.

7 Die Farbe und

8. Die Baumaterialien.

V. a) Descriptive Geometrie in Verbindung mit b) Maschinenkunde und Maschinenzeichnen.

ad a. Nach vorausgehender Einleitung über das Wesen und den Zweck der descriptiven Geometrie folgt die Erklärung über die Projektionsmethoden und Projektions-Ebenen und Betrachtung von Punkten, Linien und Ebenen, bezüglich ihrer gegenseitigen Lage; Durchschnitte von Linien und Ebenen, deren Größe und Neigungswinkel.

Hierauf: Lehre von Erzeugung kantiger und krummer Flächen und deren Darstellung; Schnitte von Cylinder und Kegeln mit Ebenen und Abwicklung derer Oberflächen ꝛc., unter steter Hinweisung auf das Vorkommen der einzelnen Probleme in der Praxis, wie: Neigungswinkel und wahre Länge einer geraden Linie in Holzkonstruktion beim Schiften, Komunsektion und Flächenwinkel im Bauwesen bei Ausmittlung der First und Gradlinien ꝛc., Schnitte kantiger Flächen für Cartonage- und Tischlerarbeiten ꝛc., Abwicklung krummer Flächen — wichtig für Spängler, Schlosser und Kupferschmiede, bei Herstellung von Röhren und Gefäßen aus Blech.

ad b. Beim Unterricht der Maschinenkunde und des Maschinenzeichnens werden abgehandelt:

1. Die Schraube.

Schraubenlinie, Schraubenfläche, Ausführung der Schraube

in Holz und Metall, dreieckige, viereckige, einfache, mehrfache, linke, rechte Schrauben.

Verhältniß der Gänge zur Stärke der Schrauben, die Köpfe und Mütter, sowie deren verschiedene Formen.

2. Verzahnungen.

Eintheilung und Form der Zähne für cylindrische und konische Räder, mit Rücksicht auf deren Ausführung in Holz und Metall, besonders Gußeisen; Daumen für Hammer- und Pochwerke und excentrische Scheiben.

3. Fortpflanzung der Bewegungen mittelst Ketten, Seile und Riemen, Kuppelungen und Gestänge, und

4. Elemente hydraulischer und Dampf-Maschinen.

Von den Ventilen, Kolben, Wechseln, Röhrenverbindungen und Wasserrädern, wobei Modelle und Zeichnungen unter Zugrundlegung der Werke von Haindl's Maschinenkunde, Kronauer's Sammlung ganzer Maschinen und Wiebe's Skizzenbuch benützt werden.

Bemerkung. Schüler, welche schon hinlängliche Fertigkeit im Zeichnen nach Vorlagen erlangt haben, beginnen dann mit der Herstellung von Aufnahmen (Croquiren) verschiedener Modelle aus der Modellensammlung der Anstalt und mit Anfertigung der Zeichnung nach denselben.

VI. Praktische Mechanik.

Dieser Unterricht umfaßt:

1. Nebst richtiger Kenntniß der Werkzeuge, die Arbeiten des praktischen Mechanikers, als: Feilen, Drehen, Schleifen, Poliren 2c.

2. Anfertigung von Modellen gemeinnütziger Maschinen und physikalischer, optischer und mathematischer Instrumente.

Bemerkung. Beim werktägigen Unterricht der praktischen Mechanik wird ferners noch ertheilt:

a) Die Maschinenbau-Materialienlehre.

b) Geometrisches Linearzeichnen als Vorbereitung zum Maschinenzeichnen, und

c) Werkzeug- und Maschinenzeichnen nach Vorlagen und Modellen.

VII. Bossir- und Modellirkunst.

Diese zerfällt in zwei Richtungen, nämlich:

a) Ornamentenfach und

b) Figurenfach.

Ersterem widmen sich vorzugsweise Schüler der gewerblichen Richtung, als: Hafner, Steinmetz und Stuckatur-Arbeiter.

Zu Vorlagen im Modelliren dienen denselben anfänglich kleine Gypsabdrücke von Ornamenten, für geübtere Schüler aber derlei Zeichnungen, wozu die besten Muster der griechischen, byzantinischen und gothischen Style gewählt werden, wobei aber zugleich auch der gegenwärtige Zeitgeschmack möglichste Berücksichtigung findet.

Ausnahmsweise werden von befähigten Schülern sogar Arbeiten nach deren eigenen Entwürfen gefertigt.

Das Figurenfach wählen meistens jene Schüler, welche sich einem künstlerischen, namentlich dem Bildhauerfach zuwenden.

Sie erhalten Gypsvorlagen, theils nach der Antike, theils nach Naturabgüssen von Köpfen und einzelnen Körpertheilen, sowie auch Medaillons-Porträts und Reliefs von Thorwaldsen, Schwanthaler ꝛc.

Bemerkung. Die Arbeiten jener Schüler, welche im Modelliren bereits sichtliche Fortschritte gemacht, werden in Gyps geformt, gegossen und öffentlich ausgestellt. Die Aussteller können diese ihre Arbeiten dann entweder für sich behalten, oder auch vervielfältigen, und werden bei vorhandenen Doubletten die besseren Arbeiten theils für den Zeichnungs-Unterricht der Handwerks-Feiertagsschule benützt, theils auch seit neun Jahren von Seite des Magistrates auf Ansuchen auswärtiger Schulen des In= und Auslandes unentgeltlich abgelassen.

VIII. Unterricht im Eiseliren und in getriebener Arbeit.

Hiebei werden nach vorliegenden Zeichnungen oder Modellen verschiedenartige Ornamente und Verzierungen in verschiedenen Metallen theils getrieben, theils gemeißelt, gestochen und gravirt.

Diese Arbeiten sind nicht nur für Gold=, Silber= und Bronce=Arbeiter, sondern auch für Gürtler, Zinngießer und alle Metallarbeiter vielseitig verwendbar.

Bemerkung. Die Eiselirkunst ist sehr umfangreich und bedingt, will sie auf eine höhere Stufe gebracht werden, gediegene Vorkenntnisse im Zeichnen und Modelliren.

IX. Lehrstoff und Stufengang sämmtlicher Zeichnungsklassen.

Erste Klasse.
Freihandzeichnen und Anfangsgründe der Ornamentenzeichnung.

Als Vorbereitung der Freihandzeichnung, ohne Rücksichtnahme auf spezielle Gewerbe, bloß zur Uebung der Hand und des Augenmaßes, beginnt hier das Zeichnen gerader Linien, Winkel und einfacher Flächenfiguren.

Hierauf folgt, als Vorübung zum Ornamentenzeichnen, das Zeichnen verschiedenartig gebogener Linien, der Ovale und Spirallinie und Zusammensetzung der Letzteren; dann: einfache griechische Ornamententheile in Umrissen, wobei vorzüglich auf symmetrische Eintheilung, richtiges Höhen= und Breitenverhältniß derselben, sowie auf Reinheit des Umrisses gesehen wird.

Bemerkung. Als Lehrmittel dienen theils Wandtafeln, theils die vom Lehrer auf der Tafel vorgezeichneten und von demselben den Schülern zu erklärenden Aufgaben, welche dann ohne Benützung des Lineals oder Zirkels mit freier Hand nachzubilden sind.

Weishaupt, Feiertagsschule. 9

Ferner werden auch einzelne Vorlagen von einfachen Ornamententheilen benützt, welche stets in etwas vergrößertem Maßstabe nachgezeichnet, und wozu theilweise „Seblmair's griechische Ornamente", dann zu den Motiven für Tafelzeichnungen, Weishaupt's und Seblmair's I. und II. Heft der allgemeinen Zeichnungsschule, gewählt werden.

Zweite Klasse.
Fortsetzung im Ornamentenzeichnen.

Das Zeichnen wird hier nach einfachen Ornament-Umrissen des griechischen, mittelalterlichen und modernen Styles in etwas gesteigerter Weise fortgesetzt; wozu theils Wandtafeln, theils flache Vorlagen gewählt, und die nöthigen Erläuterungen über die Charakteristik dieser Ornamentenstyle gegeben werden.

Die Vorlagen, welche hiebei zur Anwendung kommen, sind folgenden Werken entnommen:

Weishaupt's Elementar-Unterricht im freien Handzeichnen,

Weishaupt's und Seblmair's allgemeine Zeichnenschule, III. und IV. Heft,

Seblmair's mittelalterliche Ornamente und

Seblmair's Sammlung griechischer Ornamente.

Dritte Klasse.
Höhere Ornamentenzeichnung.

Für solche Schüler, welche mehr einer künstlerischen Ausbildung bedürfen und solche anstreben, wie z. B. Zimmermaler, Gold- und Silberarbeiter zc., besteht hier das Zeichnen im Copiren größerer Ornamente, nach Vorlagen und Wandtafeln.

Auch wird je nach Bedürfniß und Befähigung des Schülers das Zeichnen nach Gypsmodellen, mit Schatten und Licht, in ganzer Haltung, mit besonderer Rücksicht auf die speziellen Bedürfnisse der Gewerbtreibenden, geübt, und werden talentvolle Schüler, welche schon ziemliche Fertigkeit im Zeichnen erlangt, zum Entwerfen oder Componiren eines Ornamentes angehalten, wobei die Gypsabgüsse natürlicher Blätterformen als Motive ausgewählt werden.

Die Lehrmittel dieser Klasse sind:

1. Foltz's Wandtafeln — Kramer's griechische und gothische Ornamente — Eisenlohr's Bauverzierungen — Lochner's Vorlagen für Silberarbeiter und Gürtler — Ornamente von Carot, Bilorbeaux und Julien — Zeitschrift des Vereins zur Ausbildung der Gewerke und Ornamenten-Entwürfe aus der Schule dieses Vereins — Weißhaupt's Vorlagensammlung für technische Schulen und Gewerbtreibende 2c.

2. Gypsmodelle von Ornamenten der, von Klenze und Gärtner ausgeführten Gebäude, und mehreren anderen; dann Gypsabgüsse von Pflanzenblättern nach der Natur.

Vierte Klasse.
Anfangsgründe der geometrischen Linear= und architektonischen Zeichnung.

In dieser Klasse soll der Schüler zunächst eine technische Fertigkeit im Linearzeichnen erreichen und zugleich mit den allgemeinsten und für die technische Zeichnung nöthigsten geometrischen Konstruktionen bekannt werden.

Der Unterricht beginnt demnach mit Erläuterung des Zweckes und der Kenntniß des hiezu erforderlichen Zeichnungs= materials der Instrumente und deren Gebrauch; dann werden einfache Lineal= und Zirkelübungen vorgenommen, und nun von den Schülern die geometrischen Konstruktionen, nach vor= heriger Erklärung und Tafelzeichnung des Lehrers, zuerst in das Zeichnungsheft, alsdann auf gespanntes Papier ge= zeichnet und mit Tusche ausgezogen.

Hierauf folgt das Copiren architektonischer Glieder und der Säulenordnungen nach Vorlagen mit eingeschriebenen Maßen bei vorhergehender Erklärung des Lehrers.

Die Schüler beider Abtheilungen dieser Klasse sind nach Gewerben ausgeschieden, so daß die vierte Klasse Abtheilung A vorzugsweise Zimmerleute, Maurer und Tischler zählt, wäh= rend die Abtheilung B besonders von Spänglern, Schlossern, Schmieden und Mechanikern besucht ist, wodurch es gewisser= maßen ermöglicht wird, den speziellen Bedürfnissen der ein-

9*

zelnen Gewerbe mehr Rechnung tragen und berücksichtigen zu können, als es außerdem der Fall wäre.

Als Leitfaden für den Lehrstufengang dieser Klasse wird vorzugsweise benützt:

Weishaupt's Elementar-Unterricht, 1. und 2. Abtheilung; dann Vorlagen zum Linearzeichnen, und Vignola's Säulenordnungen.

Fünfte Klasse.
Gesteigerte Architekturzeichnung.

In dieser Klasse wird die Architekturzeichnung, mit besonderer Rücksichtnahme auf die speziellen Bedürfnisse der einzelnen Gewerbe, fortgesetzt, und es werden daher Details von Gebäuden, als: Thüren, Fenster, Treppen, Dachstühle und Riegelgebäude, Möbels ꝛc. mit Grundrissen, Aufrissen und Durchschnitten nach Vorlagen iu möglichst großem Maßstabe gezeichnet; hierauf folgen von befähigtern Schülern ausnahmsweise Ausarbeitungen von bürgerlichen Wohngebäuden nach eigenen Entwürfen u. s. w., und werden vom Lehrer vorher jederzeit die nöthigen Erklärungen hierüber gegeben.

Zur Benützung dienen folgende Werke:

Jobl's Anleitung zur Bauzeichnung — Zenetti's und Berger's architektonische Details von Gebäuden — Titz's Façaden, Details und innere Dekoration — Eisenlohr's Entwürfe von Gebäuden — Strack's und Hitzig's innerer Ausbau von Wohngebäuden — Fleischinger's und Becker's Baukonstruktionen — Kämmerling's Civilbau — Degen's architektonisches Album, Holzarchitektur und Ziegelrohbau — Strauch's Arbeiten des Bautischlers — Heberich's Treppenbau — Eberlein's Werkzeichnen — Mitterer's Zimmerbaukunst — Winter's Dachstuhl-Konstruktionen ꝛc.

Als weitere Lehrmittel werden auch Handzeichnungen gebraucht, z. B.:

1. Copien von Plänen ausgeführter Gebäude und Details-Zeichnungen derselben, welche von der städtischen Baukommission der Anstalt zur Benützung überlassen wurden.

2. Eine Sammlung technischer Zeichnungen, Eigenthum des Lehrers Weißhaupt, der dieselbe unentgeltlich der Schule zum Gebrauche überläßt.

Da die Beaufsichtigung und Ueberwachung sämmtlicher Unterrichtszweige an der Handwerks= Gesellen= und männlichen Central=Feiertagsschule durch die in drei verschiedenen Gebäuden zerstreut liegenden Unterrichts= Lokalitäten für die Inspektion dieser Anstalt ungemein er= schwert ist, und deßhalb eine technische Ueberwachung des von neun Zeichnungslehrern ganz separat geleiteten Unterrichts als besonders zweckdienlich und dringend geboten erschien, damit besagter Zeichnungsunterricht durch genaue und gemeinschaftliche Durchführung des angenommenen Lehrplanes ein einziges ge= regeltes Ganzes bilde, um so seinem wichtigen und bedeutungs= vollen Zwecke bestmöglichst entsprechen zu können, so wurde auf Antrag der jetzigen Inspektion der Handwerks=Gesellen= und männlichen Central=Feiertagsschule durch die k. Lokal= Schulkommission im September 1860 der Zeichnungslehrer an dieser Anstalt, Heinrich Weißhaupt, mit der technischen Führung und Leitung sämmtlicher neun Zeichnungsklassen betraut.

Zusätze.

I. **Lehrpersonal der Handwerks-Feiertagsschule seit ihres siebenzigjährigen Bestandes.**

Inspection der Anstalt.

Nach dem Tode des Prof. Kefer übernahm Mathias Weichselbaumer die Direktion der Feiertagsschule im Okt. des Jahres 1802 und führte dieselbe mit großer Umsicht bis zum Anfang des Schuljahres 1829/30 fort, wo derselbe der Schule durch den Tod entrissen wurde.

Der nach ihm zum Inspektor der Feiertagsschule ernannte Dr. Jos. Ant. Fischer erhielt bald einen Ruf zum Professor der Theologie in Luzern und es wurde diese Inspection am Anfange des Schuljahres 1834/35, dem Professor der Physik und Mathematik Anton Mayr übertragen, dann im Jahre 1841 wo derselbe die Beförderung zum Pfarrer in Haunshofen erhielt, der Präses am Bürgersaale Friedrich Koch hiezu ernannt.

Inspektor Friedrich Koch, später auch Professor am k. Cabettencorps ꝛc. ꝛc. im Jahre 1856 zum k. geistl. Rath und 1858 zum Ritter des k. Verdienstordens vom hl. Michael I. Klasse ernannt, wurde im Jahre 1859 seinem wiederholt gestellten Ansuchen entsprechend, „der Inspektion über die

Handwerks-, männliche Central- und Gesellenfeiertagsschule
dahier enthoben, unter vollster Anerkennung seiner großen
Verdienste um die Hebung derselben während eines Zeitraumes von 18 Jahren". —

Diese Stelle erhielt nun der Inspektor der männlichen
St. Peterspfarrschule und Benefiziat an der St. Peterspfarr-
Kirche Joh. Nep. Holg.

Religionslehre und Moralvorträge

für Gesellen und reifere Lehrjungen ertheilte der Kuratpriester
in der Frauenpfarre und Professor im Cadettencorps Joseph
Wohlfahrt seit 1802 bis 1811. (Starb den 25. August
1811.) Nach ihm übernahm der k. Lokalschulinspektor Herrmann Rabl, und dann 1813 wo derselbe zum Stadtpfarrer
nach Weilheim befördert wurde, Dr. Jos. Fischer diese Lehrstelle, der später zum geistl. Rath und Offiziator in der St.
Michael Hofkirche ernannt, dieselbe im Jahre 1841 niederlegte. *)

Seine Nachfolger waren der Benefiziat Jos. Merk und
im Jahre 1842 der Inspektor der Handwerks-Feiertagsschule
Fried. Koch, der auch diese Stelle bis 1849 versah, und dessen Nachfolger der Präses am Bürgersaale Jak. Frömmer
wurde, der den Religionsunterricht bis zum Jahre 1854 ertheilte.

Seit 1855 bis jetzt versieht die Stelle eines Religions-
lehrers Jos. Weis Stadtpfarrprediger in der hl. Geistkirche.

Die übergroße Anzahl von gegen 400 Religionsschülern,
so wie der Mangel eines für so viele Zuhörer geeigneten

---

*) Derselbe hat auch ein Kapital von 500 fl. zu dem Zwecke über-
geben, daß aus den Interessen zwei Hauptpreise für die Religionsschüler
der Handwerks-Feiertagsschule verabfolgt, und von dem Ueberschusse der
Erträgnisse Bücher moralischen und religiösen Inhalts von dem Religionslehrer im Preisejahre vertheilt werden möchten.

Lokales machte 1857 eine Trennung dieses Unterrichtes in zwei Abtheilungen nothwendig, und es wurde für die I. und II. Klasse der Gesellenschule noch ein zweiter Religionslehrer Seb. Ablhoch, Priester und Lehramtsaspirant, aufgestellt, wobei die Religionsvorträge an die I. Abtheilung in dem bisher hiefür bestimmten Zimmer im Kreuzschulhause gehalten, während für die II. Abtheilung ein Hörsaal der Gewerbsschule im Damenstiftsgebäude benützt wird.

Seit 1858 übernahm statt Ablhoch, Georg Mayr, Präses des kath. Gesellen-Vereins, den Religionsunterricht der einen Abtheilung.

Gewerbs-Materialien-Kunde.

Professor Basilius Bottenhofer trug seit 1802 bis Dez. 1818 wo er zum Pfarrer befördert wurde, Naturgeschichte, dann später auch Technologie und Waarenkunde vor, welche Fächer dann von Prof. Dr. Karl Schmid bis zum Jahre 1852 fortgesetzt wurden.

Erst seit 1855 wird statt derselben die Gewerbsmaterialienkunde von dem Prof. Dr. Fried. Held gelehrt.

Physik.

Prof. Albert Bauer ertheilte 20 Jahre lang, nämlich seit 1802 bis 1822 Physik und theoretische Maschinenlehre. Seit 1823 übernahm Prof. Kajetan Egger diese Vorlesungen, und setzte dieselben bis zum Jahre 1830 fort, in welchem Jahre er der Anstalt durch den Tod entrissen wurde.

Im Jahre 1831 ertheilten Dr. Tischleder, dann im darauffolgenden Jahre bis 1842 Prof. Mayr die Vorträge der Physik; welche nun seit 1842 bis jetzt der gegenwärtige Prof. und Rektor der polytechnischen Schule, Dr. Alexander übernahm.

Technologische Chemie.

Den ersten Unterricht in der Chemie ertheilte Professor Bottenhofer 1802, dann im Jahre 1805 übernahm Prof. Dr. C. W. Juch, und im Schuljahre 1810/11 der Professor Marechaux die Vorträge der technischen Chemie, welche von Dr. Franz Leo seit 1823/24 bis 1833, wo derselbe als Vorstand der polytechnischen Schule nach Augsburg kam, fortgesetzt wurden.

Vom Schuljahre 1833/34 bis 1856 lehrte dann der gegenwärtige Universitätsprofessor Dr. Kaiser die technologische Chemie, die nun seit 1857 bis jetzt von dem Professor G. E. Mauritii vorgetragen wird.

Höhere Arithmetik und Geometrie

wurde von dem Direktor der Feiertagsschule Mathias Weichselbaumer gelehrt und nach seinem Tode von Prof. Egger fortgesetzt, dann 1831 von Dr. Tischleder und 1832 von dem Lehramtskandidaten Dr. Pollack übernommen.

Durch die Ernennung des letzteren zum Professor an das Gymnasium nach Straubing, überkam dieses Lehrfach 1834 an Prof. Mayr, der auch im darauffolgenden Jahre die Inspektion der Feiertagsschule übernahm, und diesen Unterricht bis 1842 ertheilte, wo dann dem Prof. Dr. Karl Recht diese Unterrichtssparte übertragen, der dieselbe bis 1854 lehrte, welche nun seit 1855 bis jetzt vom Prof. Dr. Karl Hartmann ertheilt wird.

Descriptive Geometrie, Maschinenkunde und Maschinenzeichnen wurde seit 1830 bis 1862 von dem Prof. der k. polytechnischen Schule Seb. Hainbl gelehrt, und derselbe seit dem Schuljahre 1859/60 beim Unterrichte des Maschinenzeichnes durch einen ihm beigegebenen Assistenten den Privat-Zeichnungslehrer Ludwig Zottmayr unterstützt.

Die Schule der praktischen Mechanik

seit 1803 bestehend, hatte den berühmten Mechanikus Alois
Ramis zum Lehrer, der bis zu seinem Lebensende (1820)
darin thätig wirkte; im Jahre 1821 übernahm der Mechaniker Jos. Liebherr und 1824 Gottlieb Ertl, *) die Leitung
dieser Schule, und der praktische Unterricht wurde dem Werkmeister Ernest Sattler, dann im Jahre 1833 dem Wilhelm Stephani übertragen; wobei seit 1830/31 nicht allein
an den Feiertagen, sondern auch werktägiger Unterricht ertheilt, und seit 1841 die technische Leitung dieser Schule von
dem k. Münzwardein Hainbl besorgt wurde, der im Jahre
1849 dieselbe niederlegte, und diese technische Leitung in die
Hände des k. Prof. Seb. Hainbl kam.

Unter der umsichtsvollen und thätigen Leitung dieses
technischen Vorstandes wurde nun diese Schule zeitgemäß organisirt und die Werkstattslokalitäten zweckmäßig eingerichtet,
und im Jahre 1854 als Werkmeister und praktischer Lehrer
Karl Wolker aufgenommen. Dieser verdienstvolle Vorstand
der Schule starb im Jänner 1863, wo nun bis auf weitere Verfügung diese Schule von seinem Assistenten Ludwig
Zottmayr und von dem praktischen Lehrer Karl Wolker
fortgeführt wird.

Die Bossirschule

im Jahre 1823/24 errichtet, hatte zum Lehrer Anton Schwanthaler der im Aug. 1833 starb, wo dieselbe in die Hände
des Bildhauers Xaver Schwanthaler kam, der 20 Jahre
lang diesen Unterricht mit unermüdetem Eifer ertheilte, und
im Sept. 1854 ein Opfer der Cholera wurde, wo nun seit
1855 dieser Unterricht von dem Bildhauer Johann Weißer
bis jetzt fortgesetzt wird.

---

*) Inhaber des mechanischen Institutes unter der Firma: von Rei-
chenbach und Ertl, welches im In= und Auslande berühmt ist.

Für den Unterricht im Ciseliren und in getriebe=
ner Arbeit, wurde zum ersten Male im Jahre 1855 ein
eigener Lehrkurs durch den Modelleur Andreas Fortner er=
öffnet; der nach dem Tode deßselben 1862 dem Ciseleur und
Graveur Joseph Heiden übertragen ward.

Die Zeichnungsschule

seit 1795 bestehend, deren Gründer Prof. Mitterer ist,
wurde nach seinem Tode (1829) von den auserlesensten sei=
ner Schüler, die er selbst zu Lehrern bildete, und ihn bereits
schon seit mehreren Jahren in seinem Lehramte und in der
Ausarbeitung der nöthigen Zeichnungsvorlagen thätig unter=
stützten, nach seiner Methode fortgesetzt; wobei dem Zeich=
nungslehrer Lorenz Schöpf der schon 1809 zu Mitterer
kam, und seit 1812/13 die Zeichnungsklasse der Lehrjungen
besorgte, nun auch die der Gesellen, welche Mitterer be=
reits versah, übertragen, dann dem Franz Hanfstängl der
schon seit 1819/20 den Freihandzeichnungsunterricht ertheilte,
die II. Klasse der Freihandzeichnung und dem Jos. Sebel=
mair der seit 1822 als Hilfslehrer funktionirte, die I. Klasse
übergeben wurde.

Im Schuljahre 1830/31 mußte eine weitere Abtheilung
der I. Zeichnungsklasse errichtet werden, welche dem Bildhauer
und Zeichnungslehrer Peter Schöpf junior, und 1832/33
dem Zeichnungslehrer Ignaz Bergmann übertragen ward.

Durch den freiwilligen Austritt des Franz Hanfstängl*)
rückte 1833/34 Ignaz Bergmann in die II. Zeichnungs=
klasse vor und die I. Klasse B übernahm der Historienmaler
Wilhelm Röckl, dann im Schuljahre 1835/36 der Lehr=
amtskandidat Heinrich Weishaupt.

Im darauffolgendem Jahre wurde die II. und III. Zeich=
nungsklasse jede in zwei Abtheilungen getheilt, wobei eine

---

*) Derzeit k. sächs. Hofrath.

Abtheilung dieser Klassen für das Freihand= und Ornamentenzeichnen, die andere Abtheilung für geometrische Linear= und Architekturzeichnung bestimmt waren, und die I. Klasse für Freihandzeichnung dem Lehrer J. B. Siber übertragen ward.

Im Schuljahre 1837/38 erhielt die Zeichnungsschule wieder eine andere Eintheilung,*) sie wurde nämlich in fünf getrennte untergeordnete Klassen getheilt, wovon die ersten drei Klassen für das Freihandzeichnen bestimmt und den Lehrern J. B. Siber, Sedelmair und Bergmann übertragen, die IV. und V. Klasse aber das geometrische Linear= und Architekturzeichnen umfaßte und dem Lehrer Weishaupt und Lorenz Schöpf zugetheilt wurde.

Wegen Ueberfüllung der I. Klasse mußte schon 1838/39 eine weitere Abtheilung derselben errichtet werden, welche dem Lehrer Dilger, dann im Schuljahre 1841/42 dem Jakob Filser übertragen ward, der dann auch im Jahre 1855/56 eine weitere Abtheilung der II. Klasse übernahm.

Eine weitere Abtheilung der III. Klasse folgte 1856/57, welche Jos. Rheingruber übergeben wurde,**) und bald darauf auch die der IV. Klasse; wobei statt des Lorenz Schöpf welcher wegen geschwächter Gesundheit in Ruhestand versetzt wurde, im Schuljahre 1857/58 Heinrich Weishaupt an dessen Stelle kam, und die Lehrer Herrmann Schöpf und Johann Schönig für die beiden Abtheilungen der IV. Klasse angestellt wurden; im Schuljahre 1858/59 ward durch die Pensionirung des Lehrers Ignaz Bergmann, die III. Klasse Jos. Sedelmair übertragen und für die II. Klasse der Dekorationsmaler Karl Wittmann angestellt; so daß nun diese Zeichnungsklassen in der Weise vertheilt sind:

daß die V. Klasse, Weishaupt,

---

*) In dem von der Inspektion der Handwerks=Feiertagsschule herausgegebenen Programme über die verschiedenen Unterrichtsgegenstände dieser Anstalt 1837, findet sich die Klasseneintheilung und Lehrstoff derselben ausführlich niedergelegt.

**) Auf Vorschlag des Zeichnungslehrers Weishaupt wurde Lithograph Rheingruber für diese Klasse gewonnen.

die IV. Klaſſe a und b, Schöpf und Schönig,
die III. Klaſſe a u. b, Sedelmair u. Rheingruber,
die II. Klaſſe a und b, Filſer und Wittmann, und
die I. Klaſſe J. B. Siber beſorgte.

Seit dem Schuljahre 1861/62 erhielt auch die I. Klaſſe
eine weitere Abtheilung, welche dem Joſ. Fröhlich, dann
1862/63 dem Joſ. Hahn übertragen ward.

II. Unterhalts-Mittel, Geſchenke und Preiſeſtiftungen, welche der Feiertagsſchule zu Theil geworden.

Die Entwickelungsgeſchichte dieſer Feiertagsſchule zeigt,
wie dieſelbe in den erſten zehn Jahren ihres Beſtehens gleich=
ſam in einem Nomaden=Zuſtande ſich befand, und ihr erſter
Gründer in dieſer Periode mit ſeiner immer wachſenden
Schülermenge von einem Dache zum andern ziehen mußte,
wobei noch die Mittel zum Unterhalte dieſer neuen Anſtalt
zu beſchränkt waren, als daß man, wenn einſt Keſers Un=
ermüdlichkeit erlahmen würde, auf einen dauernden Beſtand
derſelbe hätte rechnen können.

Nur Wohlthäter und Schulfreunde ſorgten anfänglich für
ihren Unterhalt, ſo gaben ſeit ſechs Jahren ihres Beſtehens
die ſtädtiſchen Stiftungen zum Ankauf von Brenn=
holz und Schulrequiſiten*) jährlich   . . .   100 fl.
Die hieſigen Bruderſchaften ſpendeten jährlich
einen freiwilligen Beitrag für die Mühewalt=
ung Keſers von . . . .   173 fl.

----

*) Wovon die Lehrjungen Federn, Tinte, Papier u. ſ. w. unent=
geltlich erhielten.

Die Landschaft bewilligte seit 1798 für den Zeichnungslehrer	100 fl.
Die zufälligen jährlichen Einnahmen*) bezifferten sich ohngefähr auf	154 fl.
Es betrug demnach die Einnahme dieser 6 Jahre im Ganzen	2762 fl.

Werden ferners für die dreimalige Preisevertheil=
ung 300 fl. und für die erste Anschaffung der
Bänke und Tische ꝛc. ꝛc. 400 fl. gerechnet, so be=
ziffert sich der Unterhaltskosten in diesen 6 Jah=
ren auf . . . . 3462 fl.

Im Jahre 1799 spendete auf bringende Vor=
stellung der Feiertagschulkommission die Stadt=
kammer . . . . <u>100 fl.</u>

Zugleich bewilligte Churfürst Maximilian
für die Feiertagsschule eine jährliche Rente von 500 fl.
und da die Beitragsgelder der Innungen, Zünfte
und Handwerke seit dem letzten Jahre nicht so er=
giebig ausfielen, so erhielten schon im Jahre 1799
die fünf Mitlehrer Kefers eine Gehaltszulage, er
selbst eine fire Besoldung von 500 fl., welcher der
Magistrat noch 200 fl. beilegte.

So viel sich auch der unsterbliche Gründer dieser Anstalt
Mühe gab für seine einzige Tochter — wie er diese von ihm
erreichtete Anstalt nannte — einen Fond auszumitteln, oder
ein wohlthätiges Legat zu erhalten, so gelang es ihm in der
ersten Dekade, die er nicht zu erleben das Glück hatte, doch
nicht.

Erst in der zweiten Dekade hatte sich das Schicksal die=
ser Schule um vieles gebessert, dieselbe erhielt einen stabilen
Platz, ein geräumiges Gebäude, das gegenwärtige Schulhaus
am Kreuz, (das ehemalige Hofwaisenhaus) wurde um die

---

*) Dieselben bestanden aus freiwilligen und willkürlichen Beiträgen
der Innungen, Handwerke und Zünfte, welche eigentlich erst seit 1795
für den Unterhalt der drei Nebengehilfen gespendet wurden.

Summe von 15,140 fl. angekauft, und unter Mithilfe der Gemeinde im Jahre 1803 gegen einen Aufwand von 12,000 fl. zu einer förmlichen Handwerksfeiertagsschule umgeschaffen, und dessen nöthige Einrichtung auf Kosten der Regierung und der kleinen Schulkasse hergestellt.

Seit dieser Zeit stand nun diese Schule wie ein guter Baum in fruchtbarer Erde eingewurzelt unbeweglich fest, blühte und brachte tausendfältige Früchte.

Die Regierung welche das Gedeihen dieser Anstalt mit Wohlgefallen sah, wendete derselben ihre Unterstützung zu, dieselbe bewilligte schon im Jahre 1803 zu den verhältnißmäßigen Zulagen und Honoraren der Lehrer . . . . 1000 fl. und da die bisherigen Ausgaben für die Feier= tagsschule mit der Einnahme in keinem gehörigen Verhältniß mehr stand, so bewilligte auf Veran= lassung der Feiertagsschulkommission im Jahre 1805 die Regierung noch einen jährlichen Beitrag von 400 fl. aus der deutschen Schulfondskasse und 1808 aus der ehemaligen landschaftl. Kasse wie bisher . 100 fl. und jedes Preisjahr . . . . 150 fl. besonders, und für die weibliche Feiertagsschule . 100 fl.

Auch bestimmte König Max zur Anschaf= fung der nöthigen Materialien*) und Werkzeuge für die praktische Mechanikschule jährlich . . . 100 fl. Und übermachte durch die k. Centralstiftungsab= ministration der männlichen Feiertagsschule eine jährliche Dotation von . . . . 12000 fl. welche derselben seit 1808/09 zuflossen.

Die allenthalben sichtbar gewordenen guten Folgen dieser Schule erwarben ihr endlich auch noch viele Wohlthäter, welche durch Geschenke und Vermächtnisse für die schon seit 1795 bestehenden öffentlichen Preisevertheilung an die besseren

---

*) Bisher mußten die Schüler auf eigene Kosten die Materialien zu den von ihnen zu verfertigenden Modellen herbeischaffen.

Schüler dieser Anstalt, bedeutende Preisestiftungen spen=
deten, daher die Namen dieser wohlthätigen Schulfreunde hier
eine ehrende Anerkennung finden sollen.

Die bayerische Salzhandels=Gesellschaft*) setzte
einen Preis zu 130 fl. mit vier Nebenpreisen zu 13 fl. fest,
welche 1803 zum erstenmale an die männliche Feiertagsschule
zur Vertheilung kamen, und der Magistrat ließ Preisme=
daillen schlagen.

Die Gesellschaft der Harmonie bestimmte im Jahre
1805, für Preise . . . . 108 fl.

In demselben Jahre vermachte Dekan Jos. Karl Hetzer
der Feiertagsschule . . . . 4000 fl.

Im Jahre 1806 legirte Dr. Dellerer aus München
derselben . . . . 100 fl. **)
und Nep. v. Mendl, Ritter von Steinfels, Frhr. v. Ler=
chenfeld'scher Sekretär, übergab dieser Anstalt eine systemati=
sche Sammlung von 602 römischen Münzen.

Im Jahre 1808 testirte der Hofkammerrath Andreas v.
Andrä dieser Schule . . . . 500 fl.

Im darauffolgenden Jahre der geistl. Rath und Hofka=
plan Joh. Nep. Motzler . . . . 50 fl. ***)
und der Handelsmann und Gemeindebevollmächtigte Johann
Georg Knogler schenkte der Feiertagsschule ein Kabinet von
Material= und Spezereiwaaren, sowie auch . 110 fl. †)
um von den Zinsen derselben dem würdigsten Schüler aus

---

*) Im August 1802 bestimmten die Mitglieder der damals sich auf=
lösenden Salzhandlungsgesellschaft den Betrag von 12,990 fl. 40 kr. für
das Armeninstitut und die Feiertagsschulen, und zwar in der Art, daß ein
Zehntel der hieraus anfallenden Zinsen zur Vermehrung des Kapitales,
zwei Zehntel für den Armenfond und die übrigen sieben Zehntel zu Geld=
preisen an den beiden Feiertagsschulen zu verwenden sind.

**) Zu einem Preise für einen durch Fleiß und gute Sitten
ausgezeichneten Feiertagsschüler, der 1806 zum erstenmal vertheilt wurde.

***) Je 25 fl. für je einen preiswürdigen Gesellen und Lehrjungen.

†) Magistratsrath Knogler unterstützte auch die Schule mit Tinten,
Spezies und Lampenöl, und ergänzte ebenfalls von Zeit zu Zeit obiges tech=
nologisches Waarenkabinet.

dem Unterrichte über Naturgeschichte, Technologie und Waaren=
kunde alle zwei Jahre einen Preis von 10 fl. geben zu
können.

Im Jahre 1813 übergab der ehemalige Kreisbauinspek=
tor Baurath Dr. Vorherr ein architektonisches Werk*) wo=
raus 121 fl. erlöst wurden · und bestimmte diese Summe zu
einem Architekturpreis für die Zeichnungsschule.

In demselben Jahre testirte auch der Hofjuwelier Jos.
Zwettler der Feiertagsschule ein Kapital von . 3000 fl.
von dessen Zinsen die Hauptpreise genommen werden dürfen.

Der Bierbrauer Häusler übergab . . . 200 fl.

Der geheime Rath v. Utzschneider . . . 650 fl.

Der General=Kontrolleur der k. Staatsschuldentilgungs=
Kommission Andrä v. Dallarmi cedirte derselben in eilf
verschiedenen Posten . . . . 6901 fl.

Bonaventura Eisele . . . . 100 fl.,
so daß im Jahre 1819 in welchem auch diese Schule unter
der Obhut der neugebildeten Gemeindeverwaltung gestellt
wurde, für sie ein Kapital von 15,261 fl. 40 kr. übergeben
werden konnte.

Indeß fanden sich auch unter der Verwaltung des Ma=
gistrates viele Wohlthäter für diese Anstalt.

Kath. Heiß, Ehefrau eines bürgerl. Floßmeisters dahier,
stiftete im J. 1820 einen Geldpreis mittelst eines Kapitals
von 200 fl. und bestimmte, daß dessen Zinsen abwechslungsweise
an der St. Peterspfarr=Mädchenschule, und an der weiblichen
Feiertagsschule, jedesmal an eine der sittlichsten und ärmsten
Schülerin ertheilt werden sollen.

Im Jahre 1821 vermachte der Lederermeister Bechlan=
ner der Feiertagsschule . . . . 400 fl.

Maria Ostermayr, Tochter eines hiesigen Apothekers,
hat den ihr als Feiertagsschülerin im Jahre 1820 ertheilten
zweiten Hauptpreis von . . . . 100 fl.

---

*) Eine Sammlung verschiedener Baupläne für Volksschulgebäude
unter dem Titel „Dorfschule".

Weishaupt, Feiertagsschule.   10

der Feiertagsschule als Geschenk überlassen, um dessen jährlichen Zinsen zu einem neuen Preise zu verwenden.

Ebenso überließ Sophie Ostermayr, eine Schwester der obengenannten Stifterin, den im Jahre 1824 an der Feiertagsschule erhaltenen dritten Hauptpreis zu 70 fl. unter Darauflegung von 10 fl. der Feiertagsschule zur Gründung eines Religionspreises.

Im Jahre 1826 vermachte Martin Menzinger, Oberrechnungsrath . . . . 1000 fl.

Jos. Schneider, Hufschmied . . . . . 200 fl.

Ursula Erlacher, Zimmermeistersgattin . 50 fl.

Im Jahre 1827: Jos. Palmberger, Augsburgerbote 400 fl.

Simon Mayer, Pfarrer in Röhrmoos . 1000 fl.

Im Jahre 1828: der Kanonikus des Kollegiatstifts zu U. L. Frau, Anton Hertl, ... 400 fl.*)

Im Jahre 1832: Kath. Jacherl, Kanzleibotenstochter 120 fl.**)

Leonhard Stabler, Drechslermeister . . 100 fl.

Der 1835 in Eichstädt verstorbene vormalige Handelsmann, Privatier Paul Adrian Gandrille . 500 fl.

Im Jahre 1838: Mathias Neukäufler, Hofhutmacher 100 fl.***)

Peter Erlacher, Zimmermeister . . . . 50 fl.

Franz Xaver Sutner, Privatier . . . 50 fl.

Im Jahre 1839: der Priv. Joh. Jos. Streibl 100 fl.

Im Jahre 1841: der geistl. Rath und Religionslehrer Fischer . . . . 500 fl.

Bartlmä Mayerhofer, Silberarbeiter und Gemeindebevollmächtigter . . . . 500 fl.

---

*) Um die Zinsen davon einem bedürftigen Schüler und einer bedürftigen Schülerin als Preis zu vertheilen, welche durch Sittlichkeit und Fleiß sich auszeichnen würden.

**) Dessen Zinsen als Preis der sittlichsten Schülerin der weiblichen Feiertagsschule zugedacht ist.

***) Dessen Zinsen als Preis für einen würdigen Hutmacherlehrling bestimmt sind.

Diesen Stiftungen reihen sich noch mehrere kapitalisirte Schankungen an, welche ungenannte Schulfreunde und Wohlthäter zu dem gleichen Zwecke der Stiftung von Geldpreisen gemacht haben, sowie beinahe jährlich momentane Gaben zur Vertheilung als Preise überbracht werden, und deren Betrag in den Jahresberichten bei den Geldpreisen angezeigt ist; so, daß der Kapitalstock sich am Schlusse des Jahres 18$\frac{5}{6}\frac{8}{9}$ auf 36,650 fl. und am Schlusse des Jahres 18$\frac{6}{7}\frac{0}{1}$ auf 37,450 fl. belief.

Zu diesen bereits aufgezählten Legaten und Schankungen gesellte sich im Jahre 1852 ein Legat von 50 fl. aus dem Nachlasse des k. quiesc. Prof. und Priesters Albert Bauer und im Jahre 1857 vermachte der verstorbene Jos. Zotz, Maurer von der Vorstadt Au 100 fl., dessen jährlich anfallender Zins mit 4 fl. als Zeichnungspreis für einen Maurerlehrling aus der Vorstadt Au verwendet werden soll.

Im Jahre 1858 bestimmte der k. b. quiesc. Oberkirchenrath Jos. Ritter von Wißmayr, ein Legat von 800 fl. zu dem Zwecke, daß von den Zinsen dieses Kapitales bei der alljährlich stattfindenden öffentlichen Preisevertheilung an den der deutschen Sprache kundigsten Feiertagsschüler, abwechselnd mit einer solchen Schülerin, als ein Hauptpreis unter der Benennung Wißmayr'scher Hauptpreis für die deutsche Sprachkunde 25 fl. in Geld nebst einem Exemplar der neuesten Auflage seines Lehrbuches der deutschen Sprache als Preisbuch vertheilt werde. *)

Der Verein zur Münchner-Jubiläums-Feier hat ferner den Reinerlös aus dessen Gedenkbuch von 200 fl. im Jahre 1859 an die magistratische Stiftungskasse mit der Bestimmung übersendet, daß die Zinsen aus diesem Kapitale unter dem Namen „Münchner Jubiläumsstiftung" als Geldpreis alljährlich an einen würdigen Schüler oder

---

*) Da keine Abdrücke dieses Werkes mehr vorhanden, so wurde ein anderes Lehrbuch dem Hauptpreise, der 1859 zum ersten Male zur Vertheilung kam, beigegeben.

an eine würdige Schülerin der Feiertagsschule ertheilt werden sollte. *)

Auch im Jahre 1860 hat Frau Maria Floßmann, Posthaltersgattin in Zorneding, als ehemalige Schülerin dieser Anstalt und Hauptpreisträgerin, diesen ihren Preis, in einem Sparkassabuche bestehend, mit sämmtlichen angefallenen Zinsen und einer Ergänzungssumme, zusammen 100 fl. an die magistratische Stiftungskasse mit der Bestimmung übermacht, daß aus den jedesmal zweijährigen Interessen dieses Kapitales ein Hauptpreis für ein fleißiges gesittetes Mädchen genannter Schule ausgesetzt werde, und fügte noch eine weitere Gabe von 8 fl. hinzu, damit schon für 1860, diese Summe unter der Bezeichnung „Frau Maria Floßmann'scher" Hauptpreis nach obiger Bestimmung zur Vertheilung gelange.

So hatte auch der hiesige Vergoldersohn Franz Radspieler seinen im Jahre 1861 als Schüler der Feiertagsschule empfangenen Hauptpreis im Betrag von 100 fl., dem Magistrate mit der Bestimmung übergeben, daß die zweijährigen Zinsen hieraus jedes andere Jahr unter der Benennung „Hauptpreis von dem Vergolder und Schüler der VI. Klasse A an der männlichen Central-Feiertagsschule Franz Radspieler" an einen würdigen Schüler verabreicht werden sollen. Derselbe ist 1863 zur ersten Vertheilung gekommen.

Im Jahre 1863 hatte auch ein unbekannt bleiben wollender Schulfreund als Preisestiftung für die männliche Centralfeiertagsschule zwei bayrische Staatsobligationen a 100 fl. zu 4⅖ mit der Bestimmung übergeben, daß in Austheilung fraglichen Geldpreises mit den Klassen gewechselt werde, so daß je nach 12 Jahren der Turnus mit der ersten Klasse IV A wieder beginne.

Damit nun dieser Preis schon in der Preisvertheilung

---

*) Derselbe Verein hat auch die nicht abgesetzten 102 Exemplare des obenerwähnten Gedenkbuches mit der Bestimmung übergeben, daß dieselben zu Preisebüchern in der Feiertagsschule verwendet werden sollen.

1863 verabfolgt werden könne, wurden die Jahreszinsen mit 8 fl. zu diesem Zwecke überlassen, während fernerhin derselbe wegen zweijährigen Zinsenanfalles immerhin 16 fl. beträgt.

Ferners beabsichtigte ein dankbarer Schüler Mitterers, im steten Hinblick auf den an der Handwerksfeiertagsschule dahier genossenen Unterricht die Gründung einer besondern Preisstiftung, und brachte die für diesen Zweck eigens geprägte Preismedaille im Jahre 1863 zum erstenmale zur Vertheilung.

Der edle Spender dieser kunstvollen von A. Stanger gefertigten Medaille, ist Hofrath Hanfstängl.

Diese Preisestiftungen sind theils ausschließend für die männliche und andere wieder bloß für die weibliche Feiertagsschule bestimmt; theils auch für beide zugleich gestiftet, daher schon im Jahre 1804 die Anordnung getroffen, daß diese Preisevertheilung zwischen der männlichen und weiblichen Feiertagsschule im Wechsel stattfinden soll, wie es noch heut zu Tage damit gehalten wird.

Zu den Preisen, welche ausschließend für die männliche Feiertagsschule gestiftet sind, gehören: der Dr. Vorherr'sche Architekturpreis, der Knogler'sche Preis für Naturgeschichte, Technologie und Waarenkunde, der Neukäufler'sche Preis für einen Hutmacherlehrling, der allgemeine Geldpreis von Mayerhofer, der Zott'sche Zeichnungspreis für einen Maurerlehrling von der Vorstadt Au, die beiden Religionspreise des Drechslermeister Stabler, und die des geistlichen Rath Fischer und noch einige andere, sowie auch die sechs Sittenpreise, welche gemäß der Statuten der Congregation der Lehrjungen aus den Mitteln derselben ertheilt werden.

Zudem hatte der Magistrat noch im Jahre 1836 für die werktägige Schule der praktischen Mechanik 2 Preise bestimmt, den ersten von 5, den zweiten von 3 bayerischen Thalern, und seit dem Jahre 1859 kam noch ein dritter hinzu, so daß der erste Preis 6 Doppelgulden, der zweite 2 Doppelvereinsthaler und der dritte 3 Vereinsthaler beträgt.

Dann im Jahre 1843 wo die männliche Feier=
tagsschule ihr 50jähriges Jubiläum feierte, und im Jahre
1852 wo die weibliche Feiertagsschule dasselbe Fest
beging, deren erstes Schuljahr und erste Preisevertheilung in
das Jahr 1802 fällt, hatte der Magistrat für beide Jubel=
jahre einen Jubelpreis von 150 fl. gespendet.

Nebst obigen gestifteten Hauptpreisen kommen aber nach
alljährlich für die männliche und weibliche Centralfeiertags=
schule, Geldpreise, Diplome und Bücher zur Vertheilung, so
daß im Jahre 1862 an die weibliche Central=Feier=
tagsschule nur an Geldpreisen allein:

16 Hauptpreise	530 fl.	30 kr.
3 Dienstbotenpreise .	25 fl. —	kr.
4 Religionspreise	16 fl.	15 kr.
und 8 Geldpreise in einem Etui .	14 fl. —	kr.
im Gesammtbetrag von	585 fl.	45 kr.

gespendet wurden; während im Jahre 1863 bei der männ=
lichen Handwerks= und Central=Feiertagsschule

29 Haupt= und 6 Sittenpreise .	516 fl.	30 kr.
3 Preise für die Mechanikschule . .	24 fl.	15 kr.
und 18 Geldpreise	31 fl.	30 kr.
im Betrag von	572 fl.	15 kr.

zur Vertheilung kamen, wobei jedoch die seit 1863 neugestif=
teten Preismedaillen nicht inbegriffen sind.

So bedeutend auch der kapitalisirte Fond und die Zu=
schüsse von Seite des Staates waren, so sind dieselben doch
nicht zureichend, um den jährlichen Bedarf dieser Unterrichts=
anstalten zu decken, und der Magistrat von dem Grundsatze
ausgehend, daß es der Schulunterricht sei, durch
welchen die Veredlung und das Glück seiner künf=
tigen Bürger, ja der Wohlstand des Landes ge=
gründet werden müsse, hatte sich die bestmöglichste Ver=
waltung nicht nur der Werktags= sondern auch der bereits
im schönsten Flore dastehenden Feiertagsschulen zur uner=
schütterlichen Aufgabe gemacht, und ausgesprochen, daß zur

Erreichung dieser guten Absicht kein Mittel ge=
scheut werden dürfe; derselbe verwendete schon vom Jahre
1818/19 anfangend bis zum Schluffe 1842 aus den eigenen
Mitteln der Gemeinde, sohin ohne Einrechnung des kapitali=
strenden Fondes, ohne Zuschüsse von Seiten des Staates,
einer Stiftung oder eines Privaten für die Unterrichtsan=
stalten eine Summe von 992,207 fl., worunter für die Feier=
tagsschule allein 102,579 fl. begriffen sind, und faßte 1843
den Beschluß, den regelmäßigen jährlichen Zuschuß von
33,000 fl. um 5000 fl. zu erhöhen.*)

III. Preisvertheilung der Feiertagsschule.

Im Schuljahre 1802/03 wurden zum erstenmale die von
der bayerischen Salzhandelsgesellschaft gestifte=
ten fünf Hauptpreise an Lehrjungen vertheilt, wovon
der erste Hauptpreis aus einem Kapitalbrief von 130 fl. und
jeder der vier andern aus 13 fl. in einer Börse bestand.

Nebst diesen fünf Hauptpreisen erhielten preiswürdige
Lehrjungen noch Preise, welche aus neuen Kleidungsstücken
z. B. Tuch zu einem Ueberrock oder Hose u. dgl. und aus

---

*) In den Jahresberichten der Feiertagsschule von 1843 und 1852
sind die geleisteten Zuschüsse der Gemeindecaffe Münchens für die Unter=
richtsanstalten der Stadt zusammengestellt, woraus sich der Gesammtauf=
wand des Magistrates für dieselben nach den einzelnen Positionen entneh=
men läßt. Dieser betrug vom Jahre 1818/19 bis 1842/43 die Summe
von 992,207 fl. und von dort bis 1850/51 die weitere Summe von
459,399 fl. — wovon die Gesammtsumme dieser Leistungen für die Fei=
ertagsschule allein von 1818/19 bis 1842/43 sonach in 24 Jahren die
Summe von 102,579 fl. und für die 9 Jahre bis zum Schluffe des
Jahres 1850/51 weitere 32,518 fl. betragen.

Büchern bestanden, wie es auch bei den früheren Preisever=
theilungen üblich war.

So bestand auch ein erster Preis des Jahres 1801 aus
einem Wanderbündel nebst dem Material und Detail zu einer
vollständigen Kleidung von Fuß bis zu Kopf im Werth von
80 fl. den ein Silberarbeitersjunge, Tobias Schallhammer
erhielt, und von den damaligen Kommissionsmitgliedern der
Feiertagsschule Albert sen, Scheichenpflueg, Schmet=
terer und Stadtrath von Müller gespendet wurde.

Die Gesellen erhielten größere und kleinere Medaillen
und Denkmünzen im Werthe von 4 fl., 2 fl. 24 kr. und 1 fl.
12 kr., welche der Magistrat schlagen ließ; auch erlaubte
schon im Jahre 1799 der Churfürst, daß jenen Gesellen, die
wichtiger Angelegenheiten halber die Schule vor Ende des
Schuljahres zu verlassen genöthiget waren, ihre verdienten
Preise nachgeschickt erhielten.

Auf Veranstaltung der für das Wohl der Schule sehr
thätigen Komulativ=Kommission wurde im Schuljahr 1803/04
wo keine Preisevertheilung traf, an 344 der bestverdienten
Schüler, neue, sehr schön in Kupfer gestochene Preiszeugnisse*)
vertheilt mit der Aufschrift:

„Anspruch auf des Staates Lohn für Tugend, Kunst
und Fleiß.

Dein wie bisher fortwährender Eifer verspricht Dir
bald und sicher eine öffentliche Belohnung von Seite der
männlichen Feiertagsschule. Zum Zeichen der Zufrie=
denheit ertheilt dem . . .

München den 26. Aug. 1804.

Im darauffolgenden Preisejahre 1804/05 wurden gegen
400 Preise an die würdigsten Schüler vertheilt, worunter 6
Geldpreise, der erste mit einem Kapitalbrief von 100 fl., für

---

*) Später, 1826 ward dasselbe durch ein durch Joh. Ev. Metten=
leitner lithographirtes Zeugniß ersetzt, und 1859 statt diesem ein vor
Herrwegen gefertigtes ausgetheilt.

einen Lehrjungen, bie übrigen Preise bestanden aus Kleidungs=
stücken, Instrumenten (Reißzeugen), Büchern, Medaillen und
Denkmünzen.

Die Hauptpreiseträger wurden, nach dem Beschlusse der
Feiertagsschulkommission 1804, durch bie Stimmenmehrheit der
Schüler der IV. und III. Klasse nach gehöriger Rücksprache mit
ben Lehrern der Religionsabtheilungen und ber Klassen, frei
gewählt ; bie Hauptpreise selbst aber nach einer mehr verhält=
nißmäßigen Stufenfolge geordnet. *)

Seit 1808/09 wurden zum ersten Male nur an Lehrjungen
allein Preise vertheilt, und die Gesellen, denen der Fortschritt
in nützlichen zu ihrem Berufe bienlichen Kenntnissen, hin=
längliche Belohnung sein mußte, erhielten nur bann Preise,
wenn sie nebst Auszeichnung im sittlichen Betragen und flei=
ßigem Schulbesuche, ein vorzügliches Kunstprodukt, Handzeich=
nung ober in ber Schule der praktischen Mechanik ein Mo=
bell von einer brauchbaren Maschine bearbeitet, und der Lehr=
anstalt als Denkmal des Fleißes und der Dankbarkeit für
den erhaltenen Unterricht aufgestellt hatten.

Diese feiertägliche Lehranstalt, hatte seit ihrem
Entstehen alle 2 Jahre bei der Preisevertheilung ihre Fort=
schritte in einer Rebe öffentlich bargestellt; **) so wie auch

---

*) Nur solche Schüler ober Schülerinnen sind nach dieser Anordnung
wählbar, welche ben höheren Klassen der Schule angehören, ein bestimm=
tes Alter zurückgelegt haben, und während einer bestimmten Anzahl von
Jahren Preise errungen haben. Jeder Schüler, ober jebe Schülerin bieser
Klasse hat aus bem alphabetischen Berzeichnisse ber nach ben angegebenen
Bestimmungen Wählbaren brei zu wählen; bie Wahl nach ber Majorität
der Stimmen unterliegt jeboch ber Bestätigung ber Wahlkommission. Diese
Verordnung wurde im Jahre 1814 bei ber bis bahin stattgefundenen Ver=
mehrung bieser Gelbpreise mit näheren Bestimmungen über bie Wahlform
erneuert.

**) Die ersten 4 Rechenschaftsreben sind von Prof. Kefer und
erschienen unter bem Titel: „Rebe über bie Absicht, ben Nutzen und bie
wesentliche Einrichtung der in München errichteten Feiertagsschule für
Handwerksgesellen und Jungen. Verfaßt und abgelesen bei der
ersten vorgenommenen Prüfung auf bem hiesigen Rathhaussaale, von F.
X. Kefer, 1795." Dann „Rechenschaft, welche über ben Zustanb

abwechslungsweise von Seite der weiblichen Feiertagsschule bis zum Jahre 1809, dasselbe beobachtet wurde.

Seit diesem Jahre geschah dieses in der Form eines Jahresberichtes jährlich von beiden Lehranstalten zugleich.

Im Schuljahre 1812/13 kamen ohne den Bücherpreisen, 42 Geld- und Instrumentenpreise zur Vertheilung im Werth von 565 fl. 36 kr., worunter 10 Hauptpreise für die Lehrjungen waren, und 19 Geldpreise für die Schüler der praktischen Mechanik, welche aus Gesellen bestanden.

Im Schuljahre 1818/19 erhielten letztere die bayerische Konstitutions-Denkmünze und zugleich noch zweckmäßige Unterrichtswerke der lithographischen Kunstanstalt, nämlich Mitterers bürgerliche Bau- und Zimmerwerkskunst, Voits landwirthschaftliche Baukunst, u. dgl. als Preise.

Am Schlusse der dritten Dekade 1822/23 erschienen noch bei diesem Preisvertheilungsfeste die Schüler im Feierkleide mit ihren blanken Werkzeugen geschmückt, in langen bunten Reihen aufgestellt (eine letzte Verfügung welche Prof. Keser vor dem Schlusse der ersten Dekade noch machte), und priesen Gott, den König und das Vaterland, und schwengten Hammer, Art und Winkelmaß; und tausend Stimmen erschallten im Jubelgesange.

---

der bürgerlichen Feiertagsschule bei der am hiesigen Rathhause 2. öffentlichen Prüfung abgelegt worden ist, von F. X. Keser, 13. Aug. 1797." „Rechenschaftsrede, über die Fortschritte der bürgerlichen Feiertagsschule vom Jahre 1797 bis 1799 bei der 3. öffentlichen Preisvertheilung 1. Sept. 1799; und desgleichen vom Jahre 1799 bis 1801 bei der 4. öffentlichen Preisvertheilung 13. Sept. 1801. Die fünfte Rechenschaftsrede, verfaßt von Math. Weichselbaumer" erschien unter folgendem Titel: „Skizze der ersten Dekade der männlich-bürgerlichen Feiertagsschule für Handwerksgesellen und Jungen, vom Jahre 1793 bis 1803, bei der auf dem hiesigen Rathhause fünften öffentlich vorgenommenen Preisvertheilung den 11. Sept. 1803 abgelesen von Math. Weichselbaumer. Die nachfolgenden hatten den einfachen Titel: „Ueber die Fortschritte der männlichen Feiertagsschule," dann seit 1810 bis jetzt „Jahresbericht über den Zustand der männlichen, wie auch der weiblichen Sonn- und Feiertagsschulen".

In diesem Schlußjahre der dritten Dekade wurden nebst Denkmünzen Reißzeuge und Büchern, noch 6 Geldpreise für die praktische Mechanikschule und 14 Hauptpreise im Gesammtwerth von 616 fl. 15 kr. vertheilt. *)

Im Jahre 1825 wurden noch die Schüler der praktischen Mechanik mit Medaillen beschenkt; seit dem Jahre 1827 unterblieb dieses, und die preiswürdigen Schüler wurden bloß in dem Jahresberichte aufgeführt, so wie überhaupt für die höheren Lehr= und Kunstfächer, mit Ausnahme des Preises für die Naturgeschichte, Technologie und Waarenkunde, keine weitere Preisestiftung für die Gesellenschule sich vorfand, daher auch die Gesellen und die Zuhörer dieser höhern Lehrgegenstände nie Preise erhielten. Nebst den Hauptpreisen sind den Lehrjungen Denkmünzen und Bücherpreise ertheilt worden; auch wurden jene Lehrjungen, welche die Zeichnungsklassen besuchten mit Preisebüchern und die ersten jeder Klasse mit Medaillen im Werth von 2 fl. 24 kr. beschenkt.

Seit dem Jahre 1837 erhielten dieselben statt der Bücher Preisediplome,**) welche dann später auch die Schüler der praktischen Mechanik und Bossirschule erhielten.

Auch den Gesellen, welche diese Kunstfächer besuchten, wurden diese Diplome und Medaillen ertheilt, und im Jubeljahre 1843 kamen noch nebst dem Jubelpreise von 150 fl. welchen der Magistrat spendete, 30 Geld= und 6 Sittenpreise welch letztere aus den Mitteln der Congregation der Lehrjungen bestritten wurden, zur Vertheilung.

Seit dem Jahre 1859 wurden statt der Medaillen Geldpreise im Werthe von 1 fl. 45 kr. und im Jahre 1861 neue Preisdiplome***) für die Zeichnungs=, Bossir=, Ciselir=

---

*) Die 14 Hauptpreise beliefen sich auf 426 fl. 30 kr., die 6 Mechanikpreise auf 58 fl. 36 kr. Die Denkmünzen und Reißzeuge kosteten 29 fl. 6 kr. und die 288 Bücherpreise 102 fl. 3 kr.

**) Dieses Diplom enthält eine Bavaria von dem Kupferstecher M. Mettenleiter mit Kreide lithographirt, wobei die Schrift von Joh. Ev. Mettenleiter gravirt ist.

***) Von Jos. Rheingruber entworfen und gravirt.

und praktische Mechanikschule gespendet, auch kamen im Jahre 1863 zum Erstenmale hiefür eigens geprägte silberne und bronzene Preismedaillen zur Vertheilung.

Haben allerdings diese Preisestiftungen den Zweck, zum Besuche der Feiertagsschule zu ermuntern, und mögen die bedeutenderen derselben wohl schon manchen braven aber armen Feiertagsschüler und manchem braven aber armen Mädchen zum Fortkommen und zur Begründung einer Existenz beigetragen haben, — so ist dessenungeachtet die Schule darum nicht minder um ihrer selbst willen besucht worden.

Ueberhaupt muß der Gewinn, welchen die Lehrlinge, Gesellen, einstige Meister und Bürger jeder Gattung aus dieser Schule ziehen, von einem höhern Standpunkte aus, auf welchen uns die Zeitverhältnisse erhoben haben, betrachtet werden.

Es ist nicht mehr das gemeine Handwerk, welches dem Bürger unserer Zeit ernährt, der andauernde Friede hat eine Brücke in ein Gebiet, wohin sich alle Völker drängen, aufgeschlagen, es ist das Gebiet der höhern Industrie und Fabrikation, in welchem die Kunst als Meisterin thronet; es wird und muß die Zeit kommen, und sie ist zum Theil schon da, daß das eigentliche Leben nur auf diesem Gebiete sich bewegt, und um die Gunst der Meisterin buhlet, bis sie sich vermählen wird mit jenem höhern intelligenten Leben.

Beklagenswerth ist dann Jeder, der diese Brücke nicht überschritten hat, er bleibt im gemeinen Gebiete — ein armer Händler oder Detailist seiner geistlos und mühsam geschaffenen Handprodukte, an welchen der Schweiß seines Blutes aber kein Gewinn für das Leben hängt.

Das große Verdienst der Gründer dieser Handwerksschule, denen die kommende Zeit im Geiste vorschwebte, liegt gerade darin, daß sie dieselbe als Brücke in das bessere Gebiet ins Leben riefen.

Geschichtliche Entwickelung

der

weiblichen Feiertagsschule in München,

vom Jahre 1801 ihres Entstehens bis 1861/62 ihres 60jährigen Bestandes.

———

Entwickelung der im Jahre 1801 errichteten weiblichen Feiertagsschule in München.

———

Obgleich gegenwärtig die beiden (männliche und weibliche) Feiertagsschulen durch den gemeinsamen Zweck der Fortbildung der nicht mehr werktagsschulpflichtigen Jugend, durch die Gemeinschaftlichkeit der Leitung, der Fonds und der Preise-Stiftungen als eine Schule anzusehen sind, so fällt doch die Errichtung der weiblichen Feiertagsschule um neun Jahre später, und hatte sich dieselbe durch viele Jahre hindurch selbstständig zu bewegen und zu erhalten.

Ein Rückblick auf die Entstehung dieser Schulen bestätigt die Wahrheit, daß ein guter Same selten vereinzelte Früchte trägt, und daß Institutionen, wenn sie auf ein wirkliches Bedürfniß sich stützen, selbst unter kümmerlicher Ausstattung langsam zwar; doch sicher gedeihen und sich erhalten.

So hatte sich die Feiertagsschule für Handwerksgesellen und Lehrjungen durch den in Münchens Kulturgeschichte unvergeßlichen Franz Xaver Kefer aus schwachem Keime von Jahr zu Jahr zur größeren Blüthe entfaltet. Nach kurzem Bestehen nannten sie damalige Schriftsteller und Zeitschriften eine Musterschule für Anstalten dieser Art.

Der Gedanke, eine gleiche Anstalt für das weibliche Geschlecht herzustellen, wurde bald lebendig, und das Bedürfniß und der Nutzen einer solchen Schule wurde nicht nur erkannt, sondern auch in Schulreden jener Zeit mehrfach ausgesprochen.

Die geistigen Kräfte des einzelnen Mannes, wenn auch wirksam von gleichgesinnten Mitarbeitern unterstützt, sowie die bis dahin der männlichen Feiertagsschule zugewendeten materiellen Mittel reichten jedoch dazu noch nicht aus.

Die Lösung dieser Aufgabe ward dem Churfürsten Maximilian Joseph (nachmals König Maximilian I.) vorbehalten, unter dessen ersten Regierungshandlungen die Vorsorge für die Unterrichts= und Bildungsanstalten hervorleuchtet.

Derselbe beauftragte bereits im Jahre 1801 den Gründer der Handwerks=Feiertagsschule zur Errichtung einer ähnlichen Schule für die weibliche Jugend.

In wie weit dieser Vorbereitungen zur Erfüllung dieses Auftrages treffen konnte, läßt sich nicht bestimmen, denn bald darauf (am 11. September 1802) überraschte ihn der Tod.

Indessen hatte eine Schullehrerin an der zur St. Peters= Pfarre gehörigen Schule im Thale, Aloisia Hübner mit Namen, im Jahre 1801 angefangen, erwachseneren Mädchen an Sonn= und Feiertagen in ihrer Wohnung Privatunterricht zu ertheilen, und suchte, bei Zunahme der Anmeldungen hiezu, am Schlusse des Schuljahres um die Bewilligung zur Errichtung einer öffentlichen Feiertagsschule nach.

Churfürst Maximilian ertheilte unterm 25. September 1801 nicht nur die Erlaubniß hiezu, sondern bestimmte auch die Beischaffung aller Requisiten und den freien Gebrauch von zwei Schulzimmern im Kloster der Frauen Servitinnen; das Brennholz mußten die Waldungen des Frauenklosters am Anger liefern, und die Schulbänke wurden aus Holzwerk angefertigt, welches vom abgebrochenen Kloster der Kapuziner vorhanden war.

Zugleich wurde Aloisia Hübner als erste Lehrerin an dieser neu errichteten Schule angestellt, und eröffnete unter Leitung und thätiger Mitwirkung des um Bayerns Schulwesen hoch verdienten damaligen Schulrathes Steiner, der zugleich Rektor der hiesigen deutschen Schulen war, im November 1801 die Feiertagsschule für Mädchen in Verbindung mit einer Indu= strie= oder Arbeitsschule.

Gleich am ersten Tage der Eröffnung meldeten sich über 300 lernbegierige Mädchen zur Aufnahme in die Schule an, und es stieg deren Anzahl bald auf 600, so daß der ernannten Lehrerin sogleich noch weitere drei Mitlehrer für den Unter= richt im Lesen, Schreiben und Rechnen, sowie zwei Arbeits= lehrerinnen für den Näh= und Strickunterricht beigegeben und die Schulzimmer vermehrt werden mußten.

Auch diese Schule hatte noch keinen eigenen Fond und keine gesicherten Einkünfte. Die Bezüge des bezeichneten Lehr= personals und die sonstigen Bedürfnisse der Schule wurden theils aus der churfürstlichen allgemeinen Schulfondskasse gewiesen, theils wurden sie gedeckt durch freiwillige Beiträge des Magistrats, der damals bei dem Schulwesen noch wenig zu schaffen hatte, sowie durch Unterstützung wohlwollender Menschenfreunde, welche keinem Unternehmen jemals fehlen wird, dessen gemeinnützige und segensreiche Erfolge die allge= meine Anerkennung finden.

Bürgerstöchter und insbesondere Dienstmädchen, mehren= theils reiferen Alters, deren es gar viele gab, welche bei dem früheren Zustand der Werktagsschulen keinen oder höchst man= gelhaften Schulunterricht genossen hatten, besuchten die Schule mit Fleiß und Lernbegierde, und lieferten so den einfachsten und schlagendsten Beweis für die Nothwendigkeit des Beste= hens einer Feiertagsschule für Mädchen.

Am Schlusse des ersten Schuljahres war auch schon die erste Preisevertheilung an dieser Schule, was bei der männ= lichen Feiertagsschule erst nach dem vierten Jahre ihres Be= stehens erreicht werden konnte.

Churfürst Max Joseph war es wieder, welcher für die unentgeltliche Abgabe der Preisebücher aus dem Schul= bücherverlage Sorge trug, und auch persönlich mit der Chur= fürstin Karoline der Preisevertheilung in dem hiesigen

Weishaupt, Feiertagsschule.   11

Rathhaussaale am 5. September 1802 beiwohnte, wo er ehr=
furchtvollst vom gesammten Magistrate und jubelnd von der
versammelt gewesenen Menge Seines Volkes empfangen wurde.

Die Feiertagsschülerinnen Helena Riebl aus München,
Magdalena Brandmair von daher, Barbara Huber aus
Aichach, Cäzilia Steiger aus Schwaben, Margaretha From
aus Neuburg und Mathilde Betz aus Schwaben empfingen
jede den ersten Preis in den zwei Klassen für den Elementar=
unterricht und in den zwei Klassen für die Handarbeiten von
dem churfürstlichen Paare dargereicht und mit freundlichen
Worten begleitet.

Bei dieser ersten Preisevertheilung wurde von
Aloisia Hübner, seit 11. April 1802 verehelichte Schlösser,
churfürstliche öffentliche Lehrerin an der weiblichen Feiertags=
schule, eine Rede über den Nutzen der weiblichen Feiertags=
schule abgelesen.

Als Lehr=Individuen finden wir aufgeführt: Louise
Schlösser in der dritten Klasse für Unterricht im Schreiben
und schriftlichen Uebungen; in der zweiten Klasse Lehrer Max
Heinlet für Lesen, Schreiben und schriftliche Uebungen; in
der ersten Klasse Lehrer Beyerlacher für die Anfangsgründe
im Lesen und Schreiben; Lehrer Fr. X. Brendl für die
Rechnenkunst; ferner Jungfer Agnes Luxi für die nöthigen
schönen Handarbeiten im Nähen, und Jungfer Elise Zangerl
für die nöthigen schönen Handarbeiten im Stricken.

Der verdienstvolle Schulrath Steiner, welcher bei der
Organisation besonders thätig war, hatte bis zur Aufstellung
von Lehrern selbst Unterricht ertheilt.

Das Erscheinen des erhabenen Fürstenpaares bei dieser
Preisevertheilungsfeier konnte den wohlthätigen Einfluß zu
Gunsten dieser Schule nicht verfehlen

Die erregte Theilnahme trat durch mannigfache Geschenke,
insbesondere aber durch die glänzenden Preisestiftungen hervor.

Während 1802 die in der Arbeitsschule gefertigten Hand=
arbeiten und dann auch Bücher als Preise vertheilt wurden,

konnten 1803 schon 182 fl. gegeben werden; 1804 folgten die von der aufgelösten Salzhandlungs=Gesellschaft gestifteten Preise. Wie und wann die weiteren Preisestiftungen sich ergeben, ist bereits bei den Zusätzen „Unterhaltsmittel, Geschenke und Preisestiftungen der Feiertagsschule" dargelegt.

Die Leitung des Jugend=Unterrichtes in dieser Periode, wo alle schulpflichtigen Kinder der Schule zugewiesen wurden, war eine schwierige Aufgabe.

Für die Kinder, die bisher des Schulunterrichtes entbehrten, wurden 1805 eigene Feiertagsschulen errichtet, die nach Erfüllung ihres Zweckes wieder aufgelöst wurden.

Der Feiertagsschule eilten erwachsene Töchter und Mägde und in Jahren vorgerückte Mütter mit ihren Töchtern zu, um mit den anwachsenden Kindern gleichen Schritt zu h..., während auch die aus der Werktagsschule entlassenen Mädchen eintraten.

Hiedurch wurden mannigfaltige, nach den Bedürfnissen wechselnde Ab= und Eintheilungen nothwendig.

Im Jahre 1812 finden wir diese Schule vollständig organisirt. Die erwähnten Uebergangsschulen waren verschwunden; die 1805 in das Wardi'sche Institut, dann in die Anger=schule verlegte erste Klasse wurde nach Einräumung neuer Lokalitäten zur Mutterschule zurückgezogen.

Die Schülerzahl für den Elementarunterricht war auf 1080 gestiegen und in vier Klassen getheilt, jede mit den nöthigen Abtheilungen.

Die erste Klasse ward vorzüglich von Dienstmägden und Töchtern, die den Nachtheil ihrer Unwissenheit fühlten, mit ausharrender Anstrengung besucht; die zweite Klasse stand der ersten fast gleich und war mehr der Zahl wegen getrennt; in der dritten erblickte man die eigentliche Feiertagsschule für Wiederholung und Befestigung; in der vierten aber die Ober=klasse. Hier suchte man die Schülerinnen zur vollendeten Fertigkeit und Richtigkeit im Lesen und Schreiben, im Schön= und Rechtschreiben zu bringen; die nothwendigsten Sprach=

und Schreibregeln wurden durch Uebungen eigen gemacht, und zu schriftlichen Aufsätzen Anleitung ertheilt.

Die Schülerinnen lernten vollständige Redesätze bilden, Sätze über ähnlich lautende Wörter, Beschreibungen, kleine Briefe, Konten, Quittungen fertigen u. dgl., dazu kamen Uebungen im mündlichen Vortrage.

Der Rechnungsunterricht wurde gesondert in drei Klassen ertheilt.

In der trefflich organisirten Näh= und Strickschule waren die minderjährigen Mädchen in einer eigenen Klasse versam= melt. Man schritt bis zu kunstfertigen Stickereien fort.

Auf dieser Grundlage bildete sich die Schule aus. Die Folgen der eingeführten Schulpflicht mußten die Vermehrung Schülerzahl, das allmälige Verschwinden der kenntnißlosen und der Eintritt wohlunterrichteter Mädchen sein.

Im Schuljahre 1825/26, wo die Zahl der Schülerinnen auf 1216 gestiegen war, nahm diese Schule eine andere Ge= staltung an.

An jeder Bezirksschule wurde eine Filialschule als Fort= bildungs=Anstalt der vollendeten Elementar=Schülerinnen er= öffnet; an der Mutterschule aber eine vierte und fünfte Klasse für gesteigerten Unterricht und eine Dienstbotenschule. Die ersteren erhielten den Namen „Elementar=", die letztere den Namen „höhere Feiertagsschule".

Rechnungs= und Arbeitsunterricht blieben an letzterer ge= trennt. Als nach Herstellung des Servitinnenklosters die innerhalb der Klausur für die Schule in Anspruch genomme= nen Räume für das Kloster nothwendig waren, wurden 1828 die Strick= und Spinnschule, und später (1833/34) zur Wieder= vereinigung dieser Anstalt alle andern Klassen in das Schul= haus im Rosenthale verlegt.

Die Nachwirkungen der Werktagsschulen machten, da die Schülerinnen fast sämmtlich aus der Werktagsschule übertraten, 1836 eine neue Organisation dieser Schule nothwendig.

Es ward der getrennte Rechnungsunterricht aufgehoben, und in jeder Klasse ertheilt.

Ebenso wurde die freie Wahl der Klassen aufgehoben, und die Schülerinnen nach ihren Kenntnissen eingewiesen.

Endlich nach Herstellung der Pfarreien gingen 1845 die Elementar-Feiertags- in Pfarr-Feiertags-, und die höhere Feiertags- in eine Central-Feiertagsschule über.

An jeder Pfarrschule besteht je nach Bedürfnissen eine erste, zweite und dritte Klasse für die jüngeren und minder unterrichteten Schülerinnen zur Befestigung und Erweiterung, wohl auch Steigerung der gewonnenen Kenntnisse; an der Centralschule aber eine vierte, fünfte und sechste Klasse zur Erweiterung und Steigerung der Kenntnisse in praktischer Anwendung für das bürgerliche Leben.

Neben diesen aber auch eine erste Vorbereitungsklasse für ältere Schülerinnen mit zu mangelhaften Vorkenntnissen. An diese Schule werden die Mädchen aller Bezirke überwiesen.

In allen Klassen geschieht die Aufnahme nach dem Grade der Vorkenntnisse.

Jedenfalls entspricht diese Organisation dem gegenwärtigen Stande der Schulen vollkommen, und gibt ein rühmliches Zeugniß von dem Stande des bayerischen Schulwesens.

Rühmt man 1812, daß so viele erwachsene, selbst 50-jährige Personen in die Feiertagsschule traten, so mag dieß ein ehrendes Zeugniß des Bildungseifers sein.

Nicht minder rühmenswerth bleibt es aber auch, daß vor mehr als zwanzig Jahren die letzte 38jährige Person, von auswärts gekommen, in die Schule trat, und daß die erste Klasse nicht ganz kenntnißlose, sondern nur zurückgebliebene oder an Alter vorgerückte Mädchen, denen der geringen Anzahl wegen auch andere beigegeben werden, in sich schließe, und zum Eintritt in die vierte Klasse vorbereite.

Was 1812 als Aufgabe der Oberklasse festgesetzt war, ist jetzt Aufgabe einer jeden der ersten Klassen und von jeder wird dieselbe mehr oder minder vollkommen erreicht.

Wird ferner gerühmt, daß manche Mädchen fünf und sechs Jahre die Schule besuchten, so führen wir nur an, daß gegenwärtig sechsjähriger Schulbesuch Bedingung für einen

Hauptpreis sei, und daß im Jahre 1852 in der obersten Klasse ganz allein über zwanzig wahlfähige Mädchen sich vorfanden, dann, daß manche die Schule noch fortbesuchten, die keine Preise mehr nehmen konnten.

Bei dieser durchgreifenden Organisation der Feiertags= schulen treten alle befähigten Schülerinnen in die höhern Klassen der Pfarr= oder Centralschule, daher auch in den oberen Klassen der Centralschule, in denen sich die Befähig= teren aller Bezirke vereinigen, eine Gewandtheit in Aufsätzen und im Rechnen, dann Kenntnisse in den Realien, angewendet auf die Verhältnisse des bürgerlichen Lebens, anzutreffen, die nur von gesteigerten Schulen nach gutem Elementarunterricht erwartet werden können.

Die Arbeitsschulen, nach der früheren Grundlage organisirt, erfuhren eine ähnliche Rückwirkung.

Aber hier minderte sich die Zahl der Schülerinnen, nach= dem in den Werktagsschulen Gelegenheit zur Erlernung der nothwendigen Arbeiten geboten ist, während jedoch immer sich von auswärts kommende Dienstboten einfinden. Dies gilt namentlich von der Strickschule.

In der Nähschule ist zwar Gelegenheit zum Sticken geboten, indem jedem Mädchen die Wahl der Arbeit frei ge= lassen ist; aber Kunststickereien sind, als dem Bedürfnisse der Schülerinnen nicht entsprechend, verschwunden. Dagegen ist für Erlernung der Näharbeiten und auch des Kleidermachens gehörig Vorsorge getroffen.

Das Nämliche gilt von der Spinnschule, wo für Unter= richt im Spinnen auf dem einfachen Rade, wie im Doppel= spinnen und im Spinnen mit der Spindel Vorsorge getroffen ist. In der St. Anna=Vorstadt besteht der entfernten Lage wegen (seit 1825,26) eine eigene Arbeitsschule.

Noch bleibt zu erwähnen, daß den Schülerinnen der Central=Feiertagsschule der Religionsunterricht, der 1807 an dieser Anstalt eingeführt wurde, in einem angemessenen Saale ertheilt wird, wofür seit 1851 zwei Religionslehrer aufgestellt sind, während an den Pfarr-Feiertagsschulen die Katecheten der Werktagsschulen den Religionsunterricht ertheilen.

Was ferner die äußeren Verhältnisse der weiblichen Feiertagsschule anbelangt, so kann bezüglich derselben bemerkt werden, daß bis zum Eintritte der Gemeindeverfassung nach dem Edikte von 1818, welche auch die deutschen Schulen naturgemäß in nähere Verbindung mit der Gemeinde-Verwaltung setzte, die Leitung und der Fond der Feiertagsschule für Mädchen von der für die männliche Jugend getrennt geblieben war.

Erst nach dem bezeichneten Zeitpunkte und der damit zusammenhängenden Errichtung einer eigenen Lokal-Schulkommission, welche die innern Verhältnisse der Schule zu ordnen hat, während die administrativen und finanziellen Verhältnisse dem Magistrate zufallen, wurden beide Schulen jener Kommission unterstellt und der Fond beider Schulen vereinigt.

Im Jahre 1852 wurde die Preisevertheilung seit des fünfzigjährigen Bestandes der weiblichen Feiertagsschule besonders festlich abgehalten, der Magistrat bestimmte einen Jubiläumspreis von 150 fl., welcher der Margaretha Böck, Stadtwagdienerstochter von München, 21 Jahre alt, Ladenmädchen bei Kaufmann J. B. Mayer, von der Preise-Wahlkommission zuerkannt wurde.*)

Dieser seltenen Jubiläumsfeier wohnte auch die erste an der weiblichen Feiertagsschule angestellte Lehrerin Aloisia Schlösser in dem hohen Alter von 80 Jahren bei.

Leider war es derselben nicht länger als drei Jahre gegönnt, an dieser Schule thätig zu sein.

---

*) Die benannte Preiseträgerin besuchte bereits seit neun Jahren die Feiertagsschule mit ununterbrochenem Fleiße, erwarb sich das Lob eines fortwährend ausgezeichnet sittlichen Betragens, erhielt an der Pfarr-Feiertagsschule Preisediplome, und an der Central-Feiertagsschule in der zweiten, dritten, vierten, fünften und sechsten Klasse Preise, sowie sie auch als eine thätige, fleißige Schülerin in der Arbeitsschule mit einem Preise für das Spinnen beschenkt worden ist.

Nichtsdestoweniger hat der Magistrat dieser verehrten Frau in Würdigung ihrer Verdienste um das Entstehen und den Anfang der weiblichen Feiertagsschulen eine Festgabe zuerkannt, und derselben 25 Dukaten in einem Etui nebst entsprechendem Begleitungsschreiben nach dem zur kirchlichen Feier dieses Festes stattgefundenen Dankamte überreichen lassen.

Schulbesuch während des 60jährigen Bestandes der weiblichen Feiertagsschule.

Schon im ersten Schuljahre 1801/2 besuchten 600 Schülerinnen diese neue Anstalt, und ihre Zahl vermehrte sich von Jahr zu Jahr, so daß 1812 am Schlußjahre der ersten Dekade dieser Schule sich bereits 1080 Schülerinnen einfanden.

Der Schulbesuch während der zweiten und der nachfolgenden Dekaden ist aus anliegenden Verzeichnissen zu entnehmen.

Inscribirte Schülerinnen der weiblichen Feiertagsschule während der zweiten Dekade.*)

Schuljahr.	Unterricht		Arbeitsschule		
	der vier Lehrklassen.	der drei Rechnungs-klassen.	Nähen.	Stricken.	Spinnen.
1812|13	1061	479	388	336	—
1813|14	984	610	295	337	—
1814|15	1024	700	330	302	—
1815|16	1036	788	270	338	—
1816|17	845	692	286	260	64
1817|18	803	672	282	225	80
1818|19	820	718	278	222	75
1819|20	898	759	292	219	83
1820|21	803	646	316	165	76
1821|22	798	649	303	132	72

*) Die Lehrschule dieser sonntäglichen Lehranstalt für minderjährige und erwachsene Töchter und Dienstboten hat drei Hauptabtheilungen: a) für den Unterricht in der Religion, b) im Schreiben und Lesen und c) im mündlichen und schriftlichen Rechnen. Die Arbeitsschule beschäftigt sich mit Stricken, Nähen und Spinnen; letzteres ward erst seit dem Schuljahre 1816/17 eingeführt.

Der Religionsunterricht wird allen Schülerinnen zusammen gemein-schaftlich in der ersten halben Stunde ertheilt. Zum Unterricht im Lesen und Schreiben sind dieselben in vier Klassen in besondere Lehrzimmer ab-getheilt; zum Unterricht im Rechnen in drei Klassen. Die Nähschule hat zwei Klassen und jede Klasse wieder zwei Abtheilungen; ebenso die Strick-schule. — Im Jahre 1819 ward auch der Gesangunterricht eingeführt und eine besondere Stunde dafür bestimmt.

Dritte Dekade.*)

Schuljahr.	Höhere weibliche Feiertagsschule, Lehr- und Arbeitsschule						Niedere Elementar-Feiertagsschulen	
	Religion, Schreiben, Lesen u andere gemeinnützige Kenntnisse.	Rechnungs-Unterricht.	Nähen.	Stricken.	Spinnen.		Lehrschule.	Industrieschule.
1822|23	800	666	289	186	83		—	—
1823|24	875	676	305	229	83			—
1824|25	901	853	376	245	84		—	—
1825|26	543	417	211	152	54		673	120
1826|27	519	384	234	130	56		586	142
1827|28	529	374	209	152	63		623	170
1828|29	573	381	242	139	61		574	77
1829|30	513	482	218	112	41		569	119
1830|31	446	455	224	107	64		494	49
1831|32	519	430	190	112	77		530	30

*) Seit 1825/26 ward die Feiertagsschule wegen Ueberfüllung der Lehrzimmer in eine höhere und niedere Feiertagsschulen gesondert; diese als Vorbereitungs-Anstalten für erstere waren in die Lokalitäten der werktägigen Bezirksschulen verlegt, und bestanden nach dem Bedürfnisse aus drei Elementarklassen, während die höhere Feiertagsschule in einer vierten und fünften Klasse die Lehrgegenstände der Elementarschulen in gesteigerter Weise fortsetzte und vermehrte, um so die den niedern Schulen entwachsenen Töchter bis zu ihrem achtzehnten Jahre fortzubilden und für das bürgerliche Leben brauchbar und geschickt zu machen.

Zugleich blieb, ähnlich wie an der männlichen Feiertagsschule die Gesellenschule, an der höhern weiblichen Feiertagsschule die Dienstbotenschule ungetheilt, jene behielt ihre fünf Klassen und diese hatte sie auch. Die größte Anzahl von Dienstboten befand sich in den ersten drei Klassen, die erwachsenen Töchter und vollendeten Elementarschülerinnen besetzten

Vierte Dekade.*)

Schuljahr.	Höhere weibliche Feiertagsschule					Niedere Feiertagsschulen	
	Lehrschule.	Rechnungsschule.	Arbeitsschule			Elementar-Unterricht.	Arbeitsschule der St. Anna-Vorstadt.
			Nähen.	Stricken.	Spinnen.		
1832|33	404	410	202	83	67	521	60
1833|34	391	426	219	102	69	579	48
1834|35	634	540	236	146	96	433	40
1835|36	564	—	215	137	113	572	86
1836|37	697	—	222	102	102	360	40
1837|38	773	—	228	102	119	392	71
1838|39	523	—	116	72	113	598	57
1839|40	514	—	130	59	114	729	46
1840|41	501	—	140	63	114	708	40
1841|42	580	—	161	63	108	702	22

größtentheils die vierte und fünfte Klasse. — Ebenso blieb auch die Industrieschule bei der höhern Feiertagsschule; alle Schülerinnen der Stadtbezirke besuchten die feiertägliche Industrieschule im Servitinnen-Klostergebäude, weil die Anzahl der Industrieschülerinnen in den übrigen Elementarschulen zu unbeträchtlich war, um für sie besondere Arbeitsschulen zu errichten und eigene Lehrerinnen aufzustellen. — Die St. Anna-Vorstadt erhielt eine Arbeitsschule 1825/26.

*) Seit dem Schuljahr 1835 36 wurde die bisher gesonderte Rechnungsstunde aufgehoben und der Rechnungsunterricht mit den übrigen Lehrgegenständen gemeinsam ertheilt, wobei nach vorgenommener Prüfung immer jene Mädchen von gleichen Vorkenntnissen in eine Klasse eingewiesen waren, und so in jeder Klasse der Unterricht in zwei zusammenhängenden Lehrstunden in allen Gegenständen ertheilt wurde, und sonach auch der Rechnungsunterricht in zweckmäßiger Steigerung vorgenommen werden

Fünfte Dekade.*)

Schuljahr.	Weibliche Central-Feiertagsschule				Pfarr-Feiertagsschulen	
	Lehrschule.	Arbeitsschule			Elementar-Schulen.	Arbeitsschule der St. Anna-Vorstadt.
		Nähen.	Stricken.	Spinnen.		
1842/43	500	125	63	101	757	38
1843/44	567	152	58	102	765	30
1844/45	479	156	38	80	1136	24
1845/46	198	131	48	70	1397	20
1846/47	387	142	46	56	1385	30
1847/48	399	144	53	56	1266	25
1848/49	447	89	48	63	1226	26
1849/50	510	85	58	53	1129	25
1850/51	462	84	41	31	1202	55
1851/52	580	90	48 ·	30	1274	36

konnte. Die seit Errichtung der niedern Feiertagsschulen 1825/26 bestandenen neun derartigen weiblichen Schulen, welche sich später 1831/32 zu vier, dann 1836/37 zu drei konzentrirten, wurden im Schuljahre 1838/39 in allen werktägigen Mädchenschulen als Filialschulen für die schulpflichtigen Mädchen des Bezirkes, die sich nicht zur Aufnahme in die höhere weibliche Feiertagsschule eignen, wieder eröffnet, so daß nun sieben solche Schulen, nämlich: in der Metropolitan- und St. Peters-Pfarr, in der Servitinnenschule, in der St. Anna-Pfarr, in der Mar-Vorstadt, in der Vorstadt Schönfeld und in der Vorstadt An, bestanden.

*) In Folge der Organisation der hiesigen Stadtpfarreien und Abänderung der Schulbezirke nach Pfarrsprengeln wurden (1844/45) auch die niedern weiblichen Feiertagsschulen in Pfarrfeiertagsschulen umgewandelt, und die höhere in die Central-Feiertagsschule; erstere hatten drei Elementarklassen, letztere seit 1847/48 eine sechste, fünfte und vierte Klasse,

Sechste Dekade.

Schuljahr.	Weibliche Central-Feiertagsschule		Pfarr-Feiertagsschulen	
	Lehrschule.	Arbeitsschulen.	Elementarschulen.	Arbeitsschule der St. Anna-Vorstadt.
1852|53	575	176	1369	23
1853|54	626	203	1380	27
1854|55	604	188	1768	27
1855|56	598	198	1856	72
1856|57	528	166	1692	48
1857|58	549	138	1635	35
1858|59	553	154	1588	18
1859|60	544	209	1473	21
1860|61	538	204	1489	9
1861|62	964	205	1647	—

nebst einer Vorbereitungsklasse für die im Alter vorgerückten und selbst der Feiertagsschulpflicht schon entwachsenen Mädchen, welche vorzüglich von auswärts kommend sich zum Unterrichte melden, und des Alters wegen nicht wohl in die Pfarrfeiertagsschulen eingereiht werden können, gleichwohl aber die erforderlichen Kenntnisse entbehren, um sogleich in die Central-Feiertagsschule eingereiht werden zu können.

Gegenwärtige (1863) Eintheilung der weiblichen Sonn- und Feiertagsschulen.

Dieselbe hat seit ihrer Organisation 1845 weder in ihrer innern noch äußern Verfassung eine wesentliche Aenderung erlitten, mit einziger Ausnahme, daß nach Vereinigung der Vorstädte jenseits der Isar mit der Hauptstadt auch die Schulen in Haidhausen und Giesing unter die Aufsicht und Leitung der k. Schulkommission fielen.

Die weibliche Feiertagsschule zerfällt ihrer Tendenz nach in Elementar- und in Arbeitsschulen, die ein in jeder Hinsicht wohlgegliedertes Ganzes bilden, wodurch den Mädchen unter Berücksichtigung ihres Alters Gelegenheit gegeben wird, sowohl die Elementarkenntnisse zu befestigen und zu erweitern, als auch in den für die Lebensverhältnisse nothwendigen oder den Steigerungen entsprechenden weiblichen Handarbeiten sich auszubilden.

Die Elementarschule scheidet sich in eine Central- und in die Pfarr-Feiertagsschulen.

Erstere befindet sich seit 1833/34 im hl. Geist-Pfarr-Schulhause im Rosenthale, letztere sind in den einzelnen Pfarrschulhäusern untergebracht. *)

---

*) Die Lokalitäten der weiblichen Pfarr-Feiertagsschulen sind:
1. in der Dom-Pfarrschule,
2. in der St. Peters-Pfarrschule,
   a) bei den Frauen Servitinnen (Herzogspital) und
   b) bei den armen Schulschwestern am Anger,

Die Gesammt-Feiertagsschule umfaßt sechs Klassen, wovon die drei ersten auf die Pfarr Feiertagsschulen, die drei letzten auf die Central-Feiertagsschule kommen, und wovon die drei übergeordneten Klassen derselben sich, auch ihrer Bezeichnung nach, den Pfarrfeiertagsschulen anreihen, nämlich durch die vierte, fünfte und sechste Klasse.

Der Central-Feiertagsschule ist auch eine Vorbereitungsklasse für noch ungeübtere Schülerinnen beigegeben, auch wurden wegen Uebervölkerung zur vierten Klasse noch zwei Parallelklassen eröffnet und dieselben mit Klasse IV. B und IV. C benannt; auch theilen sich vier derselben in Vormittags- und Nachmittagsklassen, um hiedurch den Schulbesuch namentlich jenen Mädchen, die im Dienste sich befinden, möglichst zu erleichtern.

An dieser Schule wird durch zwei Haupt- und zwei Hilfslehrerinnen Unterricht auch in sämmtlichen weiblichen Handarbeiten gegeben und derselbe in zwei vormittägige und zwei nachmittägige Klassen getheilt.*)

Für die Schülerinnen der Central-Feiertagsschule wird der Religionsunterricht von zwei Katecheten in zwei gesonderten Stunden nicht im Schulzimmer, sondern seit 1833/34 in dem zu diesem Zwecke eigens eingerichteten Prüfungssaale ertheilt.

Die Central-Feiertagsschule ist der Respizienz eines eigenen Inspektors unterstellt, während die Pfarr-Feiertagsschulen unter Aufsicht der Pfarr-Schulinspektion stehen.

---

3. in der hl. Geist-Pfarrschule,
4. in der St. Anna-Pfarrschule,
5. in der Ludwigs-Pfarrschule,
6. in der St. Bonifaz-Pfarrschule,
7. in der protestantischen Pfarrschule,
8. in der Pfarrschule der Vorstadt Au,
9. in der Pfarrschule der Vorstadt Haidhausen,
10. in der Pfarrschule der Vorstadt Giesing.

*) An diesem Unterrichte können die Schülerinnen aller Pfarrbezirke theilnehmen, sowie auch die nicht mehr schulpflichtigen Mädchen und Dienstboten.

Die Lehrerinnen der Central-Feiertagsschule sind ständig; die Pfarr-Feiertagsschulen werden von den Lehrerinnen der Werktagsschulen nach einem Turnus gehalten, wobei jedoch Vertretung genehmigt wird.

Das Lehrpersonal der Centralschule besteht nebst dem Inspektor aus

    2 Religionslehrern,

    6 Elementarlehrerinnen und

    4 Arbeitslehrerinnen.

Die eilf weiblichen Pfarr-Feiertagsschulen besorgen

    11 Inspektoren,

    17 Katecheten,

    22 Elementarlehrerinnen und

    1 Elementarlehrer an der protestantischen Pfarrschule.

Geschichte der Errichtung

der

erften lithographifchen Kunstanstalt bei der Feiertagsschule für Künstler und Techniker in München,

und

deren Bestand seit dem Jahre 1804 bis 1863.

Die Erfindung der Lithographie

und

Errichtung der ersten lithographischen Kunstanstalt
bei der Feiertagsschule für Künstler und Techniker in München*)
und deren

Entwickelung bis zum Jahre 1814.

Die in ihrem hohen Werthe allgemein anerkannte und gegenwärtig überall verbreitete Lithographie, welche in ihrer Tragweite den Künsten und Wissenschaften so fördernd zur Seite steht, ward in dem letzten Decennium des vorigen Jahrhunderts von Johann Alois Senefelder in München erfunden, und der hohe Ehrenplatz, den diese Münchner-Erfindung so schnell in und außer Europa und selbst in dem erfindungsreichen China eingenommen hat, gebührt gewiß auch dem Erfinder in der Geschichte.

---

*) Im Jahre 1862 erschien bei Gelegenheit des neunzigsten Geburtstages des Erfinders der Lithographie, Johann Alois Senefelder, „die Geschichte der Errichtung der ersten lithographischen Kunstanstalt bei der Feiertagsschule für Künstler und Techniker in München," verfaßt im Auftrag des Magistrates in München von Prof. Ferchl.

Diese Geschichte enthält viel Interessantes und endet mit dem Jahre 1810, enthält aber noch mehrere Berichte und eine Uebersicht der Ferchl'schen Incunabeln-Sammlung der Lithographie, welches den größten Theil des Buches einnimmt.

Alois Senefelder, Sohn eines Schauspielers, war der Erstgeborne von dreizehn Geschwistern, und als ein Kind von wandernden Eltern in Prag geboren.

Sein Vater Franz Peter Senefelder gebürtig aus Königshofen in Franken, kam als Mitglied des Hoftheaters nach München, wo nun Alois 1783 seine Studien am churfürstl. Schulhause zu München begann, und mit rühmlicher Auszeichnung die Lycealklassen im Jahre 1789 vollendete, worauf er nach dem Willen seines Vaters die Universität zu Ingolstadt bezog, um daselbst die Rechte zu studiren.

Der junge Alois, welcher wenig Neigung zum Studium der Rechtswissenschaft fühlte, versuchte sich in Bühnendichtungen. Das Glück, welches seine Erstlingsarbeit *) machte, ermuthigte ihn, diese Laufbahn zu verfolgen.

Nach dem Tode seines Vaters **) 1791 faßte er den Entschluß sich der dramatischen Kunst als Dichter und Schauspieler zu widmen.

Bei einigen herumziehenden Theatergesellschaften als Schauspieler engagirt, verließ derselbe jedoch nach Verlauf von zwei Jahren die Bühne wieder und entschloß sich künftig als Schriftsteller zu ernähren.

Senefelder der bereits mehrere dramatische Stücke vollendete, ***) von denen die meisten mit großem Beifalle aufgeführt wurden, übergab eines derselben (Mathilde von Altenstein) dem Drucke, wobei er Gelegenheit hatte, die ganze Manipulation des Buchdruckes kennen zu lernen, was in ihm

---

*) Ein kleines Lustspiel: „Die Mädchenkenner oder: So ein Gelehrter und nur Famulus?" (Aufgeführt auf dem churfürstl. Hoftheater in München.) Gedruckt bei Frz. Ser. Hübschmann 1792.

**) Sein Vater hinterließ eine Wittwe mit neun Kindern, nämlich sechs Knaben und drei Mädchen, Alois war der älteste, seine Brüder hießen Theobald, Georg, Karl und Clement, der sechste Knabe starb noch als Kind.

***) „Die Tischlerfamilie", „Mathilde von Altenstein", die Gothen im Orient" u. n. a.

ben Wunſch rege machte, ſeine geiſtigen Probukte ſelbſt bru=
cken zu können.   -

Dieſen Gedanken ſuchte er zu realiſiren, obgleich er we=
ber bie dazu nöthigen Hilfsmittel, noch bas zur Anſchaffung
berſelben nöthige Geld hatte.

Sein erfinberiſcher Geiſt gab ihm mehrere Mittel ein,
bas vorgeſteckte Ziel zu erreichen unb ſeine bewunbernswerthe
Gebulb leiſtete ihm bei ſeinen Verſuchen großen Vorſchub.

Nach vielen Mühen unb großen Anſtrengungen gelang
nun Seneſelber 1796, zunächſt zu bemſelben Reſultate,
welches ber geiſtliche Rath Schmib 1787 bereits ſchon er=
reicht hatte, nämlich zur mechaniſchen Druck=Art von
Stein.*)

_____

*) Das Prinzip berſelben beruht im Abbrucke hochgeätzter Kehlheimer=
ober Solenhoſer Steinplatten, bieſes Hochätzen ſelbſt warb zwar ſchon ſeit
c. 1300 bekannt unb vorzüglich ſeit c. 1500 häufig angewenbet, ſogar
ein verkehrt geſchriebener hochgeätzter Stein von 1530 finbet ſich vor
(wovon ein Abklatſch in der Ferchl'ſchen Incunabeln=Sammlung iſt), was
allerbings zur Vermuthung führen könnte, baß Verſuche berartiger Ab=
brücke ſchon früher gemacht worben ſeien; allein bis jetzt iſt noch kein be=
glaubigter Abbruck aus jener Zeitperiobe bekannt.

Erſt ſeit 1787 ſinb berartige Abbrücke nachgewieſen. Simon Schmib,
k. b. geiſtl. Rath unb Hofkaplan, ſuchte ſchon, als er noch bie Stelle ei=
nes Reallehrers zu München vertrat 1787, ben Gebanken zu verwirklichen,
hochgeätzte Kellheimer Platten zum Abbrucke zu benützen. Einige hochge=
ätzte Leichenſteine ber Frauenkirche Münchens erregten ſeine Aufmerkſam=
keit unb veranlaßten ihn nach ber Vorſchrift eines alten Nürnberger
Kunſtbuches (welches eine Anleitung, Zeichnungen auf Stein aufzutragen
unb zu ätzen enthielt) Verſuche mit ber Zeichnung eines Vogels nach Art
eines Holzſchnittes zu machen.

Rektor Steiner unb Weſtenrieder, benen Schmib einige Abbrücke ſei=
ner Verſuche mittheilte, ermunterten ihn, berlei Zeichnungen zum Ge=
brauche ber bentſchen Schulen zu verfertigen, unb ſo kamen mehrere Hefte
zum Vorſchein, eines von ſechs Tabellen von bem menſchlichen Körper,
eines von Giftpflanzen, bann Landkarten u. bgl., welche ben Schülern ber
Realklaſſe, unb bann als Schmib zum Profeſſor ber Logik unb Naturge=
ſchichte bei ber 1789 errichteten Militär=Akabemie ernannt warb, auch ben
Zöglingen bieſer Schule beim Unterrichte in ber Naturgeſchichte gegeben
wurben.

Um aber Steine und eine Preſſe anzuſchaffen, dazu fehlte es wieder an Geld. Was that nun Senefelder in dieſer hilfloſen Lage?

Einer ſeiner Bekannten bei der Artillerie konnte ſeinen Abſchied erhalten, wenn er einen andern tauglichen Mann ſtellte: er verſprach einem ſolchen 200 fl. Handgeld.

Dieß iſt gerade ſo viel als nöthig iſt um eine kleine Druckerei nach Senefelders Syſtem zu errichten, ſein Ent= ſchluß ſtand feſt, er bot ſich als Erſatzmann an, in der Ue= berzeugung, daß ihm ein ſtändiger Urlaub nicht verſagt wer= den wird, um von ſeiner Erfindnng doch auch Gebrauch ma= chen zu können.

Schon am dritten Tag ging derſelbe mit einem größeren Transport Rekruten nach Ingolſtadt, dem Standquartier der bayeriſchen Artillerie.

Die erſteren Abbrücke dieſer hochgeätzten Zeichnungen machte Schmid mittelſt der Buchdruckerſchwärze, wobei er ſich eines um eine Achſe be= weglichen Cylinders bediente. Zu ſpäteren Abbrücken ward die gewöhn= liche Buchdruckerpreſſe in der Schulbücher=Verlagsdruckerei benützt.

In anderer Weiſe gelangte Senefelder zu dieſer mechaniſchen Druck= art. Sein erſter Gedanke war, Buchſtaben auf ſtählerne Stempel zu gra= viren und dieſe Matrizen in die ſogenannte Hirnſeite, in Leiſten von Birnbaumholz einzuſchlagen, um ſo Zeilen en relief zu erhalten, die er ſodann aneinander gereiht haben würde.

Dieſem Plan mußte er jedoch entſagen, da ihm die nöthigen Werk= zeuge und die erforderliche Geſchicklichkeit im Schriftſtechen fehlten.

Hierauf verſuchte er ſtereotypiſche Tafeln zu bilden, deren Erfindung Senefelder damals noch nicht kannte, und die ihm ſo ziemlich gut gelan= gen, aber auch dieſes mußte wieder aufgegeben werden, weil er nicht ein= mal ſo viel Mittel beſaß, um die zur Zuſammenſetzung einer einzigen Seite erforderlichen Lettern kaufen zu können.

Alois übte ſich nun im Verkehrtſchreiben der Frakturſchrift, und be= abſichtigte nun auf einer mit Aetzgrund überzogenen Kupferplatte mittelſt einer Stahlfeder zu ſchreiben, und die mit Scheidewaſſer eingeätzte Schrift beim Kupferdrucker abdrucken zu laſſen.

Da demſelben der ſogenannte Deckfirniß der Kupferſtecher damals nicht be= kannt war, ſo ſuchte er gemachte Fehler beim Schreiben durch eine Art

Als er am andern Morgen einrollirt werden sollte und auf Befragen seines Geburtsortes die Stadt Prag nannte, wurde er als vermeintlicher Ausländer nicht aufgenommen, und der in seinen schönsten Hoffnungen so oft getäuschte Se= nefelder trat wieder seinen Rückweg nach München an.

Ein Stückchen äußerst schlecht gedruckte Musiknöten aus einem alten Gesangbuche, welches er noch in Ingolstadt aus einem Kramladen erhielt, weckte in ihm sogleich den Gedan= ken, daß er mit seiner neuen Druckart auch Musikalien weit schöner drucken könne, als es mit den bleiernen Lettern mög= lich war.

In München angekommen wendet er sich an den Hof= musikus und Componisten Franz Gleißner, und erbietet sich zum Drucke einiger von dessen Werken.

Der Vorschlag wird angenommen und Gleißner ver= steht sich dazu, ihm das Nöthige zu einer kleinen Druckerei herbeizuschaffen.

Senefelder der bereits schon eine Kupferdruckpresse besaß, die aber sehr roh gearbeitet war und nur sechs Gulden gekostet hatte, kaufte von den Geldmitteln, welche Gleißner

schwarze Tinte zu decken, welche er aus Wachs, Seife und Kienruß zu= sammenschmolz und in Wasser auflöste.

Seine einzige Kupferplatte die er besaß, deren Stärke aber bei jedem Versuche sich minderte, suchte er nun vor der Hand zu schonen, und nahm diese Schreibübungen auf einer Solenhofer Steinplatte vor, welche er mit seiner Wachstinte überzog, und auf welcher sich die Schrift mit der Stahl= feder weit reiner herstellen ließ, als auf Metall.

Nun ereignete es sich, daß seine Mutter einen Waschzettel von ihm geschrieben haben wollte. Es war kein Papier und keine Tinte bei der Hand; da schrieb er einstweilen diesen Zettel mit seiner Wachstinte auf seine reingeschliffene Steinplatte. Als er nachher diese Schrift wieder weg= wischen wollte, kam ihm der Gedanke, was denn aus einer solchen mit Wachstinte auf Stein geschriebenen Schrift werden würde, wenn er sie mit Scheidewasser ätzte.

Die Schrift hatte sich bald erhoben, wie bei Buchdruckerlettern, und erregte in ihm den Gedanken, daß sie sich auch müsse abdrucken lassen wie Lettern.

zu seiner Verfügung stellte, einige Steine und Papier, und machte sich nun an die Arbeit, er schrieb die von Gleißner componirten zwölf Lieder auf Stein und zog hievon 120 Exemplare ab.

Alles, Componiren, Schreiben und Drucken war in 14 Tagen vollendet. Die Musikalienhandlung Marcarius Falter kaufte diese Exemplare um die Summe von 100 fl.; die dazu verwendeten Materialien hatten nicht mehr als dreißig gekostet.

Der glückliche Erfolg dieses im Monat July des Jahres 1796 ausgeführten ersten Steindrucks,*) wovon auch Gleißner dem Churfürsten Karl Theodor ein Exemplar überreichen ließ, wofür derselbe ein Geschenk von 100 fl. empfing, entflammte Senefelders Muth und verdoppelte seine Hoffnungen.

Hier sowie auch im Auslande erregte diese neue Druckart die größte Aufmerksamkeit wegen der Schönheit und Deutlichkeit der Schrift und der Glätte des Druckes auf dem Papier, auch kosteten die früheren Musikalien immer der Bogen bis zu 24 und 30 kr., während sie die Sennefelder'sche neue Steindruckerei um 6 kr. und noch wohlfeiler lieferte.

Aus diesen Gründen sind auch alle auswärtigen ersten Steindruckereien (in Offenbach a. M. 1799, in Augsburg 1799, in Straubing 1800, in London und Paris 1800, in Wien 1801 u. s. w. ausschließlich für MusiknotenDruckerei errichtet worden.

Diese erste Erfindung Senefelders ermöglichte nun auch dem minder bemittelten Musikfreunde die Anschaffung beliebter Meisterwerke, und übte sonach einen merkwürdigen Einfluß auf die Volksbildung durch die Musik.

---

*) „12 Neue Lieder mit Begleitung des Claviers. In Musik gesetzt und Liebhabern des Gesanges gewidmet von Franz Gleißner, churf. pfalzbayer. Hofmusikus. München 1796." — Neun Blätter Querfolio mit 17 bedruckten Seiten.

Durch tausendfältige Versuche und durch gründliche Kentnisse in der Chemie gelangte nun der geniale und unermüdete Senefelder zu einer rein chemischen Druckart des Steines, welche nicht wie erstere in rein mechanischen; sondern in chemischen Eigenschaften ihren Grund hat, und deren Grundprinzipien bis heute noch dieselben sind.

Im Jahre 1797 erfand und erbaute er die erste Steindruckpresse (sogenannte Stangenpresse), und im Jahre 1798 auf 99 ward die eröffnete Bahn zur Anwendung dieser Senefelder'schen Erfindung zum Kunstdrucke überhaupt vollends gesichert.

Seine ersten Versuche Kupferstiche auf Stein überzudrucken und davon Abbrücke zu machen, und seine erste gravirte Arbeit auf Stein, 1798, so wie sein allererster Versuch mit der Kreide auf Stein 1799, erregte die Aufmerksamkeit aller Künstler und Kunstfreunde.

Unter diesen waren Zeichnungslehrer Mitterer und der Ober-Schul- und Studienrath Steiner die ersten, welche die neue Erfindung Senefelders zu würdigen verstanden, und aus den allererersten Leistungen schon die ungeheure Tragweite derselben durchschauten.

Studienrath Steiner, zugleich Vorstand des churfürstl. Schulfonds-Bücherverlages, unterstützte reichlich den jungen mittellosen Erfinder (1797 bis Ende 1799) durch vielerlei Bestellungen, wodurch Senefelder auf mancherlei neue Gedanken gerieth, und so die Steindruckerei ihre spätere ehrenvolle Stufe erreichte.

Senefelder nahm nun zwei seiner jüngern Brüder, Theobald und Georg, die bisher (1798) beim Theater gewesen waren, zu sich, und unterrichtete sie als erste Schüler in seiner Erfindung, lehrte sie auf Stein schreiben, ätzen und drucken.

Gleich nach der Erfindung der chemischen Druckart erhielt derselbe 1799 vom Churfürsten Maximilian ein ausschließliches Privilegium auf fünfzehn Jahre, nach welchem Niemanden erlaubt sein sollte bei Strafe von 100 Dukaten, eine ähnliche Druckerei in Bayern und der obern Pfalz zu errichten.

Im Jahre 1799 kam Hofrath André aus Offenbach a. M., Besitzer einer ausgebreiteten Musikalienhandlung und einer großen Zinndruckerei, nach München, besuchte Senefelder und accordirte mit diesem die Summe von 2000 fl. um in Offenbach eine Steindruckerei für ihn einzurichten; im nämlichen Herbste obigen Jahres wo nun Alois Senefelder München verließ, gingen auch seine Brüder Theobald und Georg nach Augsburg, um für den Musikalienverleger Gombart eine ähnliche Druckerei zu gründen.

Nun war München und Bayern, die Stadt und das Land dieser nützlichen Erfindung ohne Senefelder und ohne Ausübung dieser schönen Kunst; dieser Zustand war für die allerersten zwei einsichtsvollsten Verehrer und eifrigen Beförderer der Ausbildung dieser neuen Erfindung, Schulrath Steiner und Mitterer ein Unerträglicher, sie blieben beharrlich bei ihrem Vorhaben: Die Ehre der Ausbildung dieser Münchener Erfindung nicht dem Auslande zu überlassen, sondern für die Erfindungsstadt München zu retten, und diesen beiden um die Lithographie so hochverdienten Männern ist vorzugsweise **die Errichtung der ersten lithographischen Kunstanstalt in München** zu verdanken, die zugleich die Erste dieser Art in ganz Europa war.

Schon im Jahre 1797 machte Schulrath Steiner zum Behuf der Bilderdruckerei bei dem churfürstl. Schulfonds-Bücherverlag den Vorschlag, sich der Arbeit und neuen Manier des Alois Senefelder zu bedienen, nämlich statt auf Kupferplatten - auf Kehlheimer oder Solenhofer Steinplatten zu schreiben und zu zeichnen, welcher Vorschlag auch von Seite des churfürstl. Ober-Schul- und Studien-Direktoriums genehmiget, und zugleich der Grund gelegt ward zur **Errichtung der ersten lithographischen Kunstanstalt bei der männlichen Feiertagsschule für Künstler und Techniker.**

Das durch die Abwesenheit Senefelders, gänzliche Unterbleiben der Ausübung einer für die Kunst so offenbar höchst wichtigen Erfindung in der hiesigen Mutterstadt derselben, war namentlich für Mitterer ein schmerzliches Gefühl, so daß er den kühnen Entschluß faßte, diese Senefeldersche Erfindung, gleichsam noch einmal zu erfinden; aber nicht aus Ruhmsucht, sondern immer den verdienstvollen Senefelder als den wahren Erfinder ehrend, und die ihm allein gebührende Palme dieser Ehre zu bewahren.

Mitterer der bei Senefelder wohl Abdrücke gesehen, bisher aber weiter nichts von dem Arcanum der chemischen Präparate und der technischen Behandlung wußte, probirte und laborirte nun von 1800—1803 ohne noch befriedigende Resultate erreicht zu haben; selbst die Anweisung, welche er von einem ehemaligen Preßgehilfen*) der Senefelderschen Druckerei erhielt, war zu unvollständig um hiedurch einen Vorsprung gewinnen zu können.

Die beharrliche Ausdauer Mitterers ward zwar durch einige glückliche Erfolge gekrönt, immer aber zeigte sich ihm in der Anwendung auf höhere Gegenstände der Kunst noch viel Schwankendes, das dem gleichförmigen Gelingen des Druckes im Wege stand, was bei den inzwischen zurückgekehrten Brüdern des Erfinders nicht der Fall war.

---

*) Franz Anton Niedermayer, ehemaliger Student von Straubing a. d. Donau, welcher mit den Brüdern Alois' in freundschaftlichen Verhältnissen stand, und in deren Werkstätte zu München, Senefelders Steindruckerei und Pressenbau kennen lernte, machte 1800, seinerseits zuerst in Straubing einen Versuch, eine derartige Druckerei zu errichten, und dann 1802 in der Reichsstadt Regensburg, wo er sich niederließ und als Erfinder der Lithographie durch ganz Deutschland, in Wien, Paris u. Rom eine von wichtigen Folgen begleitete Rolle spielte. Vergebens suchte derselbe 1800 mit Hilfe des Musikalienhändlers Pleyel in Paris eine Steindruckerei zu organisiren, machte sich dann auf den Weg nach Deutschland, um sich nach Wien zu begeben, wo er sich bemühte ein ausschließliches Privilegium für ganz Oesterreich zu erhalten, und da dieses mißlang, begab er sich während der Abwesenheit Senefelders nach München, und verkaufte seine Kenntnisse an die Direktion der Feiertagsschule um die Summe von drei Louisdor.

Mitterer hielt es daher für das geeignetste, das Geheimniß dieser Erfindung gleich aus erster Quelle zu erwerben, nämlich von den Brüdern Theobald und Georg Senefelder, wenn auch mit noch so großen Opfern.

Nach der seit Juni 1804 gepflogenen Unterhandlung mit den Gebrüdern Senefelder, ward im Sept. 1804 die churfürstl. Genehmigung zum Ankaufe des Kunstgeheimnisses ertheilt, auch erhielt den 4. Nov. 1804 diese neu errichtete lithographische Kunstanstalt zur Beischaffung der ersten Vorrichtungen einen Vorschuß von 150 fl., und am 7. November wurde der Contrakt zwischen dem churfürstl. Generalschul- und Studienbirektorium und den Gebrüdern Theobald und Georg Senefelder ausgefertigt, welche für die Mittheilung der damals bekannten lithographischen Proceduren eine jährliche Pension von 700 fl. zugesichert erhielten.

Theobald und Georg Senefelder waren nun an der neuen Kunstanstalt, welche der Feiertagsschule einverleibt wurde, als churfürstl. Professoren der Steingravirkunst angestellt, wobei Prof. Mitterer das Artistische und Technische und Inspector Weichselbaumer das Merkantilische leitete, alles dieses unter der Direktion des verdienstvollen Schulrathes Steiner.

Von dieser Epoche an beginnt nun der mächtige Aufschwung der lithographischen Kunstanstalt an der Feiertags-Schule.

Mitterer, der bald als der größte und umfassendste Kenner der Lithographie allgemein anerkannt ward, richtete sein vorzügliches Augenmerk auf die Kreidemanier, und ihm gelang es, durch eine verbesserte Kreide diese Manier bald nach ihrer Erfindung auf einen Grad von Vollkommenheit zu bringen, welche für die Lithographie bereits das Höchste erwarten ließ, was auch Mehrere veranlaßte ihm die Erfindung dieses so nützlichen und gegenwärtig so weit verbreiteten Verfahrens zuzuschreiben.

Aber eben so bescheiden als gerecht hatte derselbe bei

jeder Gelegenheit freimüthig erklärt, daß die erste Idee, vermittelst einer festen fettigen Masse auf Stein zu zeichnen, so wie alle andern lithographischen Proceduren die Frucht der emsigen Nachforschungen des scharfsinnigen und unermüdlichen Senefelder seien und er sich bloß darauf beschränkt habe, dieses Verfahren zu verbreiten und die erste Arbeit von Bedeutung, welche man der Anwendung des lithographischen Crayons verdankt, herzustellen.

Mitterer, der das chemische Laboratorium und die mechanische Werkstätte der Feiertagsschule zur Disposition hatte, wodurch seinen Forschungen und Experimenten ein mächtiger Vorschub geleistet wurde, beschleunigte die weitern Fortschritte der Lithographie, welche ihm eine große Zahl bemerkenswerther Verbesserungen und Veränderungen verdankt, unter denen besonders eine Presse von seiner Erfindung erwähnt werden muß.

Der erfahrene Mitterer bemerkte bald, daß zum Abzuge der Kreidezeichnungen mehr Druckkraft erforderlich sei, als die Senefeldersche Stangenpresse zu leisten im Stande war, und stellte im Jahre 1805 mit Hilfe des geschickten Mechaniker Namis, der zugleich Lehrer an der Feiertagsschule war, die sogenannte Rollpresse her, welche den Vorzug hat, eine parallele Bewegung mit einem stärkeren Druck zu vereinen. *)

---

*) Das Hauptprinzip der Stangen= und Rollpresse bleibt zwar dasselbe, indem bei beiden Pressen die Abdrücke vom Stein mittelst Abstreichen durch ein schneidiges Holz, (der Reiber genannt) bewirkt wird; nur läuft bei ersterer der Reiber über den festliegenden Stein, während bei der Rollpresse der Stein unter dem festgestellten Reiber hindurch gezogen wird. Gleichwie die Senefeldersche Stangen= oder Galgenpresse heute noch bei gewöhnlichen Arbeiten angewendet wird, ebenso wurde die Rollpresse (auch Dreh= oder Sternpresse genannt), welche in den Einzelnheiten ihrer Construktion nur einige Abänderungen erlitten hat, bis jetzt noch für die beste gehalten, und ist beinahe in allen Druckereien zum Abzuge bedeutender Arbeiten verwendet.

Uebrigens hatten Schulrath Steiner, Mitterer und Weichselbaumer diese Senefelder'sche Erfindung unter ihren besondern Schutz genommen.

Oft traten sie anfänglich zusammen, um sich über neu vorzunehmende Experimente zu verständigen und deren Nutzen und wahrscheinlichen Erfolg zu besprechen.

In einer dieser häufigen Konferenzen geschah es auch, daß sie dieser neuen Vervielfältigungskunst, die bis dahin bloß „Steindruck" oder „Chemischer Druck" genannt worden war, den Namen „Lithographie" beilegten, den sie seit 1805 bis heute noch allgemein beibehielt.*)

Unter so vielen günstigen Umständen mußte nun diese junge Anstalt wider alle Erwartung schnell gedeihen.

Auf Mitterer's Veranlassung vereinigten sich gleich Anfangs noch sechs hiesige Künstler mit ihm, um gemein- schaftlich ein großes Werk von Kunstprodukten in dieser neuen Vervielfältigungsart auszuführen.

Dieses erste große, aus dritthalbhundert Kunstblättern bestehende Werk war unter dem Titel „Lithographische Kunstprodukte" in 26 monatlichen Lieferungen erschienen, und zwar in dem Zeitraum vom 1. Oktober 1805 bis Ende Dezember 1807.

Die Künstler, welche dasselbe auf Stein zeichneten, waren:
Max Wagenbauer, Landschafts= und Thiermaler und Inspektor der öffentlichen Gemäldesammlungen;
Jos. Hauber, Maler und Professor an der später kgl. Akademie der bildenden Künste;

---

*) In England ward die Steindruckerei gleich anfänglich Auto= graphie genannt, weil durch sie gleich die eigene Handzeichnung der Künstler auf Stein von diesem weg ohne weitere Alterirung vervielfältigt werden konnte.

So erhielten auch die ersten Kunsterzeugnisse der lithographischen Anstalt der Feiertagsschule den Namen „Handzeichnungs=Manier", und aus Gewohnheit wurde in allen Ländern häufig der Ausdruck Kupfertafel auch für Steinabdrücke gebraucht.

Andreas Seibl, Maler und Professor;

Simon Klotz, Maler und Professor;

Simon Warnberger, Landschaftsmaler, und

Joh. N. Mayrhofer, Blumenmaler.

Hermann Mitterer, der dieses großartige Unternehmen veranlaßte, leitete und besorgte den Druck desselben.

Den 5. Juni 1805 konnte Mitterer schon die ersten Stein-Abbrücke bei dem Schuldirektorium vorlegen.

Es waren Landschaften, Thierstücke, Blumen ꝛc. für die ersten Hefte des oben erwähnten Werkes.

Außerdem ging auch noch eine große Anzahl Zeichnungs=studien, welche diese Anstalt erzeugte, hervor,[*] wodurch nun nicht allein alle Zeichnungsschulen des Landes mit passen=den Vorlagen versehen, sondern auch noch jährlich eine an=sehnliche Summe aus diesen Kunstblättern für diese neue An=stalt gewonnen werden konnte.

Das Schul=Direktorium hatte daher auch kein Bedenken getragen, unaufgefordert dieser neuen Anstalt einen weitern Vorschuß aus der allgemeinen Schulfondskasse anzuweisen.

Ebenso ward das am 21. September 1805 von dem Schul=Direktorium an die höchste Stelle gerichtete Ansuchen um ein nothwendiges Darlehen von Eintausend Gulden zum Betriebe dieser Anstalt sogleich vom Churfürsten genehmigt, und durch Grafen Morawitzky der Anstalt zugestellt.

Der Anfang des öffentlichen Verschleißes der bisher gefertigten lithographischen Kunstprodukte war auf die Jakobidult 1805 festgesetzt, und die ersten Verlagsstellen wa=ren die Anstalt selbst und der Schulbücher=Verlag in München, dann in Amberg der Schulbücher=Verlag, in Augsburg die Kunsthandlung Herzberg, in Landshut bei Professor Forster, in Neuburg im Schulbücher=Verlag, in Nürnberg bei Frauenholz, in Ulm bei Wintersperger, und in den Buch=

---

[*] Sämmtliche Verlagswerke dieser lithographischen Kunstanstalt sind in dem beigefügten Verzeichnisse pag. 206 aufgeführt.

192

hanblungen Göbharb in Bamberg, Brenner in Dillingen,
Kösel in Kempten, Pustet in Passau, Mayer in Salz=
burg, Heigl in Straubing, Stahel in Würzburg unb
Cotta in Stuttgart.*)

---

*) In ber „Churpfalzbayerischen Staatszeitung" erschien
ben 1. September 1805 folgende Ankünbigung:

„Bei ber männlichen Feiertagsschule in München wurde zum Besten
bieses gemeinnützigen Institutes die Errichtung einer lithographischen
Kunstanstalt gnäbigst bewilliget.

In bieser erscheinen nun auf Abonnement Kunstartikel neuer Art,
nämlich: sehr reine Stein=Abbrücke auserlesener freier Hanbzeichnungen,
von sehr guten Meistern nach ber Natur entworfener Lanbschaften; von
den schönsten Prachtblumen, welche unsere Gärten schmücken; von Figuren
und Köpfen nach den berühmtesten Meistern.

Davon werden mit dem Anfange bes Monats Oktober von jebem
ber genannten Stücke ein Paar, zusammen sechs Abbrücke, auf sehr schö=
nem Papier, um ben äußerst wohlfeilen Preis von 1 fl. 36 kr. geliefert
werden.

In ber Folge werden aus allen Fächern Bilber zur Unterhaltung
und Belehrung beim öffentlichen und Privatunterrichte erscheinen.

Besonders werden die in Hanbzeichnungs=Manier entworfenen
Stücke in allen Zeichnungsschulen zum größten Vortheile ber Kunst als
zweckmäßige Vorlagen angewenbet werden können. Auf besonderes Ver=
langen werden die Blumenstücke auch nach ber Natur illuminirt, und um
ebenso billigen Preis geliefert.

Die ganze Sammlung wirb sowohl für Kunst= als Lehrschulen bas
größte Interesse haben. Von ber Schönheit, Güte und Mannigfaltigkeit
ber Stücke sind wir so sehr überzeugt, baß wir mit Zuversicht hoffen
bürfen, baß jeber Titl. Herr Abonnent bei ber ersten Ansicht einer Lie=
ferung biese Sammlung mit wachsenbem Vergnügen fortsetzen werbe.

Wir haben die Ehre, zu versichern, baß die vorzüglichsten Künstler
unserer Hauptstabt, jeber in seinem Fache, an biesen Kunstwerken mit un=
verbrossenem Fleiße arbeiten.

Wahre Kunstkenner werden an jebem bieser Stücke die sich vorzüglich
auszeichnende Originalität hochachten. Denn durch biese vortreffliche Er=
finbung wächst bem Künstler zugleich ber große Vortheil zu, alle Züge
seiner geübten Künstlerhand nicht mehr bem Grabstichel eines Kopisten,
sonbern selbst einem festen, unverweslichen Steine zur Vervielfältigung
und rühmlichen Berewigung anzuvertrauen.

Die Tltl. Herren Abonnenten haben nicht bloß skizzirte Bilber, son=
bern auch ausgeführte Stücke zu erwarten.

Diese junge Kunstanstalt hat durch den großen Eifer und durch die unerwarteten Leistungen in den „Lithographi= schen Kunstprodukten" sich im In= und Auslande einen schnellen Ruhm erworben, durch sie ward der hohe Ruf einer Kunst begründet, deren Dasein nur erst wenige Jahre zählte, wodurch die Erfindung Senefelders von nun an das Erbtheil der civilisirten Welt geworden.

___

Es wir zugleich die Erinnerung beigefügt, daß, wenn besonders große Stücke von weit höherem Werthe geliefert werden, die Lieferung nur vier Stücke enthalten könne.

Die Aufkündigung des Abonnements wird jedesmal nur nach drei Monaten angenommen. Musterblätter von jeder Art sind bei der litho= graphischen Kunstanstalt in München selbst, in dem Gebäude der männ= lichen Feiertagsschule auf dem Kreuze, wie auch im churfürstlichen deut= schen Schulbücher= Verlage zur beliebigen Einsicht und zum Ankaufe hinterlegt.

Da diese lithographische Kunstanstalt den wohlthätigen Zweck hat, den Kunstfleiß in unserm Vaterlande zu wecken und in Thätigkeit zu setzen, den guten Geschmack durch wohlfeile und zugleich schöne Muster= zeichnungen zu befördern, und überhaupt lehrreiche, naturhistorische und moralische Bilder von hinlänglicher Größe zur Aufstellung in öffentlichen Erziehungs=Anstalten und Schulen zu liefern, so bekennet die unterzeichnete Direktion, daß sie, bei der großen Anzahl der Gönner unserer öffentlichen Lehr= und Kunstanstalt, bei der täglich wachsenden Menge der Schul= freunde und Verehrer des Guten und Schönen, bei der gegenwärtigen vollkommenen Ueberzeugung von der pädagogischen Wahrheit, daß durch schöne Formen und Anschauungen der Verstand und das Herz der Jugend fast ganz allein mächtig gereizt, angezogen und gebildet werden — keines= wegs an einem zahlreichen Zuspruch zweifle, wodurch dieser neue Kunst= zweig zum Nutzen der schönen Künste und des öffentlichen Unterrichtes, und zur Ehre unseres Vaterlandes, in welchem diese Kunst er= funden und zur gegenwärtigen Vollkommenheit veredelt wurde, um so schneller und kräftiger aufblühen wird. Zur Beförderung dieses in so vielerlei Hinsicht sehr wohlthätigen Zweckes ladet hiemit alle Kenner der Kunst, alle Schul= und Jugendfreunde, alle Liebhaber des Schönen und Guten zum Abonnement auf die im Monat Oktober erscheinenden neuen Kunstartikel ein.

München, den 1. September 1805. — Die Direktion der lithogra= phischen Kunstanstalt bei der männlichen Feiertagsschule.

Alle fremden Künstler und Kunstfreunde, welche nach München kamen, unterließen es nicht, diese lithographische Kunstanstalt zu besuchen.

Die Anwesenheit des Kaisers Napoleon in München (im Dezember 1805 und Januar 1806 bei seiner Rückkehr von Wien) veranlaßte viele seiner höhern Offiziere, welche sich längere Zeit hier aufhielten, von der Wirklichkeit dieser erstaunlichen Erfindung sich persönlich zu überzeugen.

Unter diesen waren Louis Napoleon (später König von Holland, Vater des jetzigen französischen Kaisers) welcher in der lithographischen Kunstanstalt der Feiertagsschule mit der Kreide auf Stein eine Gruppe der napoleonischen Kaisergarde zeichnete.

Dann Dominique Vivant Denon, General-Direktor der kaiserlich französischen Museen; General Lejeune,*) Lomet u. m. A.

---

*) General Lejeune, ein sehr geschickter Zeichner und Kunstkenner, dem König Max I. beim Abschiede persönlich seine reiche Gemäldesammlung zeigte, deren vorzügliche Meisterwerke den General begeisterten, ward von König Max noch aufgefordert, vor seiner Abreise die besonders für Zeichner wundervolle Münchner-Erfindung in Augenschein zu nehmen. Der General, durch den Adjutanten des Königs, Grafen Pocci sogleich zu Mitterer geführt, wo die Brüder Senefelder's beschäftigt waren, konnte bei der näheren Erklärung dieser neuen Vervielfältigungskunst von der Schnelligkeit des Druckes u. dgl. sein Bedenken nicht unterdrücken.

Man bat ihn, eine beliebige Zeichnung auf ein Steinchen zu machen. Sein Reisewagen war schon eingespannt; er ließ ausspannen, zeichnete mit der Kreide binnen einer halben Stunde einen Kosaken, und kaum hatte er noch einen Imbiß zu sich genommen, brachte ihm ein Drucker schon einhundert Abdrücke von demselben.

Voll Begeisterung zeigte Lejeune in Paris den mitgebrachten Stein und die Abdrücke davon seinem Kaiser, welcher, gleichfalls empfänglich dafür, ihm auftrug, zur Ausbildung dieser Kunst und zur Einführung derselben in Frankreich alles Mögliche aufzubieten.

Der Stein mit dem Kosaken und der Originalbericht des Generals Lejeune befinden sich aufbewahrt im Museum der k. Akademie der Wissenschaften zu Toulouse.

Eine vom 13. Mai 1806 von den beiden Kuratoren der Anstalt, **Mitterer** und **Weichselbaumer**, an das Schul-

---

Der erwähnte Bericht des Generals an diese Akademie lautet wörtlich wie folgt:

„Auf meiner Durchreise in München machte ich meine Aufwartung bei dem König Maximilian Joseph, der sich selbst die Mühe nahm, mir seine schöne Bildergallerie zu zeigen. Als der König mich von allen den Meisterwerken, die sie enthält, so begeistert sah, so sagte er mir: „Ich will Sie nicht abreisen lassen, ohne Sie mit einer für die Zeichner wirklich bewunderungswürdige Erfindung bekannt zu machen", und beauftragte seinen Adjutanten, den Grafen Pocci, mich zu dem Professor Mitterer und den Gebrüdern Senefelder zu führen.

Diese zeigten mir ihre Ateliers und erklärten mir ihr Verfahren, welches mir so außerordentlich schien, daß ich nicht umhin konnte, ihnen in dieser Hinsicht eine Art von Ungläubigkeit zu zeigen. Als sie durch den Herrn Grafen Pocci erfuhren, daß ich zeichnen könnte, so baten sie mich inständig, einige Kreide zu nehmen, wie auch einen lithographischen Stein, und eine Skizze auf diesen Stein zu zeichnen. Ich gab sehr gerne diesen ausgedrückten Wünschen nach, und obwohl im Begriff nach Paris abzureisen, ließ ich die Wagenpferde ausspannen, fing an zu zeichnen, und nach einer halben Stunde schickte ich meinen Kosaken den Gebrüdern Senefelder.

Unterdessen hatte der Gastwirth, bei dem ich abgestiegen war, das Mittagessen für mich auftragen lassen; kaum hatte ich aber gespeist, als ein Arbeiter herbeilief, und mir hundert Abdrücke meiner Lithographie überbrachte.

In Paris angekommen, legte ich meinen Kosaken dem Kaiser vor, und deutete auf die Vortheile hin, welche die Einführung der neuen Kunst, die meine Ueberraschung und meine Bewunderung in so hohem Grade erregt hatte, auch in Frankreich herbeiführen könnte. Napoleon empfahl mir dieselbe zu studiren, zu entwickeln, und alle meine Anstrengungen zu machen, um damit das Land zu beschenken, über welches der Ruhm unserer Waffen so viel Glanz verbreitete. Ich sprach von diesem Plan mit Charles Vernet und mit David, welche meine Begeisterung theilten.

Herr Denon, Direktor der kaiserlichen Museen, war der Einzige, der zu jener Zeit sich beinahe feindlich gegen die Lithographie zeigte. Ich dachte jedoch an den Kaiser, als ein Befehl Sr. Majestät mich in der Eigenschaft eines Genie-Offiziers nach Spanien schickte. Ich war also gezwungen, meinem Plane zu entsagen.

Aber bei meiner Rückkehr nach Frankreich (1811) tröstete ich mich leicht darüber, als ich Denon, ehemals der Lithographie so ungünstig,

13*

Direktorium gerichtete Bitte um ein ausschließliches Privile=
gium für die Produktion und den Verlag ihrer lithographischen
Kunstartikel wurde zwar von Seite des Schul=Direktoriums
dem König empfohlen; jedoch abschlägig beschieden, weil der
Erfinder Alois Senefelder im Jahre 1799 ein ausschließliches
Privilegium erhalten, nicht darauf renuncirt, dasselbe
auch seinen Brüdern Theobald und Georg nicht abgetreten
habe, folglich diese beiden Brüder gar kein Recht hatten, über
ein ihrem ältesten Bruder Alois ertheiltes Privilegium zu
kontrahiren.

Jedoch erhielt die Kunstanstalt vom König am 12. Juli
die Zusicherung, daß die Produktion und der Verlag solcher
Kunstartikel Niemandem im ganzen Reiche durch eine neue
Erlaubniß mehr gestattet werden soll.

Am 3. Januar 1807 überschickte diese Anstalt eine
Uebersicht ihres Zustandes nach dem ersten Jahr ihrer
öffentlichen Thätigkeit (vom Oktober 1805 bis Ende 1806)
an das Ministerium des Innern, woraus sich ergab, daß sie
bereits über einhundert auf Stein gezeichnete Kunstgegen=
stände aufgelegt und trotz der den Künsten widrigen Kriegs=
zeiten 250 Abonnenten zur monatlichen Abnahme ihrer Kunst=
artikel erhalten hatte. Sie zählte im In= und Auslande 21
Kommissionäre, denen ein Vorrath im Werthe von 1400 fl.
übergeben war.

Das Lager vorräthiger Abbrücke belief sich auf dritthalb
tausend Gulden im Werthe. Die Einnahme in diesem Jahre
betrug 4375 fl., die Ausgabe 3355 fl. Der Werth des Mate=
rials an gezeichneten Steinen, Papier, Pressen*) rc. war 5900 fl.

Diese glücklichen Fortschritte der zum Besten der Feier=
schule errichteten lithographischen Kunstanstalt, welche zur

---

nun die Ergebnisse dieser bewunderungswürdigen Kunst rühmen hörte,
und ich in seinem Atelier die liebenswürdigsten Damen ihrer Zeit fand,
unter andern die Gräfin Mollien, welche ihr Talent ausübten, indem sie
auf den Stein die anmuthigsten Skizzen zeichneten.

*) Unter denen drei Druckpressen und vier Glanzpressen vorkommen.

Beförderung des guten Geschmackes und zur Ehre des bayerischen Kunstfleißes nicht unbedeutend beigetragen, und auch ferner mit ihren Produkten den Kunst- und Elementarschulen große Vortheile verschaffen werden, haben auch dem König „zur allerhöchsten Zufriedenheit und Wohlgefallen gereicht", was der Direktion der Anstalt unterm 21. des nämlichen Monats durch Freiherrn v. Montgelas und von Kremplhuber mitgetheilt worden ist.

Mittlerweile hatte Alois Senefelder, welcher nach siebenjähriger Abwesenheit von München im Oktober 1806 wieder hieher zurückkehrte,*) mit Mißfallen vernommen, daß

---

*) Alois Senefelder, der im Herbste 1799 mit Gleißner nach Offenbach reiste, errichtete dort sogleich eine Steindruckerei für André. Nach vierzehn Tagen machte er den Probedruck, welcher zu solcher Zufriedenheit ausfiel, daß Hofrath André den ausgedehntesten Plan auf die Erfindung gründete. Senefelder sollte in London, Paris, Berlin und Wien Privilegien zu erhalten suchen, und in jeder dieser Städte wollte André eine Kunsthandlung mit Druckerei errichten. Die Anstalten in London, Paris und Berlin sollten die drei Brüder des Hofrathes leiten, jene in Offenbach und Frankfurt standen unter dessen eigener Leitung, und dem Senefelder war die Geschäftsführung in Wien zugesagt, nebst dem fünften Theil des Reinertrages sämmtlicher Etablissements. Gleißner sollte als Kompositeur und Notenzeichner in Offenbach Besoldung erhalten.

Senefelder, mit diesem Plane zufrieden, kehrte wieder nach München zurück, und übertrug, um das bayerische Privilegium nicht zu verlieren, die daselbst errichtete lithographische Anstalt seinen Brüdern Georg und Theobald; reiste dann wieder nach Offenbach und von da aus nach London, wo er nach einem siebenmonatlichen Aufenthalte daselbst das gewünschte Privilegium auf den Steindruck erhielt.

Gegen das Ende des Jahres 1800 reiste Senefelder von London wieder nach Offenbach, wo jetzt auch Georg und Theobald Senefelder sich aufhielten, da sie in München ihr Fortkommen nicht fanden. Sie arbeiteten als Lithographen für André.

Senefelder, der nun in seinen glücklichen Verhältnissen nie vergaß, daß er die Unterstützung für seine ersten Versuche der Gleißner'schen Familie zu danken hatte, knüpfte daher das Loos derselben an sein eigenes und theilte mit ihnen den Ertrag seines Fleißes.

Als nun Theobald und Georg zufällig erfuhren, daß der ihnen

seine Brüder ohne sein Vorwissen die Geheimnisse der Litho=
graphie einem Institute verkauft hatten, welches drohte, ihm
den Vorrang streitig zu machen.

———————

bekannte (früher schon erwähnte) Niedermayr in Wien versuchte, ein
Privilegium für den Steindruck zu erhalten, so begab sich ihre Mutter
sogleich nach Wien, um daselbst das nämliche Privilegium im Namen
ihrer beiden Söhne Theobald und Georg nachzusuchen. Auch Ma=
dame Gleißner, welche dieses in Erfahrung brachte, reiste auf der Stelle
nach Wien, um dasselbe Recht für Alois Senefelder in Anspruch zu
nehmen. Die Folge von diesen drei gleichlautenden Forderungen war, daß
die österreichische Regierung das Privilegium Keinem gewährte.

Alois Senefelder, der inzwischen mit Hofrath André in
Spannung gerieth, reiste mit seinen Brüdern Theobald und Georg
nach Wien, um sich das bisher vergebens nachgesuchte Privilegium zu
erbitten.

Die ihnen daselbst entgegen getretenen neuen Widerwärtigkeiten
veranlaßten Theobald und Georg, eiligst nach München zurückzukehren,
um ihre erste, auf einen Augenblick verlassene Druckerei wieder aufzu=
nehmen, während Alois sich in Wien mit einem Herrn v. Hartl ver=
band, um in dieser Stadt eine Steindruckerei zu errichten, welche sie zum
Musikalienbruck anwenden wollten.

Zugleich suchte Senefelder um das längst gewünschte Privilegium
nach, welches derselbe endlich im Jahre 1803 erhielt.

Da dieses Unternehmen, wozu v. Hartl ungefähr 20,000 fl. vor=
geschossen hatte, kein befriedigendes Resultat für Senefelder lieferte, so
trat dieser seinen Antheil als Associé und sein Privilegium an Herrn
Steiner, Sekretär des Herrn v. Hartl, für die geringe Summe von
600 fl. ab; allein er erhielt nur 50 fl., weil Gleißner bei Steiner
eine Schuld von 550 fl. kontrahirt hatte.

Senefelder der schon im Jahre 1799 den Gedanken faßte, seine
chemische Druckart auf den Kattunbruck anzuwenden, richtete nun seine
letzte Hoffnung auf diesen Kattunbruck, für welchen v. Hartl sich be=
sonders interessirte. Dieser gedachte ein Privilegium zu nehmen und
Senefelder als Direktor der Druckerei zu bestellen. Letzterer verwendete
daher seinen ganzen Scharfsinn auf die Verbesserung der Maschine, was
ihm sehr wohl gelang; allein der Vortheil war wieder nur geringe. Die
Maschine wurde vom Werkmeister verrathen und abgezeichnet bald in
mehreren Fabriken nachgeahmt. Zudem führte auch Napoleon das Kon=
tinentalsystem ein, wodurch dieser Kattunbruck wieder bei Seite gesetzt wurde.

Senefelder, überzeugt, daß der Kattunbruck nach seiner neuen

Von seinem Rechte als Erfinder Gebrauch machend und übrigens auf die Gerechtsame des erhaltenen Privilegiums zählend, wollte er nach seiner Rückkehr von Wien diesem Institute die Ausübung dieser Kunst untersagen.

Aber alle seine Anstrengungen, seine Ansprüche geltend zu machen, scheiterten.

Es erhob sich über diesen Punkt ein langer Streit; man betrachtete die von den Brüdern Alois' mitgetheilte Verfahrungsweise und die Anwendung derselben als ein rechtmäßig erworbenes Gut, und es wurde entschieden, daß die lithographische Kunstanstalt der Feiertagsschule mit Ausübung der Lithographie fortfahren könne.

Senefelder, der nunmehr gegen diese mit Grund zu fürchtende Konkurrenz zu kämpfen hatte, beschäftigte sich thätig mit der Organisation einer großartigen lithographischen Kunstanstalt, welche er in Verbindung mit dem k. Ober-Hofbibliothekar Christoph Freiherrn v. Aretin und dem berühmten Abbé Vogler in München errichtete.

Die Verbindung zwischen Aretin und Alois Senefelder dauerte drei Jahre; Abbé Vogler hingegen hatte sehr bald auszutreten, weil er das bedungene Kapital zur Anlegung der Druckanstalt nicht in Barem erlegen wollte, sondern durch Aufrechnung von alten Musikalien, die er selbst ungeheuer hoch ansetzte.

Aretin verwendete 30,000 fl. auf dieses großartige Unternehmen.

Methode gelingen und sich gut rentiren müsse, traf eine Uebereinkunft mit den Gebrüdern Faber, welche eine Kattundruckerei zu St. Pölten besaßen. Aber kaum war dieser Kontrakt unterzeichnet, als ihm von München aus der Antrag gemacht wurde, sich mit dem Herrn v. Aretin zu associiren, um in dieser Hauptstadt eine Steindruckerei zu errichten. Er verständigte sich daher mit Faber, einige Monate in München zuzubringen, um daselbst diese Steindruckerei einzurichten, und nach Verlauf dieser Zeit nach Wien zurückkehrend, die Walzendruck-Maschine für diese Kattundruckerei herzustellen, und verließ nun Wien im Jahre 1806.

Es wurden fünf Pressen in Bewegung gesetzt, und das erste Werk, welches im Jahre 1808 aus dieser Kunstanstalt hervorging, war Albrecht Dürer's Randzeichnungen zu Kaiser Maximilians Gebetbuch, dann erschien auch „Musterbuch der lithographischen Druckerei von Alois Senefelder, Franz Gleißner und Komp." Großfolio I. Heft 10 Blätter.

Während des Kampfes der beiden lithographischen Anstalten des Erfinders, v. Aretin und der Feiertagsschule wurde beiderseits mit Herausgabe der interessantesten Werke gleichsam wetteifernd fortgefahren.

Beide Anstalten hielten sich an ihr ausgesprochenes Programm, die Eine: nur nützliche Werke für das Schulwesen zu liefern, — die Andere: vorzüglich großartige Kunstwerke, worunter das Werk der Oeuvres lithographigues par Strixner Piloti et Compagnie (d. i Alois Senefelder und v. Aretin) das großartigste und kostspieligste lithographische Werk war und noch zur Stunde ist. Es besteht aus 432 Kunstblättern und kostete im Ladenpreise 560 fl. *)

Die lithographische Kunstanstalt der Feiertagsschule eröffnete ihrerseits ein zweites Abonnement für Schulen und Schulfreunde, nach dessen Plan im Januar

---

*) Die Herausgabe dieses Werkes begann eigentlich 1810 unter der Leitung des Gallerie = Direktors v. Mannlich. Nämlich Aretin und Senefelder besaßen wohl die Eigenschaften, um Erzeugnisse zu schaffen, welche in Bezug auf die Kunst ihren Werkstätten Ehre machten; der hiezu nöthige Geschäftsgeist fehlte aber beiden, daher sie auch einen so geringen Gewinn davon zogen, daß sie nach Verlauf von vier Jahren dieses undankbare Unternehmen wieder aufgaben. Den artistischen Theil ihrer lithographischen Kunstanstalt überließen sie Direktor Mannlich, den merkantilischen übernahm der Kunsthändler Zeller.

Mannlich, der sich lediglich damit beschäftigte, die Kunst der Lithographie zu vervollkommnen, hatte bei diesem Werke, welches die Original=Handzeichnungen des k. bayerischen Handzeichnungs=Kabinets in vier Bänden enthielt, zum ersten Male von Tonplatten Gebrauch gemacht, welche diese Zeichnungen auf farbigem Papier nachahmten, und auf welchem die lichten Stellen durch Weiß hervorgehoben wurden.

1807 sechs Bilder von Thieren in großem Format erschienen im Februar sechs Blätter mit nützlichen Pflanzen und Ge= wächsen; im März vier Bilder mit den merkwürdigsten Be= gebenheiten aus der Geschichte des neuen Bundes. Auf solche Art wechselten stets alle drei Monate die Gegenstände und entstand von jeder Art eine lehrreichen Sammlung. Jede Lie= ferung kam nur auf 1 fl. 12 kr.

Am Schlusse des Jahres 1807 machte dieselbe eine An= zeige, daß sie im nächsten Jahre nur wenige, aber sehr schöne und seltene Stücke in großem Medianformat, und zwar kolo= rirt liefern werde, besonders ausgezeichnete Naturscenen des bayerischen Vaterlandes, Pflanzen und Thierstücke, Bilder aus der Geschichte des neuen Bundes u. s. w., wobei der Preis für acht solche verschiedene, schön kolorirte Bilder auf zwei Kronenthaler festgesetzt war.

Auch erschien um diese Zeit (Oktober 1808) Mitterer's „Anleitung zur Geometrie für Künstler und Hand= werker", worin zum erstenmal die Typographie und Litho= graphie in Verbindung erscheint.

Während in der lithographischen Kunstanstalt der Feier= tagsschule durch Mitterer vorzugsweise die Kreidemanier zu einem so hohen Grade der Vollkommenheit gebracht wurde, daß viele seiner Produkte noch lange Zeit das non plus ultra dieser Manier blieben, und zugleich seinem rastlosen Eifer die Lithographie den Triumph verdankt, daß sie so kurz nach ihrem Entstehen schon die Mutter vieler dem Unterricht nütz= lichen Werke geworden ist, erlangte die Lithographie in der Kunstanstalt des Senefelder und Aretin einen bedeutenden Umschwung, und wurde jetzt erst in ihrer ganzen Ausdehnung recht vortheilhaft bekannt.

Die ausgezeichnetsten einheimischen und auswärtigen Staatsmänner interessirten sich für diese junge Kunst, und besonders war es auch der damalige Kronprinz (König Ludwig von Bayern), welcher derselben die höchste Aufmerksamkeit schenkte.

Kronprinz Ludwig suchte den Erfinder dadurch zu ehren,

daß er dessen Büste vom Bildhauer Kirchmayer für die bayerische Ruhmeshalle ausführen ließ.

Derselbe machte in der Druckerei des Senefelder und Aretin sogar einen eigenhändigen Versuch, indem er mit der Steintinte seine Ueberzeugung von dieser Kunst auf Papier schrieb, welches dann umgedruckt und in seiner Gegenwart vervielfältigt wurde.

Diese Blätter enthalten das königliche Autographum: **Die Erfindung der chemischen Druckerei bringt dem Jahrhundert Ehre, in dem sie entstand.***)

Die erhabene Schwester des Kronprinzen (nachherige Kaiserin von Oesterreich) schrieb die Worte: „**Ich ehre die Bayern**" mit chemischer Tinte auf Papier, womit ein Gleiches geschah (17. Mai 1808).

Nachdem nun aber das Geheimniß der Lithographie immer mehr bekannter wurde, erhoben sich auch eine Menge Steindruckereien.

Schon im Jahre 1809 waren in München nebst der lithographischen Anstalt der Feiertagsschule und der Druckerei des Senefelder und Aretin noch sechs öffentliche Druckereien im Gange, ohne jene Pressen zu rechnen, welche mehrere Steinzeichner sich zu ihrem eigenen Gebrauche verfertigen ließen.

So richtete der ehemalige Hofmusikus **Sidler**, welcher bei den Gebrüdern Senefelder die Lithographie lernte, für die Central-Staatskassa eine Steindruckerei ein, und erhielt noch vor Ablauf des Senefelder'schen Privilegiums eine eigene Konzession für das Musik- und Geschäftsfach.

----

*) In der Ferchl'schen Incunabeln-Sammlung der Lithographie befindet sich eine genaue Nachbildung hiervon, welche auch seiner Geschichte der Errichtung der ersten lithographischen Kunstanstalt beigelegt ist. Ein wirklicher Original-Abdruck desselben liegt in der k. bayerischen Staats-Bibliothek aufbewahrt. Desgleichen besitzt auch der Verfasser dieser Geschichte der Feiertagsschule nebst einigen interessanten Incunabeln der Lithographie, noch einen solchen Original-Abdruck.

Auch ward Theobald Senefelder 1808 von dem Chef der kgl. General-Stiftungs-Administration Freiherrn v. Hartmann durch Verwechselung mit seinem Bruder Alois aufgefordert, eine lithographische Druckerei in Gang zu setzen, wobei er 1809 als Inspektor angestellt wurde.

Zu gleicher Zeit wurde auch die Druckerei der Armen-anstalt auf dem Anger errichtet, und bei der im Jahre 1808 neu errichteten Steuer-Vermessungs-Kommission durch den Vorstand derselben, geh. Rath v. Utzschneider, eine großartige Plandruckerei,*) wobei im Jahre 1818 einige dreißig Graveurs beschäftigt waren, angelegt, sowie auch durch den geheimen Generalsekretär v. Kobell für den k. Staats-rath eine eigene lithographische Druckerei organisirt.

Selbst Privat-Druckereien entstanden, wie jene von Helmle, Roth und Dietrich, die aber nicht einmal dem Namen nach mehr bekannt sind.

Alois Senefelder, der nun um allgemeinen Schutz gegen alle Beeinträchtiger des Privilegiums beim k. Stadt-gerichte München im Jahre 1809 nachsuchte, und namentlich gegen die geh. Ref. v Hartmann und v. Utzschneider,

---

*) Hofkupferstecher Mich. Mettenleitner und Franz Weishaupt (Vater des Verfassers) als Techniker gründeten dieses großartige Institut, wobei Ersterer als Inspekter die Beaufsichtigung der Graveurs und Letz-terer als Lithographie-Werkmeister die Leitung der Druckerei über sich hatte. Franz Weishaupt (gestorben den 4. Oktober 1860) blieb 40 Jahre daselbst in voller Thätigkeit. Schon Alois Senefelder erwähnte in seinem 1818 erschienenen Lehrbuche desselben in ehrenvoller Weise. Franz Weishaupt trug sowohl zur Vervollkommnung, sowie auch zur Ver-breitung der Lithographie wesentlich bei; über hundert seiner Schüler er-richteten im In- und Auslande die vorzüglichsten lithographischen An-stalten. Die Ehre der Miterfindung des chemischen Metalldruckes theilte er mit Senefelder. — Ihm und dem ausgezeichneten Kalligraphen Joh. Ev. Mettenleitner wurde auch durch den Baron v. Schilling ein ehrenvoller Ruf eines einträglichen Postens in Rußland zu Theil, den jedoch beide ablehnten. (Das Kunst- und Gewerbeblatt des polytechnischen Vereins, 1843, III. 216, dann Dr. Nagler's Künstler-Lexikon, Bd. XVI. 258--263 enthalten Mehreres über Franz Weishaupt.)

und den geh. Generalsekretär v. Kobell klagweise aufgetreten, war jedoch nicht im Stande, diese neu errichteten Steindrucke- reien derselben zu unterdrücken.

Aber nicht bloß in München sah Senefelder Anstalten zum Ausbeuten seiner Erfindung entstehen, sondern auch in andern Städten, und während Europa mit Steindruckereien übersäet ward, besaß er selbst keine (indem die mit Aretin er- richtete Druckerei sich so gering rentirte, daß selbe wieder auf- gegeben wurde), und war nahe daran, bei einem oder dem andern seiner Zöglinge, oder bei einem von denen, die ihm ihr Glück verdankten, um Arbeit bitten zu müssen.

Glücklicherweise machte es sich die bayerische Regierung zur Pflicht, diesem genialen Manne ein festes Einkommen zu sichern.

Im Jahre 1810 ward Senefelder bei der Steuer- kataster-Kommission angestellt, mit dem Titel eines Druckerei- Inspektors und einem jährlichen Gehalte von 1500 fl., der ihm auf Lebenszeit zugesichert wurde.

Immer seiner Freundschaft gegen Gleißner getreu, ver- schaffte Alois diesem zur selben Zeit eine mit 1000 fl. Gehalt verbundene Anstellung.

Die weitere Verbreitung der Lithographie konnte natür- lich auch für die lithographische Kunstanstalt der Feiertags- schule nicht ohne Rückwirkung bleiben.

Die Kuratoren derselben, welche seit den drei Jahren des Bestehens der Anstalt diese vaterländische Erfindung der Lithographie mit aller möglichen Anstrengung und vielem Zeitaufwande, neben ihren Amtsgeschäften, durch Erfindung neuer Maschinen und verschiedener Kunstvortheile auf einen hohen Grad der Vollkommenheit gebracht, und zwar ohne Nutzen für ihre Person, sahen nun während dieser Zeit fast in allen Hauptstädten Europa's und selbst in München Steindruckereien errichten, welches natürlich auf den Verschleiß der Münchner ersten lithographischen Kunstanstalt hemmend einwirkte, wodurch die jährliche Besoldung der Brüder Sene-

felber von 700 fl. kaum aufzubringen, und die bis dahin an-
gewachsene Schuldenlast sehr schwer zu tilgen waren.

Weßhalb die Kuratoren unter den obwaltenden Umständen
sich gezwungen sahen, in ihrem Berichte vom 9. Januar 1807
an die k. Landesdirektion die Bitte zu stellen, ihnen eine Last
abzunehmen, die sie nicht mehr zu tragen im Stande waren.

Schon am 20. November 1807 erschien ein höchst achtungs-
werther Befehl des Königs an Seine Landesdirektion, innerhalb vierzehn Tagen umständlichen Bericht zu erstatten über
diese mit der Feiertagsschule vereinigte lithographische Kunstanstalt und mit demselben ein vollständiges Exemplar aller
bisher producirten Kunstwerke einzusenden.

Den 5. Dezember 1807 machte das Ober = Schul = und
Studien-Direktorium zuerst an die Kuratoren Weichselbaumer
und Mitterer, und den 7. des nämlichen Monats direkt an
den König Vorschläge zur Aufbesserung der Feiertagsschule
durch Verminderung des Druckerpersonals, und durch Abnahme der drückenden jährlichen Besoldung von 700 fl. an
die Brüder Senefelder.

Die k. Regierung, welche, wie bereits schon erwähnt,
selbst Steindruckereien errichtete, und sonach die vorzugsweise
an der Feiertagsschule ausgebildete Lithographie zur Förderung
der Staatsgeschäfte, und bei dem Central = Rechnungs = Kom-
missariate des Innern zum Behufe seines ausgebreiteten administrativen und exekutiven Dienstes benützte, verordnete laut
Reskript vom 2. August 1808 die Abgabe einer jährlichen
Dotation von 1200 fl. in monatlichen Raten von 100 fl. an
die Feiertagsschule.

Zugleich wurde derselben die drückende Last der jährlichen
Besoldung von 700 fl. an die Brüder Senefelder dadurch ab-
genommen, daß Theobald Senefelder als Lithographie = Inspektor der Steindruckerei bei der k. Stiftungs = Administration,
und sein Bruder Georg als Graveur im k. Ministerium angestellt ward.

Seit dem Bestehen (1804) dieser lithographischen Kunstanstalt der Feiertagsschule bis zum Jahre 1815 gingen aus
derselben hervor:

72 Elementar-Zeichnungsblätter (Kreidezeichnung in Oktavformat), als erster Zeichnungsunterricht für Kinder. Nach Mitterer's Entwurf von Jos. Unger auf Stein gezeichnet. 1803/4.

Mitterer's „Anfangsgründe der Figurenzeich= nung in Handzeichnungs-Manier zur Selbsterlernung. München 1804." Querfolio, I. Theil mit 36 Blättern, II. Theil 30 Blätter.

Mitterer's „Anfangsgründe zu Verzierungen, Laubwerken und Blumen in Handzeichnungs= Manier. München 1804." 2 Hefte Querfolio.

Max Wagenbauer's „Anleitung zur Landschafts= Zeichnung in Handzeichnungs-Manier." München 1805. (War schon im Sommer 1804 vollendet.) Mit 18 Doppelblätter Querfolio.

Das im September 1805 angekündigte große Werk in Steindruck unter dem Titel:

„Lithographische Kunstprodukte",

welches vom 1. Oktober 1805 bis Ende Dezember 1807 in 26 Lieferungen erschien, wovon jede derselben sechs verschiedene Blätter mit Blumen, Landschaften, historische Darstellungen und dergleichen enthielt, bestand aus:

52 Blättern Prachtblumen in natürlicher Größe, von Joh. N. Mayrhofer;

51 Blättern Landschaften,*) von Wagenbauer;

7 Blättern Landschaften aus Oberbayern, von Simon Warnberger,

13 Blättern italienische und andere Landschaften von Simon, Klotz, und

aus figürlichen Darstellungen, Köpfe u. dgl., wovon

---

*) Unter denen sich auch Landschaften mit Thieren befinden, welche später unter dem Titel „Landschaften mit Haus= und Waldthieren" her= ausgegeben wurden. Ebenso erschienen im Jahre 1815 zwanzig der obigen Landschaften von Wagenbauer, Warnberger und Klotz unter dem Titel: „Sammlung von Landschaften."

Jof. Hauber 16 Blätter und Andreas Seibl 17 litho=
graphirte.

Darunter sind von ersterem Jesus und Johannes als
Kind nach Amigoni, zwei Niederländerstücke nach Tenier und
Brower rc. und von Letzterem die zwölf Monate Sandrarts.

Die für ein zweites Abonnement angekündigten Blätter,
welche mit Beginn des Jahres 1807 herauskamen, enthielten:

Mayrhofer's „Bilder von nützlichen und schäd=
lichen Pflanzen,*) zum Unterricht in der Natur=
geschichte. München 1807.“

Wagenbauer's „Bilder von Säugethieren (nach
Büffon) zum Unterricht in der Naturgeschichte. München
1807.“ 24 Blätter, und

Bilder aus der Geschichte des neuen Bundes,
gezeichnet von Jof. Hauber und Simon Klotz.

Die für das Jahr 1808 angekündigten Blätter bestanden
aus Naturscenen des bayerischen Vaterlandes,
Pflanzen und Thierstücken und biblischen Bil=
dern,**) von den Künstlern Wagenbauer, Warnberger,
Mayrhofer, Hauber und Klotz gezeichnet.

Nebst diesem wurden während dieses Zeitraumes unter
andern auch große anatomische Zeichnungen***) zum Behufe
des anthropologischen Unterrichts in Schulen bearbeitet; dann
neue Vorschriften für den Schreibunterricht; geometrische Ta=
bellen; Vorlagen zum Studium der Architektur und Zimmer=
werkskunst; eine Schulkarte von Bayern, sowie Figuren, Por=

---

*) Letztere wurden später unter dem Titel „Sammlung der merk=
würdigsten Giftpflanzen, 24 Blätter. München 1823.“ herausgegeben.

**) Hievon ward die Jugendgeschichte Jesu in 16 Bildern im Jahre
1811 vollendet, und das öffentliche Leben Jesu in 20 Bildern erschien
vollständig im Jahre 1821.

***) Das Skelet, der Muskelmann und das System der Blutgefäße,
dann auch das menschliche Gehirn mit allen den entspringenden Nerven.
Letzteres vom k. bayerischen geh. Rath v. Sömmering gezeichnet.

träts, Landschaften, Architekturbilder, Blumenbouquets und
Verzierungen, Bilder verschiedener Thiere u. s. w.

Ferner erschien im Jahre 1808:

„Anleitung zur Geometrie von Hermann Mitterer.
Mit in den Context beigedruckten lithographirten Figuren statt der bisher gewöhnlichen Holzschnitte,“ —
und eine siebente Auflage hievon im Jahre 1853.

Dann 1810:

Mayrhofer's „Anleitung zur Blumenzeichnung
mit schattirten Blumen, 14 Blätter.“

Pöringer's „Musterbätter zur Ornamentenzeichnung, 24 Blätter.“

    (Eine zweite Auflage von J. Bergmann gezeichnet
1818.)

„Sammlung von Bauplänen für Landschul-Gebäude von Kreisbauinspektor Vorherr.“

1811.

Sammlung von Zeichnungen zum Nachbilden
in den Real- und Gymnasial-Schulen von Direktor
Langer, gezeichnet von Clement Zimmermann,
Rep. Muxel u. m. A.

    (Bis zum Jahre 1813 erschienen sieben Hefte, jedes
Heft mit 15 Blättern.)

Flora Monacensis von Schrank, gezeichnet von
Mayrhofer.

    (1. Lieferung mit 10 Blättern erschien 1811, der
erste Band von 100 Blättern ward 1813 und sämmtliche vier Foliobände 1817 vollendet.)

1812.

Anleitung zur Perspektive von Johann Maria v.
Quaglio, 30 Blätter.
    (2. Auflage 1823.)

1813.

Deutsche Künstlergallerie von Max Frank, 80
Blätter nebst Text.

(2. Auflage 1818.)

Katholisches Gebetbuch für die Jugend, München
1813. Lithographirt von Jos. Unger.

Anatomische Abbildungen des Pferdekörpers
von Dr. K. L. Schwab, 1813, mit 2 Abbildungen.
2. Auflage mit 6 Abbildungen, von Hanfstängl
gezeichnet, 1820.

1814.

Sammlung von Hausthieren von Raphael Winter,
10 Blätter. (Mehrere hievon schon im Jahre 1806
lithographirt.)

Bestand der lithographischen Kunstanstalt an der Feiertagsschule seit dem Jahre 1815 bis 1858.

––––––

Ein neue Epoche beginnt mit dem Schlusse des ersten Decenniums des Bestehens dieser so schnell durch ganz Deutschland berühmt gewordenen ersten lithographischen Kunstanstalt in München.

Mitterer, dessen patriotischer Eifer zum Emporbringen der Lithographie und zu dem Aufschwunge dieser Anstalt wohl das Meiste beigetragen, hatte im Jahre 1815 dieselbe käuflich übernommen, deren Kaufssumme fristenweise abbezahlt, und nun auf eigene Kosten die Herausgabe vieler interessanter Kunst= und technischen Unterrichtswerke veranstaltet.

Während in den ersten Jahren des Bestehens dieser Anstalt drei Pressen in voller Thätigkeit (nämlich eine Stangen= und eine große und kleine Rollpresse), dann später bloß die zwei Rollpressen allein im Gange waren, beschäftigte Mitterer je nach Bedarf nur eine derselben, und als im Jahre 1824 sein Drucker (Namens Haushalter) starb, verkaufte er seine Pressen und übergab den Druck seiner Verlagswerke der lithographischen Druckanstalt des Joh. B. Dreselly. *)

––––––

*) Später lieferte sein Sohn Max Dreselly und seit dem Jahre 1858 auch noch der Lithograph Ferdinand Weißhaupt (jüngerer Bruder des Verfassers dieser Schulgeschichte) die erforderlichen Druckarbeiten für diese Anstalt.

Seit dieser Zeit ist die lithographische Kunstanstalt ohne Besitz einer eigenen Druckerei, und läßt ihren Bedarf von hiesigen lithographischen Druckereien besorgen.

Kunst- und technische Unterrichtswerke, welch letztere Mitterer selbst bearbeitete und mit Text begleitete, wodurch er sich hohe Verdienste um die Förderung des Unterrichts erwarb, sind seit 1815 bis zu seinem Tode 1829 erschienen:

1815.

Bildnisse der Regenten Bayerns aus der Wittelsbacher königlichem Stamme, mit biographischen Notizen, von Felix Joh. Lipowsky. München, 1815. 20 Bl. gezeichnet von Frank.

Baumstudien von Wagenbauer. 12 Blätter.

Anleitung zur bürgerlichen Baukunst und Bauzeichnung mit den nöthigsten Grundsätzen begleitet von Herrmann Mitterer 1815. Mit 20 Tafeln und 11 Bogen Text. Fünfte Auflage. 1846.

1816.

Erster Unterricht in der Blumenzeichnung, in bloßen Umrissen, von Mayrhofer. 16 Bl.

Denkmäler der Baukunst des Mittelalters in Bayern, von Dominicus Quaglio. 12 Bl.

1817.

„Plantae rariores Horti academici Monacensis etc., von Franz Paul von Schrank 1817." Erschien lieferungsweise, wobei ein Heft 10 Blätter enthielt.

„Inscriptio perantiqua sacris Aegytiorium etc." 7 große Blätter, Beilagen einer Abhandlung: „Ueber die bei Rosette in Aegyten gefundene dreifache Inschrift", von Frh. v. Schlichtegroll.

Thalhofer. Ein Beitrag zur Literatur der gerichtlichen Zweikämpfe im Mittelalter von Dr. Nathanael

14*

Schlichtegroll mit 6 Tafeln in Steindruck. Mün=
chen 1817, auf Stein gezeichnet von Hanfstängl.

Vorlagen für Anfänger der Ornamentenzeich=
nung, gezeichnet von J. Bergmann. 18 Bl.

Sammlung von Vasen und Kandelabern. 13 Bl.
Ebenfalls von Bergmann.

Anleitung zur Thierzeichnung von Raphael Win=
ter, München 1817. 14 Bl.

„Handbuch der landwirthschaftlichen Baukunst
von Michael Voit, k. b. Kreisbau=Inspektor des
Oberdonaukreises, 2 Theile 1817.“ — Mit 24 Ta=
feln und 32 Bogen Text. Zweite verbesserte Auflage
1825.

„Die deutsche Zimmerwerkskunst als Fortsetzung
der bürgerlichen Baukunst und Bauzeichnung, von
Mitterer, 1817.“ — 35 Tafeln und 13 Bogen
Text. 5. Auflage, 1840.

1818.

Costümes des Münchner Theaters, 24 Bl. Mün=
chen 1818, gezeichnet von J. N. Murel.

Anleitung zum Schattiren in der Figuren=
Zeichnung von Prof. Zimmermann. 20 Bl.

Abbildungen der Säugethiere, Vögel und Amphi=
bien, auf Stein gezeichnet von Michael Schmid und
von seinem Bruder Joseph Karl Schmid mit
naturhistorischer Beschreibung begleitet; wozu Prof.
Mitterer noch die Fische, Insekten, Mollusken und
Crustaceen nachtrug. Mit diesem aus mehr als 400
Blättern bestehendem Werke, wurde 1818 begonnen
und im Jahre 1822 ward dasselbe vollendet.

1820.

Die einzelnen Theile der Säulen=Ordnungen
im Großen mit den nöthigsten Schattenbestimmungen,

als Vorlagblätter für Kunst- und Zeichnungsschulen vom Zeichnungslehrer Lorenz Schöpf. 10 Tafeln.

1821.

Staffagen nach Georg Philipp Rugendas. 12 Blätter, München 1821, gezeichnet von Hanfstängl.

Anleitung zur Hydraulik für praktische Künstler u. Werkmeister, mit vorzüglicher Hinsicht auf das Brunnenwesen, von Hermann Mitterer. 21 Tafeln und 23 Bogen Text. 2. Auflage 1833.

1822.

Anleitung zur Mechanik für praktische Künstler und Werkmeister, mit vorzüglicher Hinsicht auf den Mühlenbau, von Mitterer. 20 Tafeln und 17 Bogen Text. 3. Auflage, 1836.

Anatomische Abbildungen des menschlichen Körpers für bildende Künstler in 12 Blättern, von Prof. Köck.

Anleitung zum Zeichnen der Blumen und Früchte, 12 Bl. von Mayrhofer.

1823.

Sammlung von Raphaels-Köpfen in Umrissen für Anfänger in der Figurenzeichnung. 24 Blätter, gezeichnet von Hanfstängl.

Sammlung von Verzierungen, nach Albertolli. 4 Hefte, jedes mit 10 Blättern. I. und II. Heft von J. Bergmann und das III. und IV. Heft von Jos. Sedlmair gezeichnet.

Vorlagen für Landschaftzeichner von Wagenbauer, mit 20 Blättern.

1824.

Vorlagen für Landschaftzeichner von demselben, mit 12 Blättern.

Römische Bauverzierungen nach der Antike gezeichnet und lithographirt von Prof. Gärtner. 2 Hefte
mit 12 Blättern. (Dieselben wurden im Jahre 1832 von
Lorenz Schöpf für die Anstalt angekauft.)

1825.

Charakter-Scenen aus der deutschen Geschichte
gezeichnet von Joh. Michael Mettenleitner. 12
Blätter.

Anleitung zur Thierzeichnung von Raphael Winter. 20 Blätter.

Sammlung von Hausthieren nach den besten Mei-
stern, für angehende Landschaftzeichner von Raphael
Winter. München, 1825. II Hefte. 32 Blätter
Federzeichnungen.

1826.

Perspektivische Scenen von Simon Quaglio.

Unter den einzelnen Blättern, welche seit 1815 bis 1826
bearbeitet wurden, sind:

Einige geistliche Bilder, lithographirt von Hanfstängl,
zwei Landschaften von Wagenbauer (der Wasser-
fall bei Aigen und der bei Soyen), einzelne Blätter
mit Hirschen und Rehen von Raphael Winter, u.
m. a.

Das letzte Werk, welches Mitterer kurz vor seinem
Tode beendigte, war:

1829.

„Die Zeichnungsschule für Schlosser," wovon
das 1. Heft mit 32 Tafeln verschiedene Schloßzeich-
nungen und die nöthigen Vorkenntnisse der Geometrie
und Mechanik enthielt, bearbeitet von dem Schlossermeister Franz Schörg und Prof. Mitterer und

lithographirt von Jof. Seblmair. Das 2. Heft mit 12 Tafeln, Gitterwerke enthaltend, wurde von Seblmair gezeichnet und lithographirt.

Außer den technischen Unterrichtswerken und der großen Anzahl von Zeichnungsstudien und andrer Kunstartikel, welche diese Anstalt erzeugte, gingen aus ihr auch vorzügliche lithographische Künstler*) hervor, unter denen der berühmte Hofrath Hanfstängl, welcher seine Laufbahn unter Professor Mitterer in München begonnen, einer der ausgezeichnetsten Lithographen Europas ist.

Nach dem Tode Mitterers übernahm sein Erbe Zeichnungslehrer Lorenz Schöpf diese lithographische Kunst-Anstalt.

Derselbe zugleich Lehrer an der Feiertags-Baugewerks- und der Gewerbsschule ward bei diesen Lehranstalten so in Anspruch genommen, daß ihm für die Bearbeitung neuer Verlagswerke fast keine Zeit übrig blieb, zudem hatten die Mitterer'schen Werke auch nach dem Tode desselben sich noch lange Zeit eines großen Beifalls und Absatzes zu erfreuen, daher Schöpf dieselben immer in unveränderter Auflage erscheinen ließ.

Einige neuere Werke, welche unter seiner Geschäftsführung entstanden, sind vorzugsweise durch den Zeichnungslehrer Jof. Seblmair, den derselbe als Lithograph in dieser Anstalt beschäftigte, bearbeitet worden, dieselben sind:

1831.

Griechische Ornamente in Umrissen. 24 Blätter.

1836.

Mittelalterliche Ornamente in Umrissen. 24 Bl.

---

*) Mitterers erste Schüler, welche in dieser lithographischen Kunstanstalt für dieselbe lithographirten, waren: Jof. Unger und Lorenz Schöpf, dann Hanfstängl, Bergmann und Seblmair.

1837.

Erster Unterricht in der freien Handzeichnung.
15 Blätter.

1838.

Römische Bauverzierungen in Umrissen. 24 Bl.

Desgleichen in größerem Formate 12 Bl., dann einzelne
Blätter für die geometrische Linear= und Architektur=
zeichnung, und

1854.

Die Sammlung griechischer Ornamente aus 12
Blättern bestehend.

Ferners erschienen einige geistliche Bilder*) von Joh.
Mayr lithographirt, und Blumen= und Früchtenstücke von
Mayrhofer 1830 gezeichnet, welche nebst einigen seiner
früheren Arbeiten unter dem Titel:

„Sammlung von Blumenbouquets und
Früchtenstücke," als Uebung in der Blumen=
zeichnung, 12 Bl,

herausgegeben wurden.

---

*) Christus mit der Dornenkrone, nach Guido Reni (1832), eine
Madonna nach Martin Knoller und ein Christus nach eigenem Entwurfe
von Joh. Mayr 1827 lithographirt.

Gestaltung der lithographischen Kunstanstalt an der Handwerks-Feiertagsschule seit Uebernahme derselben durch den Magistrat, 1. Oktober 1858 bis zum Jahre 1863.

———

Die Bearbeitung technischer Unterrichtswerke, welche zunächst Professor Mitterer mit besonderem Glücke begonnen, wodurch er zur Kultur des Unterrichtsfeldes so wesentlich beigetragen, wurde nun auch von vielen Anderen unternommen, denen Mitterer's praktischer Lehrgang als Vorbild zur Nachahmung diente. *)

Die Einführung der Gewerbsschulen und der sich immer mehr verbreitende Zeichnungs-Unterricht durch dieselben, sowie überhaupt der allgemeine Aufschwung und Fortschritt der Wissenschaft, Kunst und Technik und deren Anwendung auf Industrie und Gewerbe veranlaßte neue Bedürfnisse nach zeitgemäßen praktischen Unterrichtswerken, sowohl für den Schul- als auch Privatgebrauch der sich heranbildenden Künstler und Techniker.

Wodurch nun von allen Seiten her für alle Zweige des Zeichnens und der Technik Unterrichtswerke auftauchten, welche

---

*) So erschien unter Andern das vortreffliche Werk: Jobl's „Anleitung zur Bauzeichnungskunde", wobei Mitterer's „Anleitung zur bürgerlichen Baukunst und Bauzeichnung" zu Grunde gelegt ward.

die Mitterer'schen Werke (wovon ein großer Theil bis jetzt noch als vorzüglich anerkannt und brauchbar ist) zu ergänzen suchten, wodurch dieselben immer mehr und mehr verdrängt, und durch neue mit dem Fortschritte der Zeit gehenden Werke ersetzt werden.

Selbstverständlich minderte sich auch der Absatz derselben, und da der kränkliche Zustand des Besitzers dieser lithogra= phischen Kunstanstalt, sowie auch der Mangel an dem nöthigen Betriebskapitale es nicht zuließen, um mit der gehörigen Energie dieser neuen gewaltigen Konkurrenz des Buch= und Kunsthandels entgegentreten zu können, so stand eine allmälige Auflösung dieser einst so blühenden Kunstanstalt in Aussicht.

Dem ehemaligen Inspektor der Handwerks=Feiertagsschule geistl. Rath Koch und dem magistratischen Verwaltungsrathe Alois Deigelmair, diesen beiden um das Aufblühen der Feiertagsschule eifrigst besorgten und hochverdienten Männern, war daher der stockende Zustand der lithographischen Kunst= anstalt ein höchst betrübender, sie würdigten mit richtigem Blicke, was diese Anstalt zur Hebung des Zeichnungs=Unter= richts bereits geleistet hat, und was dieselbe bei gehörigem Betriebe durch Bearbeitung zeitgemäßer Vorlagen für den Aufschwung dieses Unterrichtszweiges beizutragen im Stande wäre, und beschlossen, für die Erhaltung und Förderung dieser so nützlichen Anstalt sich thätig zu verwenden.

Geistl. Rath Koch und Verwaltungsrath Deigelmair machten daher dem Magistrate Münchens den Vorschlag, diese Anstalt käuflich zu erwerben, worauf derselbe, von jeher keine Opfer scheuend, wenn es zur Hebung des Schulunterrichtes galt, bereitwilligst darauf einging, und diese lithographische Kunstanstalt um die Summe von 4000 fl. käuflich an sich brachte, wo dieselbe seit dem 1. Oktober 1858 wieder einen integrirenden Theil der Handwerks=Feiertagsschule bildet.

In Anbetracht des Zustandes der übernommenen litho= graphischen Kunstanstalt und der bereits allgemein voran= geschrittenen Verbreitung unzähliger Werke in allen Zweigen des Unterrichtes, welche der bedeutende Buch= und Kunsthandel

Deutschlands herbeiführte, konnte daher der Wirkungskreis dieser lithographischen Kunstanstalt sich zunächst nur darauf beschränken, vorzugsweise für den Zeichnungs-Unterricht der hiesigen Handwerks = Feiertagsschule zeitgemäße Vorlagen zu schaffen.

Dieselbe zu einer pecuniären Gewinn bietenden Stellung erheben zu wollen, konnte um so weniger im Plane liegen, da selbst bei zureichendem Betriebskapital (wodurch allerdings die Herstellung einer größern Anzahl neuer Verlagswerke ermöglicht werden würde), der kaufmännische Betrieb immerhin mit einer großen Konkurrenz zu kämpfen hätte, wobei dann die hieraus gewonnenen Resultate in Vergleich des hiezu nöthigen Kapitals dieser Anstrebung nicht besonders entsprechen dürfte.

Nach diesem aufgestellten Programme wurde mir (dem Verfasser dieser Schulgeschichte) von dem Magistrate die artistische und technische Leitung und Geschäftsführung dieser lithographischen Anstalt übertragen, und zugleich Zeichnungslehrer Joseph Sedlmair als Gehilfe und Buchhalter beigegeben.

Bei Uebernahme der mir anvertrauten Geschäftsführung war der Vorrath an Abdrücken der gangbareren Werke so gering, daß gleich anfänglich zur Ergänzung des Lagers nachgedruckt werden mußte.

Die größte Anzahl Abdrücke bestand aus unverkäuflichen veralteten Werken und defekten Blättern derselben, welche auf dem Versteigerungswege am 9. Februar 1859 veräußert wurden.

Eine meiner ersten Aufgaben war, die übernommenen Steinplatten dieser Verlagswerke theils durch Reparirung, theils durch Neuzeichnung in brauchbaren Stand zu setzen, wobei auch bei einigen Werken eine zeitgemäße Umarbeitung vorgenommen werden mußte.

Aber auch für neue Verlagswerke ward gesorgt; in Besitz einer Sammlung technischer Zeichnungen, welche theils von mir, theils von verschiedenen Technikern und Künstlern sind, unternahm ich es, dieselben unter dem Titel: „Sammlung

von Vorlagen für technische Schulen und Gewerbtreibende" herausgegeben.

Eine günstige Beurtheilung, welche derselben von Seite
der k. bayerischen Akademie der bildenden Künste zu Theil
geworden,[*] ermunterte mich, ein zweites Heft hievon erscheinen zu lassen.[**]

Dieser Vorlagensammlung, welche anfänglich für den
Buchhandel bestimmt war und sich meinem Unterrichtswerke
über das Linear- und Freihandzeichnen anreihen sollte, welches
in der E. A. Fleischmann'schen Buchhandlung herauskam,[***]

---

[*] Abschrift.

München, den 5. Mai 1860.

Die königlich bayerische Akademie der bildenden Künste
in München
an
die k. Inspektion der Handwerks-Feiertagsschule München.

Das in Ihrer Kunstanstalt erschienene Werk: „Vorlagensammlung
für technische Schulen", redigirt von Weißhaupt, hat die Akademie in
einer Sitzung der gewünschten Prüfung unterzogen, und die Brauchbarkeit
desselben beifällig anerkannt. Die Zeichnungen sind korrekt, geschmackvoll,
in Anschluß an architektonische Kunstwerke ausgeführt, und werden deßhalb
als ihrem Zweck wohl entsprechend empfohlen.

Hochachtungsvoll

Der Direktor:　　　　　Als Sekretär der Professor:
W. Kaulbach.　　　　　M. Carriere.

[**] Das I. Heft enthält in 8 Blättern einen Schrank im gothischen
Styl, entworfen von R. Bleibinhaus; das II. Heft in 6 Blättern
Schmuckgegenstände und Kirchengeräthe, entworfen und gravirt von Jos.
Rheingruber.

[***] Im Jahre 1856 erschien: Weißhaupt's „Elementar-
Unterricht im Linearzeichnen." I. Abtheilung (geometrische Zeich-
nungslehre) mit 15 Tafeln und 5 Bogen Text.

1861: II. Theil der ersten Abtheilung, 16 Tafeln und 6 Bogen Text.

1856: Desgleichen II. Abtheilung (geometrische Projektionslehre)
mit 30 Tafeln und 5 Bogen Text.

1862: II. Theil der zweiten Abtheilung, 26 Tafeln und 5 Bogen Text.

1863: Desgleichen III. Abtheilung (Schattenkonstruktion) mit
14 Tafeln und 7 Bogen Text.

folgte nun auch „die allgemeine Zeichnungsschule für Gewerbtreibende zum Schul- und Privatgebrauche", welche durch Mithilfe meines Kollegen Sedlmair entstand, und wovon bereits fünf Hefte erschienen sind.

Zugleich mit der technischen Leitung des Zeichnungs-Unterrichts der Handwerks-Feiertagsschule betraut, war ich bemüht, auch noch andere zweckdienliche Lehrmittel hiefür zu gewinnen, zu denen bekanntlich auch die Wandtafeln gehören, und unter denen vorzugsweise die von Professor L. Foltz entworfenen Wandtafeln, welche derselbe seinem Unterichte an der polytechnischen Schule zu Grunde legte, als die vorzüglichsten für den Gebrauch technischer Zeichnungsschulen zu betrachten sind.

Professor Foltz, der durch Bearbeitung dieser Wandtafeln zur Förderung des Zeichnungs-Unterrichts so wesentlich beigetragen, überließ dieselben in uneigennützigster Weise der lithographischen Kunstanstalt zur Vervielfältigung für den Schulzweck.

Wo nun dieselben unter dem Titel: „Ornamenten- und Architekturschule in 24 Wandtafeln mit erläuterndem Text von L. Foltz, Professor der kgl. polytechnischen Schule in München," bereits erschienen sind.

Die aus dieser lithographischen Kunstanstalt hervorgegangenen und als vorzüglich brauchbar erkannten Zeichnungs-

---

Dann Weißhaupt's „Vorlagen zum Elementar-Unterricht im Freihandzeichnen", I. Abtheilung in 13 Heften mit Text.

Welche Werke sich in den Schulen des In- und Auslandes einer beifälligen Aufnahme zu erfreuen hatten.

Nicht minder beifällige Aufnahme fanden die von Weißhaupt im Jahre 1836 in Verbindung mit Professor Hainbl herausgegebenen „Musterblätter für praktische Künstler und Gewerbsleute, sowie zum Gebrauche beim Unterrichte im Ornamenten- und Linearzeichnen für technische Schulen", 31 Tafeln, welche derselbe eigenhändig lithographirte, wozu jedoch der von Professor Hainbl angekündigte Text nicht erschien.

vorlagen finden immer mehr Anklang, und es vergeht kein
Jahr, wo dieselben nicht vermehrt und vervollkommnet und
in's In- und Ausland versendet werden.

Selbst Amerika hat für mehrere ähnliche neu errichtete
Anstalten dortselbst die Produkte derselben als vor allen ausgezeichnet verschrieben, und dieser lithographischen Kunstanstalt
dadurch ein thatsächliches ehrendes Zeugniß gegeben.

Nebst der Herausgabe von Zeichnungsvorlagen gingen
aber aus derselben auch noch mehrere Preisediplome von wirk-
lichem Kunstwerthe hervor; so wurden schon 1859 drei neue
Preisdiplome für die hiesigen deutschen Elementarschulen bearbeitet (entworfen und gravirt von Herrwegen).

Dann 1861 zwei Preisdiplome für die Handwerks-Feiertagsschule, ein drittes für die brasilianische Stiftung des hiesigen Waisenhauses, und 1863 ein Diplom zu der von dem
hiesigen Magistrate an Dienstboten ertheilte silberne und gol-
dene Medaille, welche sämmtlich von Joseph Rheingruber
entworfen und gravirt sind.

Was nun den merkantilischen Betrieb dieser Anstalt betrifft, so wurde derselbe vorzugsweise von der E. A. Fleischmann'schen Buchhandlung besorgt, und derselben ein Kom-
missionslager übergeben.

In dieser Weise sind die Bestrebungen der lithographischen
Kunstanstalt, welche ihre Hebung und Erweiterung lediglich
der fortdauernden und nachhaltigen Unterstützung des kunst-
sinnigen Magistrates Münchens zu danken hat, nicht allein
für den Zweck der hiesigen Handwerks-Feiertagsschule, sondern
auch für auswärtige Zeichnungsschulen nicht ohne erfolgreichen
Einfluß geblieben, und so durch Verbreitung zeitgemäßer Vorlagen Kunstsinn und Geschmack und der für die Industrie so
wichtige Zeichnungs-Unterricht im Allgemeinen gefördert worden.

Die seit 1858 neu hervorgegangenen Unterrichtswerke,
sowie die in verbesserter Auflage erschienenen älteren Werke
sind folgende: *)

---

*) Die mit * bezeichneten Werke sind in verbesserter Auflage und
die mit ** neu erschienen.

I. **Für den Unterricht der freien Handzeichnung.**

A. Ornamentenzeichnung.

1. **Allgemeine Zeichnungsschule für Gewerbtrei=
benbe zum Schul= und Privatgebrauche, von Heinrich
Weishaupt und Jos. Sedlmair.

   1. und 2. Heft: Anfangsgründe der freien Hand=
   zeichnung (24 Blätter).

   3. und 4. Heft: byzantinische und gothische Orna=
   mente (24 Blätter).

   5. Heft: Ornamentik des Zimmermanns (12 Bl.),
   der sich in den nachfolgenden Heften die Orna=
   mentik des Tischlers, des Steinmetzes u. s. w.
   anreihen wird.

2. *Griechische Ornamente in Umrissen, von Joseph
Sedlmair. Zweite verbesserte Auflage (24 Blätter).

3. Römische Bauverzierungen in Umrissen (24 Bl.)

4. *Mittelalterliche Ornamente in Umrissen von Jos.
Sedlmair. Zweite verbesserte Auflage (24 Blätter).

5. Sammlung von griechischen Ornamenten in
Umrissen für geübtere Zeichner, von Jos. Sedlmair.
(12 Blätter.)

6. Römische Bauverzierungen nach der Antike, ge=
zeichnet und lithographirt von Friedrich v. Gärtner,
schattirt. (10 Blätter.)

7. Dieselben in Umrissen. (12 Blätter.)

8. **Ornamenten= und Architekturschule in 24
Wandtafeln mit erläuterndem Text von L. Foltz,
Professor der k. polytechnischen Schule in München.

B. Figurenzeichnung.

9. *Anleitung zum Figurenzeichnen, I. Heft, ent=
haltend die einzelnen Theile des Kopfes, die Eintheilung
der Köpfe, Hände und Füße; 36 Blätter von Professor
Mitterer.

10. Desgleichen, II. Heft, bestehend in der Eintheilung ganzer Figuren nach den besten Antiken; 30 Blätter von demselben.

11. Anleitung zum Schattiren in der Figuren= zeichnung, mit schönen Raphaels Köpfen von Pro= fessor Zimmermann, 20 Blätter.

C. Thierzeichnung.

12. *Anleitung zum Thierzeichnen, von Raphael Winter, 20 Blätter.

13. Anleitung zum Thierzeichnen, von demselben, mit 14 Blättern.

14. Anatomische Abbildungen des Pferdekörpers= von Professor Dr. Schwab, mit 6 Blättern und Text.

D. Landschaftszeichnung.

15. *Vorlagen für Landschaftszeichner, in Umrissen, 1. Heft mit 12 Blättern.

16. *Vorlagen für Landschaftszeichner, mit schattir= ten Landschaften, 2. Heft mit 20 Blättern.

17. Baumstudien für Landschaftszeichner, in 12 Blättern.

18. *Anleitung zur Landschaftszeichnung, in 18 Blättern.

Sämmtliche Landschaftswerke sind Original=Handzeich= nungen des verstorbenen Central=Gemälde=Gallerie=Inspektors Max Wagenbauer, und werden von Künstlern und Leh= rern als die zweckmäßigsten in diesem Fache allgemein an= erkannt.

E. Blumenzeichnung.*)

19. Erster Unterricht im Blumenzeichnen, in Umrissen, mit 16 Blättern.

20. *Vorlagen zum Blumen- und Früchtenzeichnen, 12 Blätter.

21. *Anleitung zum Blumenzeichnen in 14 Blättern.

22. Sammlung von Blumenkränzen und Bouquets, 12 Blätter.

23. Sammlung von Blumenbouquets und Früchtenstücken, 12 Blätter.

II. Für den Unterricht in der Geometrie und Baukunst.

24. Anleitung zur Geometrie für Künstler und Werkleute, von Professor Mitterer, mit 21 Bogen Text. 8. Auflage.

25. **Vorlagen zum Linearzeichnen für technische Schulen, 12 Blätter.

26. **Säulenordnung nach Vignola und den vorzüglichsten Ueberresten der griechischen und römischen Baukunst für technische Schulen, 15 Blätter.

27. Anleitung zur bürgerlichen Baukunst und Bauzeichnung, mit den nöthigsten Grundsätzen begleitet, von Professor Mitterer. 5. Auflage, mit 20 Tafeln und 11 Bogen Text.

28. Die deutsche Zimmerwerkskunst als Fortsetzung der bürgerlichen Baukunst und Bauzeichnung, von Professor Mitterer, mit 35 Tafeln und 13 Bogen Text. 5. Auflage.

---

*) Original-Handzeichnungen des verstorbenen Blumenmalers Mahrhofer.

29. Zeichnungsschule für Schlosser von Franz Schörg, Schlossermeister, und Professor Mitterer, 32 Tafeln mit Text. 5. Auflage.

30. Handbuch der landwirthschaftlichen Baukunst, vom k. Kreis-Bau-Inspektor M. Voit, 2 Theile mit 24 Tafeln und 32 Bogen Text. 3. Auflage.

31. Anleitung zur Mechanik für praktische Künstler und Werkmeister mit vorzüglicher Hinsicht auf den Mühlenbau, von Professor Mitterer, mit 20 Tafeln und 17 Bogen Text. 4. Auflage.

32. Anleitung zur Hydraulik für praktische Künstler und Werkmeister, mit vorzüglicher Hinsicht auf das Brunnenwesen, von Professor Mitterer, mit 21 Tafeln und 23 Bogen Text. 3. Auflage.

33. Praktische Anleitung zur Perspektive, von Joh. Maria v. Quaglio. 2. Auflage, 30 Blätter mit Text.

34. **Sammlung von Vorlagen für technische Schulen und Gewerbtreibende, in zwanglosen Heften, redigirt von Heinr. Weishaupt, Zeichnungslehrer am kgl. Maximilians-Gymnasium und an der Handwerks-Feiertagsschule. Hievon sind bereits 2 Hefte erschienen.

Berichtigungen.

Man lese pag. 30 von unten Zeile 7 statt: welche 1832 wieder aufgelöst — welche 1833 wieder aufgelöst.

Pag. 45 von unten Zeile 5 statt: was die seit dem Jahre 1816 eröffnete höhere Bürgerschule — was die seit dem Jahre 1817 eröffnete höhere Bürgerschule.

Pag. 143 von unten Zeile 11 statt: für die praktische Mechanikschule jährlich 100 fl. — für die praktische Mechanikschule jährlich 150 fl.

———————